Paris Monographs in American Archaeology 30

The Olmeca-Xicallanca of Teotihuacan, Cacaxtla, and Cholula

An archaeological, ethnohistorical, and linguistic synthesis

Robert E. L. Chadwick

con una contribución de

Angel García Cook

El Epiclásico en la región poblano-tlaxcalteca

BAR International Series 2488
2013

Published in 2016 by
BAR Publishing, Oxford

BAR International Series 2488

Paris Monographs in American Archaeology 30
Editor: Eric Taladoire

The Olmeca-Xicallanca of Teotihuacan, Cacaxtla, and Cholula

ISBN 978 1 4073 1102 9

© The authors individually and the Publisher 2013

The authors' moral rights under the 1988 UK Copyright,
Designs and Patents Act are hereby expressly asserted.

All rights reserved. No part of this work may be copied, reproduced, stored,
sold, distributed, scanned, saved in any form of digital format or transmitted
in any form digitally, without the written permission of the Publisher.

BAR Publishing is the trading name of British Archaeological Reports (Oxford) Ltd.
British Archaeological Reports was first incorporated in 1974 to publish the BAR
Series, International and British. In 1992 Hadrian Books Ltd became part of the BAR
group. This volume was originally published by Archaeopress in conjunction with
British Archaeological Reports (Oxford) Ltd / Hadrian Books Ltd, the Series principal
publisher, in 2013. This present volume is published by BAR Publishing, 2016.

Printed in England

BAR titles are available from:

          BAR Publishing
          122 Banbury Rd, Oxford, OX2 7BP, UK
EMAIL   info@barpublishing.com
PHONE +44 (0)1865 310431
  FAX   +44 (0)1865 316916
          www.barpublishing.com

To the memory of John Paddock
Mentor, teacher, colleague, friend

Acknowledgements

I appreciate the editorial help from Eric Taladoire in France (Université Paris 1 Panthéon-Sorbonne) and Robert Cobean and Angel García Cook in Mexico (INAH). Throughout the elaboration of this essay, we have received the generous help of many people, to all of whom we express our sincere thanks. Nevertheless, we would like to mention the special support of a few of them. My thanks go to the following persons who read earlier drafts of the essay: the late Sue Scott, David Stuart, Karl Taube, David Kelley, and Geoff McCafferty. I am particularly grateful to Michael D. Coe, Professor Emeritus of Anthropology and Curator Emeritus in the Peabody Museum of Natural History at Yale University. Dr. Coe provided the thoughtful and informative Foreword, in addition to adding a completely scientific refutation of the proposed Nahua origin of the word "cacao" (Kakaw).

This essay would not have really been complete without the inclusion of Angel Garcia Cook's contribution on *El Epiclásico en la región poblano-tlaxcalteca,* a key area in our understanding of the Olmeca-Xicallanca presence and influence in central Mexico. We wish to acknowledge the precious time he spent in the preparation of his synthesis.

Robert Cobean spent much time and energy in the manuscript preparation and above all in the preparation of the illustrations. A member of the editorial staff of The Paris Monographs in American Archaeology, a sub-series of BAR International Series, he suggested the publication of this essay in this series, and dedicated much energy in the volume editing. Véronique Darras, director of the UMR 8096 of the French CNRS, and member of the editorial staff, also forwarded a positive evaluation of the manuscript. I am most grateful to both of them for their contribution.

Finally, last, but certainly not least, I am eternally grateful to Larry Brent - one of the "Best," and definitely the "Brightest" student I ever had. Larry took on the nearly impossible-to-read hand-printed manuscript I sent him over a 9-year period, putting it on the computer. All errors of interpretation are my own.

Robert E.L. Chadwick
New York City
March 29, 2011

Table of contents

Acknowledgements i
Table of contents ii
List of Illustrations iv
Foreword, by Michael D. Coe vii

El Epiclásico en la región poblano-tlaxcalteca, by Angel García Cook 1
Antecedentes. 1
Cultura Cholula. 2
La Cultura Tenanyecac 5
La Cultura Teotihuacana en la región poblano-tlaxcalteca. 8
Cultura Cacaxtla (o de los Olmecas-Xicalancas) 10
Descripción del sitio de Cacaxtla 12
Los murales de Cacaxtla 20
La cultura Texcalac Temprano 42
El complejo Acopinalco 46
Epílogo 51
Bibliografía citada 51

The Olmeca-Xicallanca of Teotihuacan, Cacaxtla, and Cholula: An Archaeological, Ethnohistorical, and Linguistic Synthesis, by Robert Chadwick 55
Introduction 55
"El enigma de los olmecas" 57
The Epigraphers' Mistake 58
McCafferty's Ideas 59
Scenarios about the Olmeca-Xicallanca 62
Ellen Baird's Study of Cacaxtla Art 64
The Late Dean of Pan-Mixtequísmo 64
Conclusions 64

"The 'Olmeca-Xicallanca' of Teotihuacan: A Preliminary Study" 66
Introduction 66

The Languages of Teotihuacan 66
The Jiménez Moreno Hypothesis 67
Mixe-Zoquean 67
Kaufman's Hypothesis 67
Nahuas at Teotihuacan 68
The Dakin-Wichmann Hypothesis 68
"Flower-World" Complex 69
Conclusion 70
The Relict Languages of the Sixteenth Century: Popoluca/Popoloca 70
The Timespan A.D. 500 – 600 72
Michael Coe Refutes Dakin-Wichmann 72
Mixe-Zoquean 73
Kaufman's Hypothesis Redux 73
Totonacs 73
Terrence Kaufman's Reconstruction: about Mixe, Zoqueans, Totonacs,
 Nahuas (2001) 74
Linguistic Diffusion of Mixe-Zoquean 75
Mixtec 75
Maya 78
Phonetic Writing at Tetitla 79
The Arrival of Teotihuacan Strangers at Tikal 79
Zapotec 80
Mazatec and the Nonoalcas 82
Chocho-Popoloca 82
The "Merchant Barrio" 83
La Ventilla B 83
Tarascan 84

**The Marta Foncerrada de Molina Reconstruction:
Teotihuacan-Cacaxtla-Chontal Maya** 85
The Maya Merchant God at Cacaxtla 85
Conclusions 87
Bibliography 87

List of Illustrations

El Epiclásico en la región poblano-tlaxcalteca

Fig. 1 – Cuadro de Secuencias Culturales del Valle Poblano-Tlaxcalteca
  y áreas vecinas 2

Fig. 2 – Valle Poblano-Tlaxcalteca: Regiones Naturales 3

Fig. 3 – Áreas Culturales del 400 antes de nuestra era al 100 de nuestra era 4

Fig. 4 – Áreas Culturales entre el 100 al 600 de nuestra era 5

Fig. 5 – Asentamiento fortificado de la fase cultural Tenanyecac 7

Fig. 6 – Áreas Culturales entre el 600 y el 900 de nuestra era 13

Fig. 7 – Asentamiento Cacaxtla, Tlaxcala 13

Fig. 8 – El Gran Basamento. Cacaxtla: (sin cubierta total) 14

Fig. 9 – El gran basamento: nomenclatura de los elementos arquitectónicos 15

Fig. 10 – Cacaxtla: techumbre de protección del Gran Basamento 15

Fig. 11 – El Pórtico A 16

Fig. 12 – Patio de los rombos (al fondo los volcanes) 16

Fig. 13 – El Edificio F 16

Fig. 14 – El Pórtico F 16

Fig. 15 – Edificio E. vista parcial 17

Fig. 16 – La Celosía (adaptada de Molina, 1980, Fig. 1) 17

Fig. 17 – La Celosía, superficie exterior 17

Fig. 18 – Plaza norte. Vista parcial del interior 18

Fig. 19 – Edificio E. Pilastra con marco con canaleta 18

Fig. 20 – Edificio E. Pilastra con marco con canaleta 18

Fig. 21 – El Edificio C 18

Fig. 22 – Edificio C: "Las Conejeras" 19

Fig. 23 – El Patio Hundido Norte 19

Fig. 24 – El Patio Hundido Norte 19

Fig. 25 – El Edificio D 19

Fig. 26 – El Edificio D 20

Fig. 27 – El Cuexcomate, en el Gran Basamento 21

Fig. 28 – El Mural de la Escalera 21

Fig. 29 – Templo de Venus. La pareja Alacrán 22

Fig. 30 – Templo de Venus. La pareja Alacrán. (dibujo) 22
Fig. 31 – Templo Rojo. Extremo Sur: Dios L y Cacaxtle 23
Fig. 32 – Templo Rojo. Personaje Dios L. (dibujo) 23
Fig. 33 – Templo Rojo. Extremo Sur: Dios L y Cacaxtle 24
Fig. 34 – Templo Rojo. Personaje Dios L. (dibujo) 24
Fig. 35 – Templo Rojo Mural Poniente: Detalle 25
Fig. 36 – Templo Rojo. Mural Poniente Jaguar-tortuga 26
Fig. 37 – Templo Rojo. Mural Poniente Jaguar-tortuga 27
Fig. 38 – Pasillo del "Templo Rojo". Peralte banqueta (parcial) 27
Fig. 39 – Pasillo del "Templo Rojo": Glifos en pared sur de banqueta 28
Fig. 40 – Pasillo del "Templo Rojo": Glifos en pared sur de banqueta 29
Fig. 41 – Pasillo del "Templo Rojo": Glifos en pared sur de banqueta (dibujo) 29
Fig. 42 – Mural de la Batalla. Detalle 30
Fig. 43 – Mural de la Batalla. Detalle 30
Fig. 44 – Mural de la Batalla. Detalle (dibujo) 30
Fig. 45 – Mural de la Batalla. Detalle 31
Fig. 46 – Mural de la Batalla. Detalle (dibujo) 31
Fig. 47 – Mural de la Batalla. Detalle 31
Fig. 48 – Mural de la Batalla. Detalle (dibujo) 34
Fig. 49 – Mural de la Batalla. Detalle (dibujo) 35
Fig. 50 – Edificio A. Mural Norte 35
Fig. 51 – Edificio A. Mural Norte. (dibujo) 36
Fig. 52 – Edificio A. Mural Norte. Detalle 36
Fig. 53 – Edificio A. Jamba Norte 37
Fig. 54 – Edificio A. Jamba Norte. (dibujo) 37
Fig. 55 – Edificio A. Mural Sur 38
Fig. 56 – Edificio A. Mural Sur. (dibujo) 38
Fig. 57 – Edificio A. Jamba Sur 41
Fig. 58 – Edificio A. Jamba Sur. (dibujo) 41
Fig. 59 – Edificio A. Mural del Interior. Detalle 42
Fig. 60 – Edificio A. Mural Norte: bajorrelieve de barro. Detalle 45
Fig. 61 – Lapida de barro cocido: Tlaloque 45
Fig. 62 – Cerámica Texcalac polícroma 46
Fig. 63 – Cerámica Texcalac polícroma 47
Fig. 64 – Cerámica Texcalac: figurilla con asa vertical 48
Fig. 65 – Región Poblano-Tlaxcalteca: áreas culturales entre
    el 850 a 1100-1200 de nuestra era 51

The Olmeca-Xicallanca of Teotihuacan, Cacaxtla, and Cholula:
An Archaeological, Ethnohistorical, and Linguistic Synthesis

Fig. 1 – Map of Mesoamerica 57

Fig. 2 – Map of Central Mexico 60

Fig. 3 – Map of Teotihuacan 63

Fig. 4 – Linguistic map of Mesoamerica 65

Fig. 5 – Man carrying *Cacaxtli*, Cacaxtla 65

Fig. 6 – Oraculo de Monteçuma. The Pyramids of the Sun and the Moon surround
the sacred enclosure referred to as the "Oracle of Montezuma" 68

Fig. 7 – Great Pyramid Tlachihualtepetl, showing location of the palace of Aquiach,
Toponym with Olmeca-Xicallanca palace, Cholula 70

Fig. 8 – Detail of the map accompanying the *Relación Geográfica de San Juan
Teotihuacan*, 1580, showing the plan of the ancient ceremonial precinct. 70

Fig. 9 – "Totonac" offering scene, Temple of Agriculture, Teotihuacan 74

Fig. 10 – Glyphs from La Ventilla 77

Fig. 11 – Jaguar with speech scroll, Atetelco, Teotihuacan. Early Classic 78

Fig. 12 – Yacatecuhtli, God of merchants with speech scroll.
Zacuala Palace. Early Classic 78

Fig. 13 – "Olmec" appearance. Tetitla, corridor 12a, Mural 2 detail of north figure 79

Fig. 14 – Olmeca-Xicallanca at Tetitla. "Pinturas Realistas" 79

Fig. 15 – Maya. "Pinturas Realistas" 79

Fig. 16 – Copan, "bilingual text" "translation" 80

Fig. 17 – Metepec Thin Orange vase with molded appliqué decoration.
Atetelco Apartment compound 81

Fig. 18 – Early Tlamimilolpa shoe vessel (*patojo*). Polished brown ware.
Burial 110, La Ventilla B 84

Fig. 19 – South mural at Cacaxtla, Tlaxcala 86

Fig. 20 – Battle scene. Mural, east talud, Cacaxtla, Tlaxcala 86

Foreword

Olmeca-Xicallanca, "People from the Land of Rubber, People from the Land of Canoes" – the Nahuatl name of these ethnic groups invokes the hot, alluvial coastal plains of Veracruz, Tabasco, and Campeche. For almost a century of studying the ethnohistoric records on the Olmeca-Xicallanca, scholars have sought answers to the old journalistic questions of "who?", "what?", "why?", "when?", and "where?" These questions have been by no means easy to answer, and there are a number of reasons why this should be so.

One great stumbling block has been the immensely complex linguistic map of Mesoamerica. Except for the Mayan language family, which occupied an almost unbroken block of closely related tongues in Guatemala and the Yucatan-Peten peninsula (with Huaxtec as the only outlier), the rest of this great culture area is dissected into a myriad of languages. In the highlands of Oaxaca, for example, it sometimes seems that each valley had its own tongue. Furthermore, these languages and language families have obviously moved and spread from their original homelands, and considerable efforts have been made by historical linguists to track their migrations and contacts. The only historically attested empire, that of the Mexica or Aztec, was multicultural and multilingual, with Nahuatl as the *lingua franca*, but there has been little agreement among specialists as to exactly when Nahuatl arrived in central Mexico, or from where. Likewise, there has been little or no accord among linguists and ethnohistorians about the language or languages spoken at Teotihuacan, the greatest city of Precolumbian America and the center of the only Mesoamerican polity (other than the Aztec) that fully merits the name "empire".

A second source of difficulty – perhaps the most serious of all -- has been the nature of the calendrical record. In the Western, Islamic, and Chinese worlds, historical time is ***linear***, in that it proceeds in a straight line, day by day and year by year, from some kind of beginning date, such as the founding of Rome, the flight of Mohammed from Mecca, or the founding of a dynasty; time is therefore cumulative, and never repeats itself. The Western idea of progress is embedded in such a scheme. In Mesoamerica, time is ***cyclical*** and repetitive. There, the basic calendar consisted of the Calendar Round (CR) of 52 approximate years, based on the permutation of the sacred count of 260 days with the 365-day solar year. Apart from the Maya, most Mesoamericans, such as the Zapotecs, Mixtecs, and Aztecs fixed historical happenings within this count alone, so that the ethnohistorian's task is to correlate particular dates falling within particular CR's with the Western linear calendar. Much of the debate about native accounts of past history, such as the date of Toltec ascendancy in central Mexico, centers upon this problem.

The Maya exception results from their scribes' use of the *Long Count* to fix historical events. From the third century CE to the beginning of the tenth, dynastic doings, such as birth, marriages, royal accession, deaths, diplomacy and victories in war were fixed in a grand cycle of something over 5,125 ¼ years, and even a super-cycle of millions of years, a span so vast that in effect it amounts to linear time. During the past eight decades, epigraphers have differed in only a few days in fixing this system to the Western calendar. When we say that Pakal the Great of Palenque died in 683 CE, that is a certainty. Ethnohistorians dealing with peoples like the Olmeca-Xicallanca do not have that luxury.

vii

And finally, the historical sources vary enormously in their ethnicity, motivation, goals, accuracy, and completeness. Except for most of the Mixtec dynastic codices, all of the documents on which we are forced to rely for the Post-Classic history of Mesoamerica are *ex post facto*, that is, later than the Spanish invasion and conquest. The missionaries, native nobility, acculturated natives, creole historians, and other sources all had an axe of one sort or another to grind, even the great Fray Bernardino de Sahagún.

Probably the greatest challenge to historians, linguists, and archaeologists alike is to find out what happened in non-Maya Mesoamerica between the downfall and destruction of Teotihuacan at the close of the sixth century CE, and the ascendancy of the Aztecs. The former event probably marks the farthest possible reach into the past of surviving, post-Conquest, ethnohistoric accounts, but actually none of these may refer that far back. By the time of the period known as the Terminal Classic (ca. 800-900 CE), we are on slightly less shaky ground about what was going on, but suffice it to say that this appears to have been an era when there were powerful movements of peoples into the central Mexican highlands from the southern Gulf Coast lowlands and southern Campeche, some of them certainly speaking a language or languages belonging to the Mayan linguistic family, and imbued with Late Classic Maya culture. By the time that we get into the Early Post-Classic, and rise of Tula and the Toltecs, we are on far surer ground, but there is still strong disagreement among Mesoamericanists about the position of Tula vis-à-vis Chichen Itza in Yucatan, and about whether the Toltecs actually conquered Yucatan, or not. I, for one, believe that they did.

Only careful archaeological investigation can provide corroboration – or falsification – of some of these historical claims. In particular, radiocarbon analysis can get us out of the impasse of dealing with cyclical rather than linear time. Surprisingly, even though ^{14}C dating has been with us since 1948, it has been used surprisingly little in Mesoamerica: my guess is that there are many more published radiocarbon dates for some Midwestern U.S. states than exist for all of Mexico! Probably because of its practice by a distinguished line of great Mexican and foreign scholars, ethnohistory has definitely been privileged over archaeology; and art history has often trumped what still seems to me to be irrefutable archaeological evidence (as in the Toltec/Maya case).

What about historical linguistics, and lexicostatistics? When glottochronology was announced to the world in the mid 1950s, it was immediately adopted by archaeologists as an adjunct to radiocarbon as a dream tool for dating the divergence of languages and therefore of the cultural periods associated with them. However, in the subsequent half century of scholarship, this method lost its cachet, and even fell into some disrepute. The larger field of lexicostatistics, however, still is considered useful and important as an indication of language relationships and divergences, but *not* as a means of dating events in prehistory.

In his long career as a Mesoamericanist, Bob Chadwick has been heir to a rich tradition of Mexican ethnohistoric research, as well as acting as field archaeologist in major archaeological investigations at Teotihuacan, and with the late Richard "Scotty" MacNeish in the Tehuacan Valley of Puebla. This tradition goes back into the 19th and early 20th century, with such great scholars as Manuel Orozco y Berra and Joaquín García Icazbalceta, and the incredibly erudite German Eduard Seler, but I think reached its apogee with Wigberto Jiménez Moreno, with whom Bob once studied, and who I believe to have been the greatest influence on Bob's work. It was Jiménez Moreno who, in 1941, brought out his brilliant study *Tula y los toltecas*, conclusively demonstrating that the Toltec capital so reverently remembered by the later Aztecs was Tula (Hidalgo), and not – as almost everyone had thought, Teotihuacan. But here again we must invoke cyclical time, for it is now quite clear from Classic Maya epigraphy and other evidence that a Tollan ("Place of Reeds") super-capital has turned up at intervals throughout Mesoamerican history, and that both Tula *and* Teotihuacan were Tollans.

As much archaeologist as historian, with a deep knowledge of the pre- and post-Conquest codices and other great sources, Bob is just the person to guide the reader through the incredibly complex records, analyses and opinions that can be applied to solving the riddle of the Olmeca-Xicallanca. When needed, he is not afraid to criticize his own past work, and presents a balanced view of what could be a very contentious field. I often find myself in total agreement with him on many subjects, such as his reasoned guess as to the language or languages spoken at Teotihuacan, and the spread and dating of Uto-Aztecan in central and south Mesoamerica - but sometimes not! Regardless, he has laid out all the evidence, so the reader may make up his or her own mind.

This essay is the result of one of a dedicated scholar's lifelong devotion to finding out what actually happened in the Mesoamerican past. His predecessors, such as Jiménez Moreno himself, would be proud of him.

Michael D. Coe
Yale University

EL EPICLÁSICO EN LA REGIÓN POBLANO-TLAXCALTECA

Angel GARCÍA COOK

Dirección de Estudios Arqueológicos, Instituto Nacional de Antropología e Historia, México

Durante el llamado "Clásico" del Altiplano Central – 0 a 600-650 d.n.e. –, existió cierta estabilidad socio-política. Tres grandes ciudades tenían el control de la mayor parte de dicho altiplano central: Cholula, Teotihuacan y Cantona. Sólo un área, -parte central de Tlaxcala–, ubicada entre estas tres grandes ciudades, no comparte un momento "clásico", sino que sufre un fuerte estancamiento cultural y la población se agrupa en conjunto de asentamientos, con al menos uno de ellos fortificado, con la finalidad de permanecer independientes de estas tres grandes capitales estatales. A la cultura que comparte este grupo "marginal" hasta cierto grado, ha sido llamado como Cultura Tenanyecac. Al caer Cholula –y poco después Teotihuacan–, por el 600 d.n.e., desaparece como centro rector de todo el valle poblano y poco más al sur, y se inicia un periodo de fuerte inestabilidad, de surgimiento y abandono de algunos asentamientos; de presencia de nuevos grupos humanos y la emigración de otros. Y al caer o perder fuerza rectora Teotihuacan –por el 650 d.n.e.– esta situación de caos e inestabilidad sociopolítica se acentúa, y de las tres grandes ciudades regentes del altiplano central durante el "clásico", sólo Cantona continúa: ésta crece notablemente en población –aunque culturalmente se estanca– y es para estos momentos –del 600 al 900 d.n.e. – la ciudad mas grande, tanto en extensión como en población, de todo el Altiplano Central. Otras ciudades surgen – o crecen– y llegan a controlar cierta región en su entorno. Las mas destacados: Cacaxtla en el valle poblano; Xochicalco, en Morelos, y Tula Chico al noroeste de la Cuenca de México.

De esta manera, por el 600-650 de nuestra era en la región del valle Poblano-Tlaxcalteca, se inicia una etapa de fuertes cambios y de cambio en el control de la población. La teocracia que llegó a tener el control sociopolítico en el periodo anterior pierde fuerza, y ahora la dirigencia cae en manos de militares, y/o los "sacerdotes" se vuelven también dirigentes militares –en Tenanyecac esto sucedió desde el momento mismo del surgimiento de las grandes ciudades. Se vive una etapa de transición de un "Clásico" a un "Posclásico".

Wigberto Jiménez Moreno ha creado este término "Epiclásico" para el periodo que se inicia a la caída de Teotihuacan –y de Cholula– y los sucesos que en este tienen lugar (Jiménez Moreno, 1966); ocupa, de manera general, el espacio temporal que va de la caída de Teotihuacan a la consolidación de Tula: del 650 al 900-950 de nuestra era. Período epiclásico que sólo funciona –desde el punto de vista socio-cultural– para buena parte del altiplano central; en el resto de México, a este periodo temporal se le considera como un Clásico tardío.

Sobre los acontecimientos que se dieron durante este periodo –600 al 900 d.n.e.– en el valle poblano-tlaxcalteca vamos a tratar en este escrito. Como en el mismo volumen se incluye el ensayo de Robert Chadwick, *Another Look at the Olmec -Xicallanca of the Teotihuacan, Cacaxtla, and Cholula: An Archaeological, Ethnohistorical, and Linguistic Synthesis,* trataremos con mayor énfasis lo relacionado con el valle poblano y Cacaxtla en el Suroeste de Tlaxcala, por supuesto. Existe abundante documentación arqueológica correspondiente al área que nos ocupa y con base en ella integraremos los comentarios sobre los sucesos acaecidos en está región para este periodo (Fig. 1). Con el fin de poder ubicar los lugares mencionados en el texto, haremos las referencias con base al mapa de las regiones naturales del área, elaborado por Seele, Tichy y Tschohl y completado para el norte de Tlaxcala por Wolfgang Trautmann (1981) (Fig. 2).

ANTECEDENTES

Entre el 0 y el 600 de nuestra era, justo al momento de esplendor de Cholula, Teotihuacan y Cantona, en buena parte de Tlaxcala y norte del Valle Poblano, en unos 1,800 km^2, se está viviendo en plena transición hacia un Postclásico, o mas bien se presenta un Postclásico incipiente, mas que un Epiclásico. En este periodo se desarrolla una cultura *sui generis*, a la que hemos llamado como Cultura Tenanyecac; ésta marca el proceso de cambio de un momento "clásico" –fase cultural Tezoquipan anterior– teocrático y de apogeo cultural regional, a un "Postclásico" de carácter seglar, y fuerte control militar. Se considera a Tenanyecac como una fase militarista incipiente, por el hecho de que no hay o no se observa un solo asentamiento –o grupo de asentamientos– que trate de tener el control regional, sino que son varios los sitios que tienen un control local y se agrupan en estos pequeños señoríos o cacicazgos para mantenerse independientes.

Por su parte, el norte y oeste de Tlaxcala como en un "Corredor" que cruza el área con cultura Tenanyecac y al oriente de la Malinche, se continúa viviendo en pleno Clásico, representado por la Cultura Teotihuacana. Lo mismo sucede en el valle Poblano, éste comparte aún un periodo de apogeo regional, con una Cultura Cholula como base. Detallemos, aunque en forma resumida la

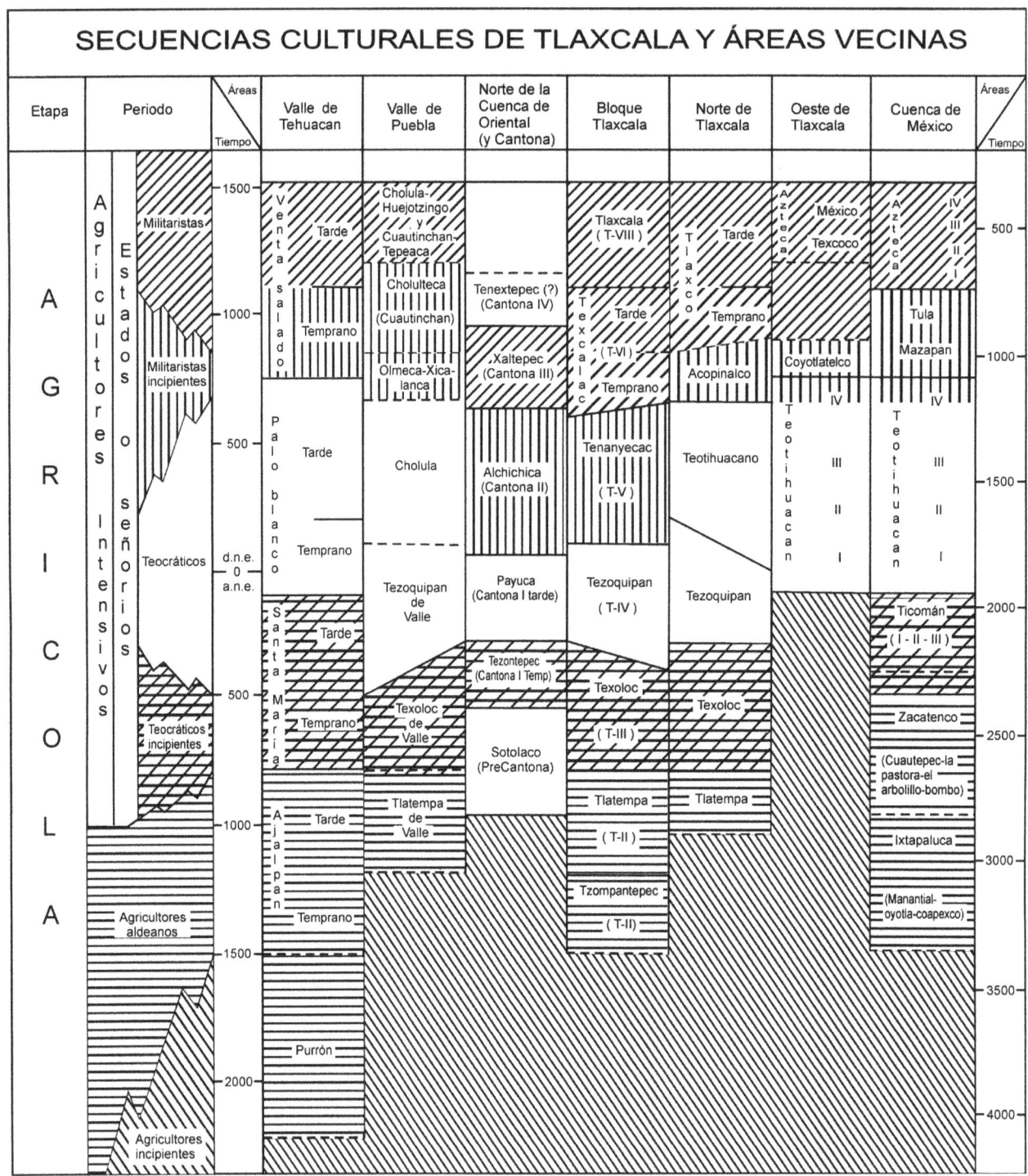

Fig. 1 – Cuadro de Secuencias Culturales del Valle Poblano-Tlaxcalteca y áreas vecinas

situación existente en esta región durante el llamado periodo clásico.

CULTURA CHOLULA

Cholula es el resultado de una larga tradición cultural, no surge repentinamente; es la respuesta de una larga evolución de la región, más la acumulación y asimilación sucesiva de elementos culturales extraregionales; rasgos provenientes tanto del Golfo de México como de Oaxaca, y de los intercambios obtenidos con Cantona, y en menor escala, con los habitantes de la cuenca de México, y de la fuerte interdependencia con los grupos Tezoquipan que habitaban Tlaxcala y el valle poblano mismo –o con cultura proto-Cholula. Cholula ve cristalizada desde su inicio –del apogeo, por el 100 d.n.e –, toda la suma de conocimientos y toma la dirección y control total del valle poblano, imponiéndose y desplazando a los pueblos grandes que hasta ese momento tenían el control regional –Tlalancaleca, Coapan, Xochitécatl, Amalucan, Capulac-Concepción (Cerro Nogal), Teotimehuacan y los Gorozpe– y ahora tiene la hegemonía de todo el valle poblano e impone su sello propio. De este modo, entre el

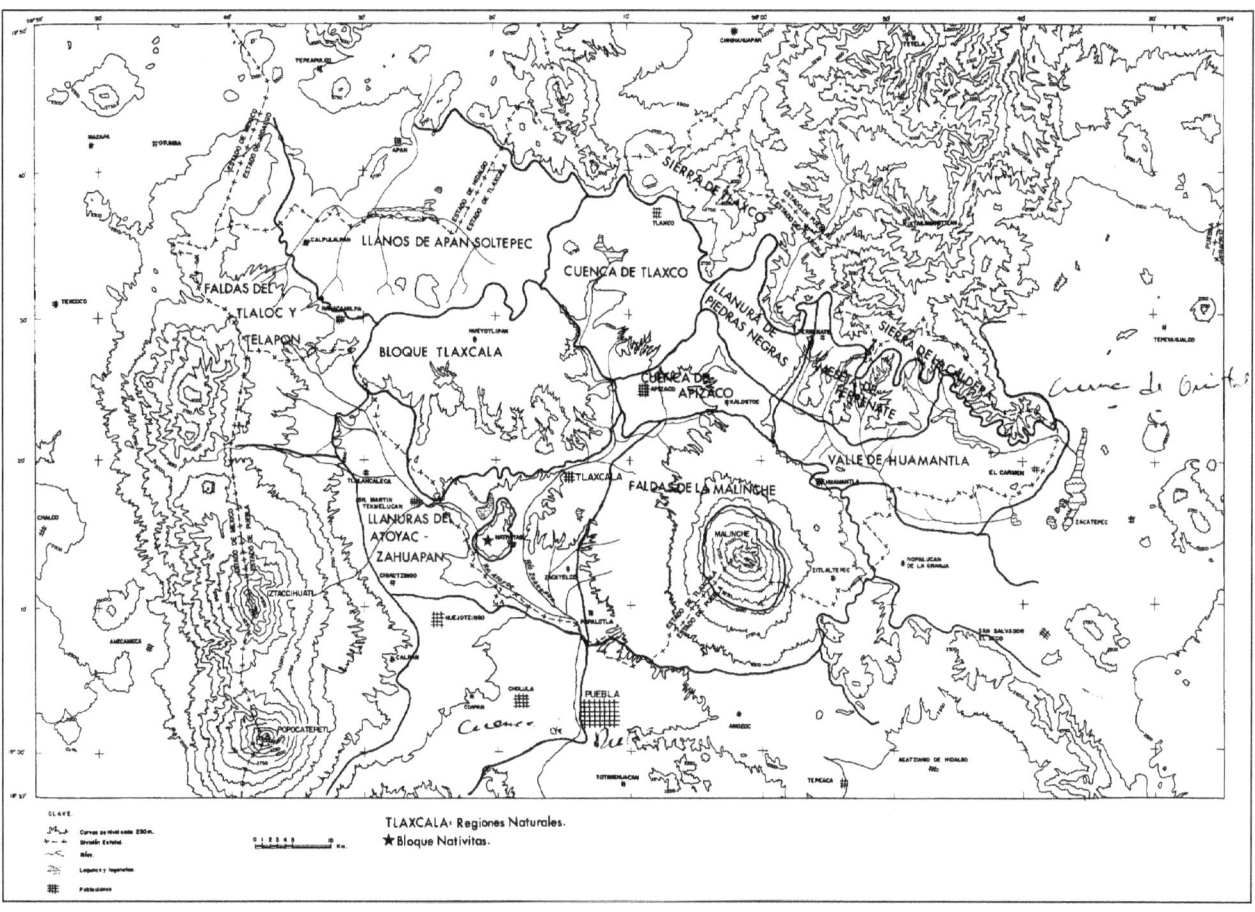

Fig. 2 – Valle Poblano-Tlaxcalteca: Regiones Naturales

100 y el 600-650 de nuestra era, en el valle poblano y extremo sur de Tlaxcala –escasos 100-150 km^2 – se comparte una Cultura Cholula.

Durante el desarrollo de la cultura Cholula, además de la gran ciudad ubicada al centro oeste del valle, existieron buen número de asentamientos –alrededor de 200–, entre pueblos, villas y aldeas, además de una población dispersa. Al oriente existieron algunos pueblos grandes y pueblos[1] –además de villas y aldeas, por supuesto–, que compartieron, en buena proporción, elementos tanto de la cultura Cholula, como de la Teotihuacana y la de Monte Albán; poblaciones que estaban ubicadas en y/o a los lados del "Corredor comercial Golfo Sur al Altiplano Central", también llamado "Corredor Teotihuacano", que se tratará mas ampliamente en páginas siguientes, y que cruza por está parte oriental del valle rumbo al sur, con destino a Oaxaca vía valle de Tehuacan y para dirigirse al Golfo de México. Por tanto por esta parte oriental del valle poblano cruzaban la mayor parte de mercancías y elementos culturales de los grupos asentados al oeste, oriente y sur. De estos sitios se deben mencionar a Manzanilla, con la presencia de dos juegos de pelota; La Tecruz de Santa Isabel Tepetzala; Chachapa y Flor del Bosque. Al oeste del valle, pueden anotarse los pueblos grandes de Panzacola, Los Frailes y Mextla. También existieron durante este periodo con cultura Cholula, alrededor de 25 pueblos o centros primarios, así como unas 40 villas o centros secundarios; además de unos 80 aldeas –chicas o grandes y concentradas o dispersas–, así como unas 40 microaldeas o *Hamlets* (García Cook y Merino Carrión 1991; García Cook 1976a, 1985).

Respecto a los sistemas de cultivo que tuvieron lugar durante estos momentos –con cultura Cholula–, en el valle poblano, lo mismo se construyeron terrazas tanto para el cultivo como para habitación-cultivo; se utilizan en fuerte proporción canales para el control del agua de lluvia y para irrigación. Se observa aún la presencia de amplios campos de cultivo, terraceados– a base de surcos y con canales pequeños y diques de control del agua, donde aún se han encontrado restos de maíz –en la región de Nealtican, Puebla. Se utilizaron igualmente depósitos excavados o construidos, excavando y levantando el muro del dique, pero son escasos y de cortas dimensiones. Se continúa con todas las formas de cultivo existentes desde la fase anterior y sólo se abren nuevos campos al cultivo; se construyen más terrazas en las laderas de los cerros que no habían sido explotados antes, y en general se sigue cultivando tanto el sistema de roza como por el de humedad o por riego. Los camellones se siguen cultivando, y al parecer esta forma de cultivo se ve incrementada en esta fase, con la apertura de nuevos campos, sobre todo para la parte noroeste y central del área (Seele 1973; García Cook 1985; Abascal y García Cook 1975).

---

[1] Para la tipología de asentamientos aquí utilizada, consultar a García Cook y Merino Carrión 1977.

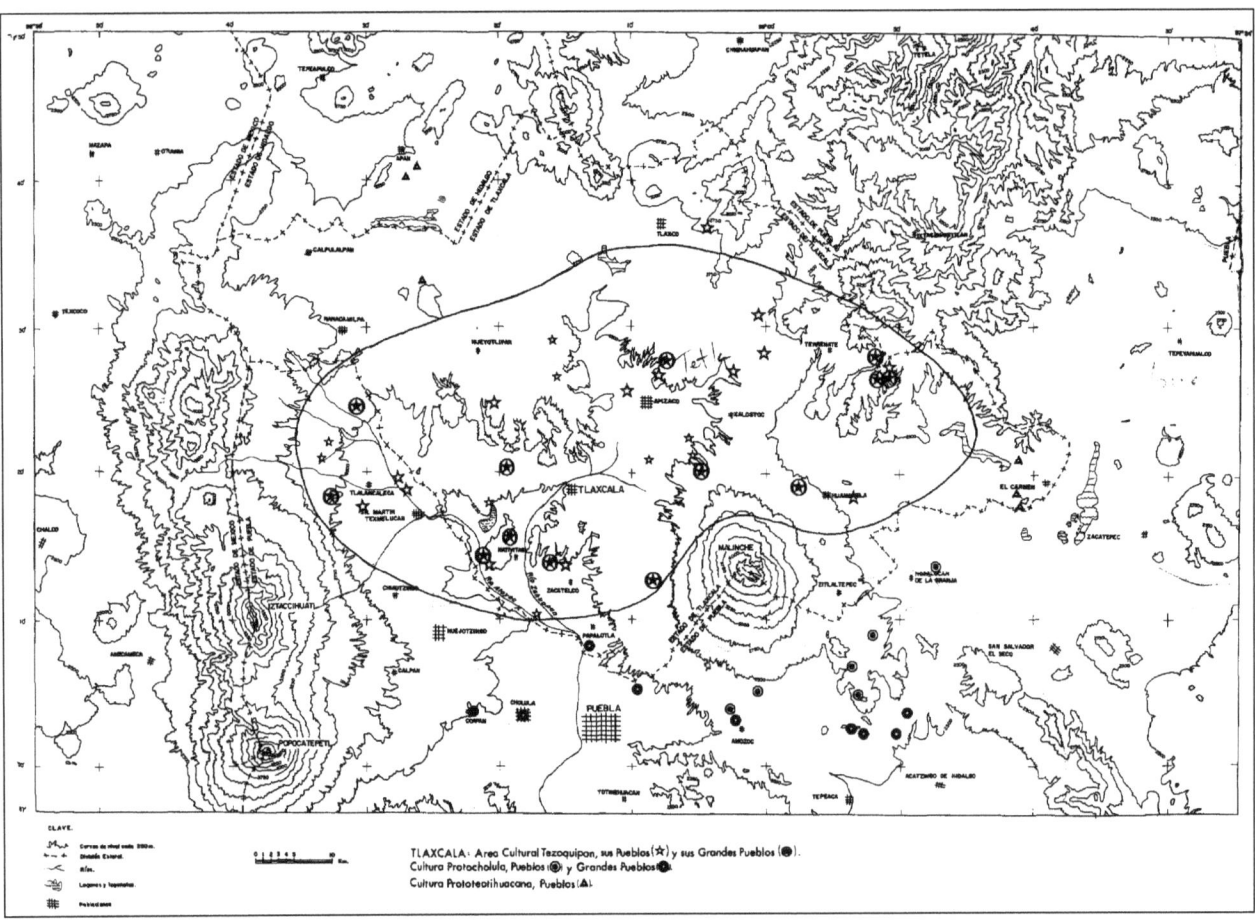

Fig. 3 – Áreas Culturales del 400 antes de nuestra era al 100 de nuestra era

Hemos dicho que el valle poblano observó fuertes intercambios culturales con otras regiones, además de influenciar en los grupos Tenanyecac –que enseguida trataremos– y también guardó ciertos contactos con la cuenca de México. Hay que tener presente que al mismo tiempo que Cholula observó su primer apogeo cultural, florecieron otras grandes ciudades, de las que debemos mencionar a: Teotihuacan, al noroeste inmediato; Cantona al noreste cercano; Cerro de las Mesas en el Golfo y Monte Albán en el valle de Oaxaca. Ciudades y regiones con las cuales observó fuertes contactos e intercambios culturales; no es de extrañarse entonces, la presencia de elementos culturales característicos de esas ciudades y de sus culturas en la región que nos ocupa. Existen sin embargo autores que aún consideran a Cholula como un satélite de Teotihuacan, dada la magnitud de este último y al no despojarse del centralismo característico, también en cuestiones culturales. Afirmación totalmente falsa, pues Cholula fue siempre Cholula y creó su propia identidad cultural; los elementos que la caracterizan podrán tener semejanza con los existentes en otras ciudades contemporáneas, pero esto se debe al fuerte comercio e intercambios, así como a las modas presentes en la arquitectura y artes del momento (García Cook y Merino Carrión 1991).

Cabe mencionar que Cholula, además de contar con escultura y arquitectura que reflejan influencia o relaciones con el golfo central, con Oaxaca y el altiplano mismo, y de la suya propia, presenta múltiples evidencias de pintura mural desde etapas muy tempranas de su apogeo. Es el caso de los murales de los insectos – chapulines o mariposas– que decoran los tableros de una estructura arquitectónica temprana; existe también otro basamento con pinturas en diversos tonos de negro, que decoran sus tableros, dando la apariencia de nichos como los realizados en Tajín, mas tarde. El Mural de los Bebedores, donde se representó una fiesta, en la que se está tomando con abundancia una bebida, probablemente pulque, tratada con fuerte realismo, quizá un rito dedicado a la fertilidad; mural que fue elaborado también en esta época prehispánica de Cholula, alrededor del 200 de nuestra era. Este Mural, es quizá la versión más antigua de un ritual a los dioses del pulque, y hasta el momento es la pintura mural mas grande que se conoce de la época prehispánica de México, pues cubre una superficie de 52.27 metros de longitud, por 2.50 m de altura. Se conoce también la representación de un tigre, de manera realista, correspondiente así mismo, a la parte temprana de Cholula. Además se plasmaron también otra serie de pinturas en los tableros de diversos momentos incluidos durante este periodo de apogeo que venimos tratando, del 100 al 650 d.n.e. (Salazar 1972; Müller 1972; Vallín 1972; Marquina 1971, 1970; García Cook y Merino Carrión 1989a, 1991).

Cholula alcanza su máximo apogeo entre el 400 y el 450 d.n.e. y es el momento también en que la superficie

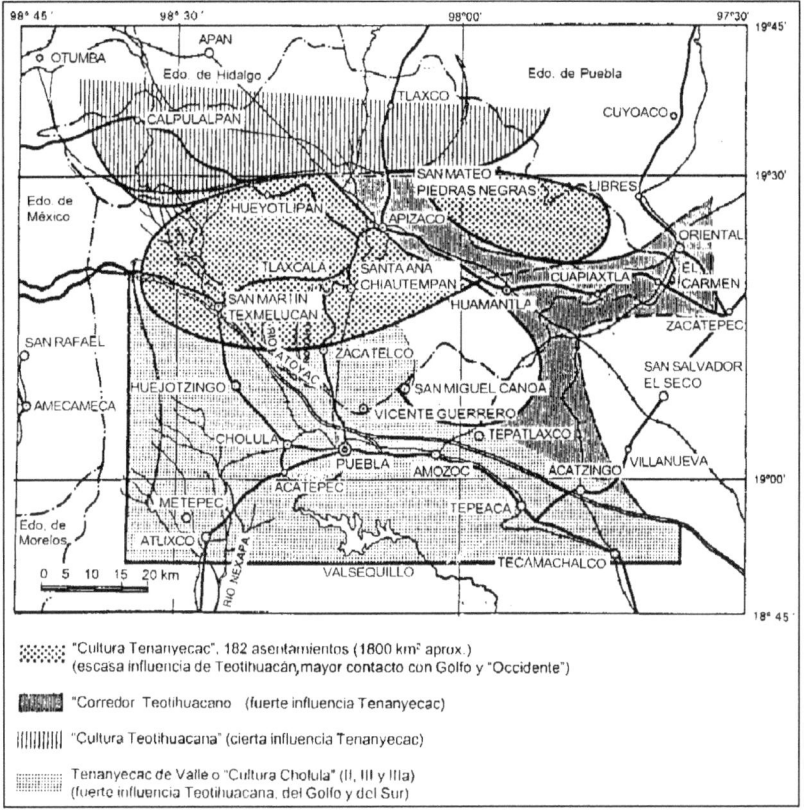

Fig. 4 – Áreas Culturales entre el 100 al 600 de nuestra era

ocupada por la ciudad llega a su mayor extensión– más de 400 has, su área núclear–, donde habita una población muy concentrada que ha sido calculada entre 30,000 y 35,000 habitantes. Pero estando en pleno apogeo inició en forma acelerada su decadencia y pierde su importancia en forma repentina, y para el 600 d.n.e., dejó de ser el centro macroregional, llegando a contar –por el 650 d.n.e.– con escasas 100 hectáreas su ciudad, con una población estimada entre 8,000 y 10,000 habitantes; poco después, por el 700 d.n.e. Cholula contó tan solo con unas 60 has y alrededor de 4,500 habitantes, reduciéndose a su mínima expresión por el año 800, cuando la ciudad contó tan sólo con unas 700 gentes habitando escasas 10 hectáreas (Müller 1973). Se tiene entonces que la caída de Cholula se inicia desde el 500-550 d.n.e y se da para el 600-650 d.n.e., momento en que el poder político se presenta con fuerza en el Bloque Nativitas –sur del actual estado de Tlaxcala– con los olmeca-xicalancas habitando Cacaxtla.

Tenemos pues que el valle poblano vivió aún en pleno apogeo regional durante este periodo, del 100 al 650 d.n.e. y que una gran ciudad, Cholula, se consolidó en ese tiempo. Cholula floreció y tuvo el control de todo el valle –y sur de Tlaxcala–, además de dejar sentir su influencia en lugares lejanos fuera de la región; hacia el 600-650 d.n.e. se observa un cambio brusco en el desarrollo regional, Cholula cayó y con ella todo se transforma en el valle poblano. La caída de Cholula permite tomar el control de buena parte del área bajo la rectoría de ésta, a los olmeca-xicalanca, que ubican su capital en Cacaxtla y cuyo mayor florecimiento podemos situar entre el 650 y el 850 d.n.e. (Figs. 3 y 4).

LA CULTURA TENANYECAC

Justo al momento en que las ciudades de Cholula, Teotihuacan y Cantona tenían su esplendor, hacia el centro y oriente del actual Tlaxcala y norte del valle Poblano, se observa un estancamiento cultural. Esta región –Llanuras del Atoyac-Zahuapan, Bloque Tlaxcala, sur de la Cuenca de Tlaxco, Llanura de Piedras Negras y Meseta de Terrenate, Cuenca de Apizaco, Bloque Nativitas y Faldas (noroeste) de la Malinche–[2] de larga tradición, había florecido, culturalmente, a partir del 400-350 antes de nuestra era, y estando en pleno clímax cultural, repentinamente, esta evolución acelerada que había llegado a su máxima expresión, se vio transformada completamente, iniciándose un periodo de decadencia y estancamiento cultural. Este periodo en el que se vive en una forma totalmente diferente a la inmediata anterior, puede situarse cronológicamente, entre los años 100 y 650 de nuestra era, y a la cultura, arqueológica, que se desarrolla en este lapso se le ha nombrado *Cultura Tenanyecac*.

Con Tenanyecac, el magnífico adelanto tecnológico e ideológico alcanzado durante Tezoquipan, si bien no desaparece, no se ve incrementado en modo alguno. El fuerte carácter teocrático que había alcanzado la sociedad Tezoquipan se ve transformado. Aún cuando el "sacerdocio" sigue manteniendo cierto control en la dirección de los grupos, sin embargo la enorme fuerza que manifestó durante Tezoquipan se ve debilitada por la aparición del nuevos jefes gobernantes, en los que la

---

[2] Ver fig. 2. Regiones naturales de Tlaxcala y valle poblano.

religión, aunque importante, juega un papel secundario, preocupándose más bien por mantenerse independientes de los grandes centros urbanos que consolidan su hegemonía en las áreas vecinas: Teotihuacan, Cholula y Cantona; iniciándose de esta manera –o fortaleciéndose– el control militar de la población. Militarismo surgido, no con el afán de conquistar mayor territorio y sojuzgar a otros grupos más débiles, sino que todo parece indicar que surge como una necesidad de mantenerse independientes, para evitar ser tributarios de los nuevos "estados" –¿expansionistas? – que hacían su aparición: surge como una necesidad de defenderse, como mera protección a sus intereses.

Podemos apreciar que el poder económico-político ha pasado de manos de los sacerdotes a la de un (o unos) jefe militar; que los sacerdotes se han rodeado de un grupo guerrero, o han reafirmado ese carácter bélico, observando por tanto que la sociedad adquiere un cariz diferente. Esto no impidió que los sacerdotes continúen teniendo gran influencia en el control de la población, pero la dirección y organización de la sociedad estará guiada por este nuevo carácter militar existente.

Tenanyecac ve reducida su población en un 42%, respecto a su anterior Tezoquipan; el número de asentamientos también disminuye drásticamente y la mayoría de ellos se trata de asentamientos rurales. Además su área cultural se ve partida por un corredor –de unos 10 kilómetros promedio de ancho– comercial, cuyos habitantes comparten en mayor proporción una cultura teotihuacana, cultura que también la limita por el norte y hacia el sureste. A este corredor o amplio pasillo lo hemos bautizado con el nombre de *Ruta comercial golfo-sur al altiplano central,* o bien sólo como *"corredor teotihuacano"* (García Cook 1976a, 1976b y 1981).

A Tenanyecac, para su estudio, la hemos subdividido en dos periodos: Tenanyecac temprano, del 100 al 400 de nuestra era, y Tenanyecac tarde, del 400 al 650 también de nuestra era, y de esta forma vamos a escribir algo sobre el comportamiento y elementos culturales que caracterizan dicha cultura.

Tenanyecac está conformada en su primera mitad -100 al 350-400 d.n.e. – por 199 sitios arqueológicos diferentes, aunque desde luego pueden llegar a encontrarse algunos más cuando se incrementen las investigaciones. Entre éstos, existen aún seis pueblos grandes o ciudades, cinco de ellos fortificados; 49 villas o centros secundarios; 32 aldeas concentradas –15 grandes, 14 chicas y 3 microaldeas–, y 90 aldeas dispersas –8 grandes, 58 chicas y 24 estancias–. Además, están presentes también dos observatorios militares; un adoratorio y dos centros ceremoniales sin habitación humana. La población calculada para todos ellos es de 104,340 habitantes. Por tanto, para la primera mitad de Tenanyecac, se tiene una media poblacional de 5,796 gentes en 100 km^2, lo que corresponde a 57.96 por kilómetro cuadrado.

Si comparamos estas cifras con las conocidas para la parte tardía de Tezoquipan – fase cultural anterior–, tenemos: en asentamientos, éstos se ven reducidos en un 33%, de 297 Tezoquipan, a 199 Tenanyecac temprano. La población también decrece en fuerte proporción, en 42.27%, de 180,730 Tezoquipan, a 104,340 Tenanyecac; aunque la media poblacional se ve reducida en poca escala, en sólo 3.79%; de 60.24 gentes por kilómetro cuadrado durante Tezoquipan tarde, a 57.96 habitantes por kilómetro cuadrado para Tenanyecac temprano. Lo mismo sucede con el área en que se desarrolla la cultura Tenanyecac; ésta se ve reducida en un 40%, de 3,000 km^2 para Tezoquipan, a solo 1,800 km^2 en Tenanyecac.

Los asentamientos Tenanyecac se ubican tanto en el valle como en las lomas, cimas y crestas de cerros. Tal parece que algunos poblados importantes buscasen las crestas o las cimas de los cerros, rodeados por barrancas o acantilados, quizá para defenderse de posibles ataques o invasiones, las que al parecer abundan ya para estos momentos.

Sabemos que desde Tezoquipan – 400 a.n.e. a 100 d.n.e.– muchos de los sitios mas importantes se ubican en posición estratégica o fueron fortificados; durante Tenanyecac temprano muchos de estos sitios importantes –Tlalancaleca, Gualupita Las Dalias, Xochitécatl, etc– desaparecen; otros se continúan –Piedra del Padre, San Juan Mixto, Cuatlapanga, etc– y algunos más se inician. Tal es el caso del sitio **Tetepetla** localizado en una meseta del mismo nombre, situada entre dos barrancas, en las faldas occidentales de la Malinche, que para la parte final de Tenanyecac temprano –por el 300-350 d.n.e.– se encuentra totalmente fortificada, a base de fosos muy elaborados y con la presencia de accesos fácilmente controlados, todo lo cual se trata a detalle en un estudio específico (García Cook y Mora 1974) (Fig. 5).

En sistemas arquitectónicos también se nota un fuerte cambio; para Tenanyecac temprano aún se continúan muchos de los poblados mayores Tezoquipan, pero a medida que se va perdiendo dicha tradición, y al momento de surgir nuevos asentamientos, con características de pueblo grande o ciudad, o de pueblos, la planeación se ve mas rudimentaria, y aunque la orientación de los edificios continúa siendo norte-sur, con una desviación al este para la mayoría de los casos, ahora aparecen otras orientaciones para sus estructuras arquitectónicas, que observan una desviación de 25° a 35° hacia el este del norte. El estuco se utiliza en menor escala y cuando se hace el recubrimiento es de menor espesor, uno a dos cm., a diferencia de Tezoquipan –y Texoloc– que llegó a tener al aplanado de estuco hasta 15cm de espesor. Las estructuras elevadas –pirámides o plataformas– solo presentan basamentos con cuerpos en talud y en la gran mayoría se observa sólo un cuerpo, a diferencia de las fases anteriores –Texoloc y Tezoquipan– donde predominaban las estructuras piramidales de tres cuerpos superpuestos. No se utiliza el tablero-talud, el que sólo estuvo presente en Texoloc Terminal y Tezoquipan temprano (García Cook 1973, 1974, 1976a, 1981; 1984; García Cook y Abascal 1975; García Cook y Merino Carrión 1976, 1991, 1996).

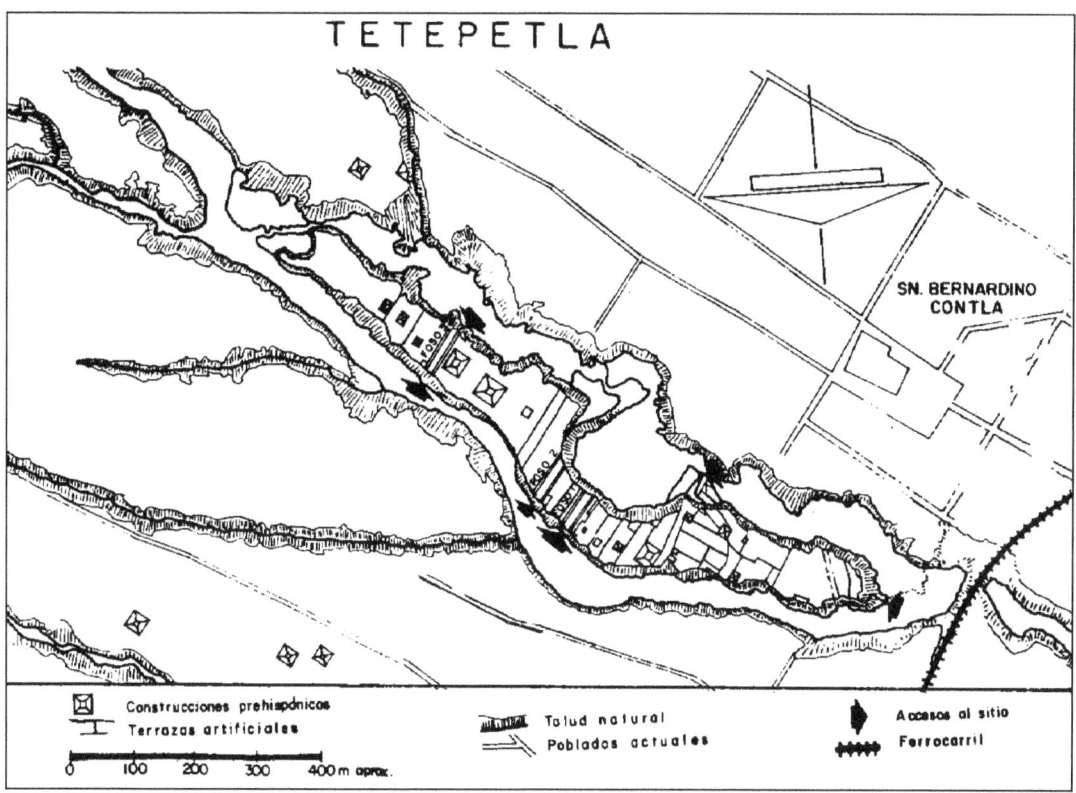

Fig. 5 – Asentamiento fortificado de la fase cultural Tenanyecac

Los sistemas de cultivo continúan siendo los mismos que la fase anterior, no aparece nada nuevo o diferente, ya que durante Tezoquipan, se llegaron a dominar todos los sistemas y técnicas agrícolas, así como los de irrigación, que se utilizaron en la época prehispánica y que se conocían a la llegada de los españoles (García Cook 1985; García Cook y Merino Carrión 1986). Se observan cambios en las dimensiones y ubicación de los elementos, pero las técnicas y tecnologías utilizadas con anterioridad siguen en uso; también está presente un fuerte cambio en la posesión y control de los terrenos y de sus productos, pero los sistemas agrícolas son los mismos que los utilizados en la fase cultural anterior, sólo en diferentes proporciones. Sin embargo, las áreas mejores para la producción agrícola, las planicies y campos inundados, pasan a manos de los grupos con cultura Teotihuacana o con cultura Cholula.

Podemos anotar algo sobre los artefactos y ajuar utilitarios utilizados por los grupos con cultura Tenanyecac: los hornos cerrados para cocer cerámica disminuyen o desaparecen; en lítica aunque se incrementa la fabricación y uso de artefactos de piedra tallada, sin embargo las piedras de molienda se elaboran en forma mas tosca. Los maceradores o machacadores de la corteza de los árboles para la fabricación de papel y otros objetos de este material también están presentes. Son escasos los adornos en piedra pulida, solo continúan los fabricados de concha y en hueso, etc. En la fabricación de cerámica, se observa un fuerte cambio, ya que ésta se vuelve tosca y mal acabada y con escasa decoración, sólo para la parte más temprana, cuando aún hay persistencia de la Tezoquipan, se presentan mejores objetos cerámicos.

La forma en que se realizan las figurillas degenera notablemente; los comales, aunque abundantes, y en variedad de tipos, tienen la superficie superior alisada más que pulida. Las orejeras fabricadas en cerámica, durante Tenanyecac temprano, son aun las orejeras cortas, aunque de pésimo acabado y en poca proporción, y para Tenanyecac tarde se inicia el uso de orejeras alargadas, sólidas o huecas y con tapón o sin él. Sólo en los malacates –pesos de uso para hilar– se observa cierta evolución tecnológica y decorativa y están presentes en abundancia; predominan los que tienen decoración incisa, por líneas paralelas rectas, combinadas con líneas curvas o quebradas; es frecuente la representación del Xicalcoliuhqui, o caracol cortado, en diversas versiones (García Cook y Merino Carrión 1974, 1988, 1991; García Cook 1976c; Trejo Alvarado y Ruiz Aguilar 1975).

Los recipientes de cerámica básicamente son monocromos, aunque está presente un tipo bicromo. Los monocromos se fabrican en cuatro grupos diferentes: café alisado, café pulido, rojo pulido y negro pulido. Las vasijas de mejor acabado, puede anotarse que observan influencias de las culturas Teotihuacana y de la Cholula. La bicroma se trata de una rojo sobre café –en diversos tonos–. Además de estas cerámicas elaboradas en la región, están presentes, aunque en poca proporción, algunas cerámicas ajenas al área: teotihuacana, Cholula, mixteca, escasa zapoteca, de Cantona y del Golfo central; así como la proveniente o de fuerte influencia de occidente, sobre todo para la primera mitad de la fase.

Hemos visto que la tecnología decrece y que los instrumentos y utensilios que se producen aparentan ser únicamente para el consumo interno, o para la producción agrícola, entonces podemos proponer que las artesanías también pierden importancia y con éllas, además de los artesanos, los comerciantes disminuyen notablemente, por lo que el comercio y los intercambios se reducen, ya que la población mayoritaria es el campesinado, y los jefes –o la élite– pobladores de las villas, pueblos y escasas ciudades, más bien reciben elementos de otras áreas, a cambio de lo que pueden ofrecer, al parecer textiles de fibras de maguey –de ixtle– y quizá pulque.

La cultura Tenanyecac tarde –de 350 al 650 d.n.e. – Para esta segunda mitad de Tenanyecac, la ruralización se acentúa, y aún cuando aumenta en cierto grado el número de asentamientos, sin embargo el número de habitantes se vio reducido ligeramente. Se cuenta para la parte media de Tenanyecac tarde –entre el 500 y 550–, con una población inferida de 100,040 habitantes distribuidos en 208 asentamientos humanos Tenanyecac tarde. Se tratan de: siete pueblos grandes o ciudades, cinco están fortificados; 16 son pueblos, uno fortificado; 50 fueron villas; 34 aldeas concentradas –16 grandes, 14 chicas y 4 micro aldeas–, y están presentes, también, 95 aldeas dispersas –8 grandes, 58 chicas y 29 estancias–. Además, se construyeron también dos observatorios (militares), dos adoratorios y dos centros ceremoniales sin residencia humana. La media poblacional – 100,040 habitantes en 1,800 km^2– tiene una media de 5,557 habitantes en 100 km^2, o sea 55.57 gentes por un kilómetro cuadrado y, por supuesto menor también a la que hubo en Tezoquipan, sólo comparable a la media poblacional que tuvo lugar en el actual estado de Tlaxcala, de 55.64 habitantes por kilómetro cuadrado, para 1940.

Tenanyecac tarde comparte aún todo el ajuar utilizado durante su parte temprana, sin embargo la declinación o estancamiento cultural es aún más acentuado. La fuerte influencia del occidente, que por inercia aún se observó durante la primera mitad de Tenanyecac temprano –100 al 250 d.n.e.– ahora desaparece casi en su totalidad, y salvo por elementos aislados, procedentes sobre todo del Golfo central, de Cholula, de Oaxaca, de Cantona o de Teotihuacan, el resto continúa de una manera muy elemental. Salvo en la producción agrícola, así como en la elaboración de textiles de ixtle –y quizá pulque– en el resto de las actividades en las que anteriormente habían destacado se estancan notablemente. Los grupos humanos que comparten la cultura Tenanyecac tratan de permanecer independientes de Teotihuacan, Cantona y Cholula que la limitan; aunque, como ya hemos visto, su área cultural se ve partida por el corredor o "Ruta comercial Golfo Sur al Altiplano Central", que la cruza por su lado norte. Para lograrlo, se agrupan en cacicazgos o señoríos. De estos podemos mencionar: el Bloque Nativitas, con 31 asentamientos –12 de estos con carácter cívico-religioso, entre ellos un centro macroregional fortificado– para su parte temprana y con sólo 23 –9 con estructuras elevadas y con un pueblo grande fortificado–, para la tardía; otro agrupamiento se presenta hacia el centro occidental del área con cultura Tenanyecac, con 10 asentamientos diversos. En la parte central del Bloque Tlaxcala, hay otro grupo con 18 asentamientos, 4 de ellos con estructuras cívico-religiosas; otro grupo es el de la sierra de la Caldera, con 21 sitios, de los cuales 10 tienen estructuras ceremoniales, y dos se tratan de ciudades fortificadas, siendo los Teteles de Ocotitla su ciudad y fortaleza principal y el sitio Piedra del Padre, que la limita al noreste y observa también una posición totalmente defensiva. Otro grupo lo integra el Bloque de los Contlas, donde están presentes tres poblados con centro cívico-religioso cada uno –Tlacatecpan, Tetepetla y Tepenacas–, siendo Tetepetla toda una fortaleza elaborada a base de fosos, con controles de entrada-salida y rodeada por profundas barrancas (García Cook y Mora López 1974) (Figs. 4 y 5).

Todo esto refuerza el planteamiento de que el poder económico ha pasado de manos de los sacerdotes a los de un –o unos– jefe militar, o bien que los sacerdotes se han rodeado de un grupo militar o han adquirido ese carácter bélico; observando por tanto, la organización social presenta una imagen diferente, dirigida y organizada con base en este nuevo carácter militar existente. Los asentamientos importantes que no están protegidos por un sitio fortificado o no están ellos mismos fortificados, o incrustados en estos conjuntos o bloques de asentamientos, sólo se les localiza en la esfera teotihuacana o en el "corredor teotihuacano", o bien en el valle poblano bajo la jurisdicción de Cholula, nó en el área con Cultura Tenanyecac.

La cultura Tenanyecac representa el proceso de cambio de un momento clásico, teocrático y de apogeo cultural, a un postclásico, de carácter seglar y de fuerte control militar; situación ésta que se dará más tarde tanto en el valle poblano como en la esfera y corredor teotihuacanos (García Cook 1976a, 1976b, 1974, 1981; García Cook y Merino Carrión 1989a, 1990, 1991, 1996).

Hemos mencionado en diversas ocasiones, la presencia de un "corredor teotihuacano" o "Ruta golfo-sur al altiplano central" y la de un área –norte de Tlaxcala– con cultura teotihuacana o perteneciente a la teotihuacana, precisemos un poco mas al respecto.

LA CULTURA TEOTIHUACANA EN LA REGIÓN POBLANO-TLAXCALTECA

La cultura teotihuacana también estuvo presente en la región que nos ocupa, ésta se localizó tanto al norte y oeste de Tlaxcala como en un "corredor" que cruzaba al norte y oriente de la Malinche para internarse al valle poblano y continuar hacia el valle de Tehuacán y Oaxaca o bien hacia el Golfo centro-sur.

Así, todo el norte –y oeste– del actual Tlaxcala, enclavada en los Llanos de Apan-Soltepec y la Cuenca de Tlaxco –excepto su extremo sur– comparte una cultura Teotihuacana, perteneciendo además a su esfera de control directa. Por su parte, el "Corredor comercial Golfo-Sur al Altiplano Central" o bien "Corredor Teotihuacano", se inicia hacia el norte de Apizaco –cerro Ahuatepec, al norte de Tetla y de la loma La Cruz, al noroeste de Coaxamalucan– cruza la superficie de la Cultura Tenanyecac, al norte de la Malinche, llega hacia la región de Huamantla donde se bifurca –o se subdivide en tres–; una vía continúa hacia el sur –Acatzingo-Tecamachalco para continuarse hacia el Valle de Tehuacan, Golfo centro-sur y Oaxaca, o bien para dirigirse a la región de Tepexi -Ixcaquixtla centro-sur de Puebla. De Huamantla otra vía aparente continuar por el Carmen, Tlaxcala y Oriental, Puebla, para dirigirse hacia el Golfo, y una tercera, siguiendo por todo el extremo sur de la cuenca de Oriental, Huamantla, Nopalucan La Granja pasa por San Salvador el Seco, continúa hacia Ciudad Serdán, llega a la región de Maltrata, para de ahí dirigirse hacia el Golfo (García Cook 1974, 1976, 1981; García Cook y Zamora Rivera 2010; Dávila 1977; García Cook y Trejo Alvarado 1977; García Cook y Merino Carrión 1976; 1991, 1996) (Fig. 4).

Tanto la gente que habitó en el área de la esfera teotihuacana –norte y oeste de Tlaxcala– como la que vivió en el "corredor teotihuacano", como sus nombres lo indican, compartieron en fuerte proporción elementos culturales teotihuacanos, aunque desde luego observan cierta influencia de la cultura Tenanyecac, sobre todo en su arquitectura y en la orientación de sus edificios. En el "corredor", además de esta fuerte influencia Tenanyecac, existen también algunas aldeas con cultura Tenanyecac, y más bien en los sitios mayores –ciudades, pueblos y villas– es donde predominan los elementos teotihuacanos. Lo cual es bastante lógico si sabemos que la región que ocupa dicho corredor, se trata de un área con fuerte tradición local o regional y ahora aparecen estos sitios mayores, con presencia de cultura teotihuacana cruzándola en su parte media. Se observa igualmente fuerte influencia de Cantona e incluso del Golfo encontrándose inclusive en esta zona "yugos" y "hachas", característicos de esa región (Mora y Guevara 1974). Hacia el valle poblano están presentes tanto elementos culturales teotihuacanos como de Cholula y de Monte Albán.

La cultura Teotihuacana al norte de Tenanyecac –en la esfera teotihuacana– observa cierta influencia de la cultura Tenanyecac, ya que aún cuando la cerámica en buena proporción es la considerada como teotihuacana, sin embargo en las estructuras arquitectónicas, no se observa la presencia del tablero-talud y la orientación de las mismas es igual a las de Tenanyecac; norte-sur con cierta desviación –8° a 10°– al este, en la mayoría de los casos, aunque existen otras con orientaciones diferentes –25° a 35°– al igual que en Tenanyecac y al norte de la Cuenca de Oriental.

Con el fin de sistematizar y poder efectuar comparaciones –con Tenanyecac– a la ocupación con cultura teotihuacana en Tlaxcala –norte del estado y norte y oriente de la Malinche– se le consideró en dos partes: cultura Teotihuacan temprano, del 100 al 400 d.n.e. y cultura Teotihuacan tarde, del 400 al 650. De esta manera se otorga el análisis efectuado: para Teotihuacan temprano se conocen 145 asentamientos humanos diferentes, los que juntos albergaron una población de 87,445 gentes, quienes ocuparon un área de alrededor de 2,300 km^2; cubriendo, salvo una porción del noreste, todo el norte de Tlaxcala, incluyendo el extremo oeste; parte del actual estado de Hidalgo, entre Apan y la Laguna de Atocha; el "corredor teotihuacano", de Tetla a Huamantla y a El Carmen, con un promedio de 10 km de anchura. Aunque entre el Cerro Tezoyo al este y la Laguna de Atocha al oeste, existe una amplia zona –alrededor de 200 km^2– sin ocupación humana sedentaria alguna.

Los 145 asentamientos con cultura teotihuacana temprana son: 12 pueblos grandes o ciudades, ninguno fortificado; 12 pueblos, tampoco fortificados; 27 villas; 55 aldeas concentradas –8 grandes, 32 chicas y 2 estancias–. Ningún asentamiento está fortificado. Si consideramos las 2,300 km^2 del área ocupada y las 87,445 gentes que en ella vivieron, tenemos entonces una media poblacional, para este momento –del 100 al 400 d.n.e. – de 3,801.52 en 100 km^2, o sea 38.01 habitantes por kilómetro cuadrado.

Para Teotihuacan tarde – 400 al 650 d.n.e. – han sido localizados hasta la actualidad, 141 asentamientos diferentes, que conforma una población inferida de 85,194 habitantes; por tanto ligeramente inferior –casi el 3%– a la existente durante la parte temprana. Los asentamientos corresponden a: 13 pueblos grandes o ciudades; 12 pueblos; 24 villas, una de ellas fortificada; 56 aldeas concentradas –7 grandes, 33 chicas, una fortificada y 16 microaldeas, 2 de ellas fortificadas– y 36 aldeas dispersas –4 grandes y 32 chicas–. Aquí ya están presentes, aunque en poca proporción y en asentamientos de poca importancia sociopolítica –una villa, un aldea concentrada chica y dos microaldeas o guarniciones– los sistemas defensivos. En los cuatro casos, están presentes fosos defensivos. Por otro lado estos sistemas defensivos se iniciaron hacia el final de esta fase cultural, quizá alrededor del 600 d.n.e., evidenciando de esta manera una situación de inestabilidad social, la que se acrecentará posteriormente. El área ocupada por los pobladores con cultura Teotihuacana tarde, es la misma que la de sus antecesores –2,300 km^2– y por tanto la media poblacional para este momento, fue de 3,704.08 por 100 km^2, o de 37.04 por un kilómetro cuadrado (García Cook y Merino Carrión 1991).

Los asentamientos con cultura Teotihuacana existentes al oeste y norte central del actual estado de Tlaxcala se ubican en su mayoría cerca del agua permanente y cuando están alejados de alguna fuente, se encuentran al lado de alguna corriente de temporal. Se localizan en las laderas bajas de las lomas y cerros y por lo regular abarcando también parte del pie de monte; en las superficies de lomas bajas o en el valle mismo; por tanto la pendiente de sus terrenos son muy suaves. La mayoría de los asentamientos, sobre todo los ubicados en laderas bajas, cuentan con terrazas para habitación o habitación-cultivo, en menor proporción se realizan para el uso exclusivo de los cultivos, ya que estos se efectuaron en las partes llanas. Casi todos los sitios que cuentan con estructuras cívico-religiosas, se les construyeron plataformas dónde ubicar estas construcciones, o bien contienen plataformas ceremoniales-habitacionales. Se pudo observar, así mismo, en algunos asentamientos la utilización de canales y depósitos –jagüeyes– en sus sistemas de control del agua, y se vio también que en algunas de las ciudades o pueblos grandes se construyeron pozos artesianos, con su brocal recubierto con piedras. También algunas de estas ciudades teotihuacanas cuentan con mas de 20 estructuras arquitectónicas elevadas –mayores a 4 metros– además de los basamentos bajos para estructuras residenciales e, incluso, dos de ellas contaron con mas de 100 estructuras elevadas, mayores a un metro. Esto último en nada comparable con los asentamientos mas importantes Tenanyecac.

En arquitectura y técnicas de construcción no hay gran diferencia entre las utilizadas con cultura Tenanyecac de las aplicadas por las gentes con cultura Teotihuacan que habitaron en la actual Tlaxcala –y parte del valle poblano y norte de la cuenca Oriental–. El tablero-talud, que caracteriza la ciudad de Teotihuacan para estos mismos momentos, no se fabrica en toda la región que nos ocupa, ya que sólo se hace uso de basamentos en talud superpuesto, en el caso de las pirámides. El talud tablero, como se sabe, sólo se construyó en el área en etapas mas antiguas –por el 350-300 a 100 antes de nuestra era– que la que venimos tratando –en Tlalancaleca, Tetla y Cantona–, y ni siquiera la orientación de las estructuras arquitectónicas mayores, como ya anotamos, guarda alguna relación con la utilizada en Teotihuacan en forma contemporánea, y ésta tiene mayor relación con la que fue utilizada, durante las etapas anteriores, en el área vecina al sur –culturas Texoloc y Tezoquipan–, quizá debido por el impacto cultural de su momento, que hizo tradicional dicho rasgo (García Cook 1973, 1984, 2009).

Todos los sitios considerados como teotihuacanos –en la región del actual Tlaxcala– no utilizaron el talud-tablero en sus construcciones, y su orientación, por regla general, cae entre los 5° a 10° de desviación respecto al norte –hacia el oeste o al este– o bien es coincidente con dicho norte magnético, orientación idéntica a la utilizada durante Tezoquipan. Sólo el uso de estuco para el recubrimiento de los edificios y pisos de sus principales plataformas es utilizado en mayor medida y de mejor calidad en los grupos con cultura Teotihuacana, en relación con los de la cultura Tenanyecac.

Respecto a la cerámica que se utiliza en esta parte norte y oeste del actual Tlaxcala, como en el "corredor" con cultura Teotihuacana, ésta es la misma que fue utilizada en la metrópoli y aún cuando no están presentes todos los tipos, ni son de calidad semejante, sin embargo si se utilizaron buena parte de objetos con las mismas características. En su mayoría se trata de cerámica monocroma, en café de varios tonos, negro y rojo, las que aparecen tanto con magnifico pulimento como tan sólo con sus superficies alisadas. Está presente también una cerámica bícroma en rojo sobre café, o rojo sobre bayo, y en menor proporción una trícroma –que comparte con Cantona–, en rojo, café y ocre o café claro pulido. Una cerámica muy característica de este momento y de esta cultura, es la cerámica *anaranjado delgado*, la cual aparece con cierta abundancia y se trata de recipientes de paredes y base convexa con soporte anular, en su mayoría, así como unos pequeños "candeleros". Las figurillas de cerámica son también las conocidas para Teotihuacan (García Cook y Trejo Alvarado 1977; García Cook y Merino Carrión 1988).

La cultura Teotihuacana que esta presente en terrenos –al norte, al oeste y en el "corredor"– que actualmente pertenecen a Tlaxcala, jugó un papel muy importante en el desarrollo y apogeo de la urbe de Teotihuacan, ya que como bien sabemos, en el resto de la cuenca de México, salvo en escasas excepciones, en donde también hubo poblados mayores, se produce también una ruralización de la población y una disminución radical en el número de habitantes y una concentración excesiva en la urbe misma. De esta manera la población que compartía una cultura Teotihuacana en Tlaxcala, no sólo es bastante numerosa sino que tuvo una fuerte importancia en el control regional, controlando una gran ruta comercial o de movimientos de productos –e ideas– procedentes del Golfo de México, del valle Poblano, de Tehuacan y en general del sur de Puebla, del valle de Oaxaca, e incluso de Morelos y Guerrero y, a su vez, salían los "exportaciones" realizadas por Teotihuacan hacia dichas regiones. Es pues esta posición estratégica la que hace que estos asentamientos tengan mayor importancia sociopolítica, en relación a sus contemporáneos del oeste y sur de la cuenca de México, y jugarán, así mismo, un papel de suma importancia en la "caída" de dicha ciudad, al controlar por si mismos los bienes y productos o mercancías y al ofrecer tributos en menor escala, ya no tributar, o no dejar pasar los productos procedentes de o hacia las regiones mencionadas.

Hemos observado, en forma sintética, la situación cultural prevaleciente en la región poblano-tlaxcalteca, por el 600-650 de nuestra era. Con la caída de Cholula, primero y poco después con el derrumbe de Teotihuacan, esta región oriental del Altiplano Central sufre fuertes cambios socio-políticos, de grandes movimientos, del arrivo de nuevos grupos humanos, la salida de otros y la consolidación de algunos más. Sobre las culturas que se desarrollan y la situación prevaleciente en este región poblano-tlaxcalteca, durante este periodo –del 600 al 900– trataremos en seguida.

CULTURA CACAXTLA (O DE LOS OLMECAS-XICALANCAS)

Hemos anotado que hacia el 600 d.n.e. la ciudad de Cholula ha perdido gran fuerza y que buena parte del área bajo su rectoría queda a la deriva o se inicia bajo el control de otro grupo de gentes, mismo que se encuentran en la ciudad de Cacaxtla, lugar donde se fortifican y desde donde controlan el valle poblano y, poco mas tarde, también buena parte del sur –sudoeste y sudeste– del actual estado de Puebla.

Cholula, como ya se indicó, tuvo su máximo apogeo en el siglo V –de 400 a 500 d.n.e.– de acuerdo a lo que indica el resultado de las investigaciones que han sido llevadas a cabo en esa ciudad arqueológica, y es durante este siglo V cuando alcanza su máxima extensión territorial y también cuando contó con el mayor número de habitantes. Pero para los siglos VI y VII –entre 500 y 650 d.n.e.– se supone que ocurre alguna catástrofe –natural y/o política–, ya que decrece notablemente su extensión territorial y la población también se reduce en forma drástica, alrededor del 70% menos, y entre el 650 y el 800, se abandona casi en su totalidad el centro ceremonial y la extensión del asentamiento se calcula que sólo abarco alrededor de 65 hectáreas, contando con una población en torno a 4,500 habitantes, sólo un 13% respecto a la que tuvo durante su apogeo –alrededor de 30 a 35 mil gentes–. Población que aún se reduce a su mínima expresión, alrededor de unas 700 personas, que habitaban en escasas 10 hectáreas, durante el siglo IX (u VIII?) –800 a 900– siguiente (Müller 1973; García Cook 1976a 1986a, 1981).

Por todo esto vemos como la caída de Cholula se inicia desde el 500 de nuestra era; se da ya para el 600-650 de la misma, momento en que el poder político se presenta ya con fuerza en el Bloque Nativitas, y sobre todo en Cacaxtla.

Todo parece indicar, de acuerdo a la información que otorgan las fuentes históricas y a su correlación con la documentación arqueológica, que las gentes que habitaron en Cacaxtla y por tanto tuvieron el control regional –del sur de Tlaxcala y del valle poblano– fueron los olmecas-xicalancas, un grupo integrado por gente de tres etnias (¿cuatro?) diferentes: mixtecos, chochopopolocas y nahuas (Jiménez Moreno 1942). En principio, también aceptamos esta posición y por tanto cuando tratemos sobre Cacaxtla –de este momento– estamos escribiendo sobre los olmecas-xicalancas y a la inversa, cuando planteemos algo relacionado con los olmecas-xicalancas –del valle poblano-tlaxcalteca– podremos, a su vez, referirnos a Cacaxtla, sede principal de este grupo durante ese momento, del 600 al 900.

Quizá los olmecas-xicalancas –o cacaxtlecos–, iniciaron su arribo al área –valle poblano-tlaxcalteca– desde uno o dos siglos antes, entre el 400 y el 500 de nuestra era, y tal vez mucho tuvieron que ver con la caída de Cholula, por el 600-650, pero ubican su capital en Cacaxtla, donde igualmente ya habitaban desde al menos un siglo antes. Florecen aquí –en Cacaxtla– entre el 650 y el 900, y son derrotados y expulsados por otros grupos –quizá los toltecas-chichimecas que mencionan también las fuentes históricas– por el 900, y nuevamente resurge Cholula, ahora bajo estas nuevas gentes y con sede ya no en el antiguo centro ceremonial, sino que establecen otro, un poco mas hacia el oeste del primero. Los olmecas-xicalancas se retiran hacia el sur y hacia el nordeste, hacia Zacatlán, como menciona Muñoz Camargo (1948), y al parecer, al iniciarse el siglo XII, han desaparecido totalmente del valle poblano tlaxcalteca. Otra explicación podría ser: cae Cholula por el 600-650 d.n.e., lo que permite tomar el control del área a los olmecas-xicalancas establecidos en la región y en Cacaxtla desde al menos un siglo antes. Posteriormente, los olmecas-xicalancas toman también Cholula –por el 750-800 d.n.e.–, aunque el control de ésta ya lo tenían, y debido a otras presiones, quizá de los texcaltecas y de los toltecas-chichimecas que inician su arribo al área; dejarían su capital Cacaxtla por el 900, retirándose hacia el sur inmediato y hacia el nordeste, –Zacatlán– para salir totalmente del área, por el 1000-1100, dejando el poder del valle poblano nuevamente a Cholula, contando ésta con nueva sede para su capital (García Cook 1974, 1976ª, 1986a, 1981; García Cook y Merino Carrión 1976, 1991, 1997).

Sea cual fuere la realidad histórica, los documentos arqueológicos nos están indicando una pérdida de poder de Cholula, la cual se puede situar por el 600 d.n.e., cuando la extensión de la ciudad se reduce a sólo un tercio respecto a la fase de apogeo anterior, y por el 750 se abandona el centro ceremonial y el asentamiento va disminuyendo aún mas sus proporciones y su población. Momento que coincide con el apogeo y control político, regional, de Cacaxtla. Cholula queda reducida a su mínima expresión por el 750, permaneciendo así hasta por el 900, fecha en que resurge y ahora con mayor brío haciendo florecer, por segunda ocasión, esta ciudad, ahora con la *Cultura Cholulteca* como su representante. Cacaxtla también pierde su importancia sociopolítica por el 900 y para el 1,000 ya no existen evidencias de gente olmeca-xicalanca en el Bloque Nativitas –ni en Cacaxtla, por supuesto–, área que inclusive queda deshabitada parcialmente, para convertirse en tierra de nadie, o quizá para ser controlada por los grupos texcaltecas –fase cultural Texcalac tarde–, los que afianzan su hegemonía en buena parte del actual Tlaxcala, iniciando de esta manera la integración y consolidación de los señoríos –de Tlaxcala–, mismo que serán conocidos por los españoles a su llegada.

Las investigaciones llevadas a cabo por nosotros en la región que nos ocupa, sólo cubrieron parte del área –del valle poblano tlaxcalteca– que fue controlado por Cacaxtla o los olmeca-xicalancas, la parte norte; correspondiente al sudoeste de Tlaxcala: "Bloque Nativitas" y Llanuras del Atoyac -Zahuapan. Por ello, tanto el número de asentamientos como el cálculo de población realizado con base en ellos no refleja la realidad de la superficie total del valle poblano, habría que multiplicar por 2.5 quizá hasta por 3 para contar con una idea mas aproximada. Hecha esta aclaración, tenemos que el número de asentamientos localizados en este extremo norte del área bajo el control de Cacaxtla y que comparte su cultura material, es de 60, y su población ha sido calculada en cerca de 34,000 gentes. Los asentamientos son: un pueblo grande o ciudad fortificada (Cacaxtla); nueve poblados, tres de ellos fortificados; 16 villas; una aldea concentrada chica; 30 aldeas dispersas –3 grandes, 9 chicas y 18 estancias–; dos adoratorios y un centro ceremonial (?). De éstos, 17 se ubican en territorio del actual Tlaxcala y el resto en el valle poblano, del estado de Puebla.

Más adelante se tratará específicamente y de manera mas amplia, sobre la conformación y elementos culturales que presenta la capital, Cacaxtla, y a través de esta información se podrá entender algo sobre el utillaje y costumbres de estos grupos. Sin embargo conviene anotar que en lo relativo a los sistemas de cultivo, éstos fueron los mismos a los que ya se conocían; únicamente se observa una dispersión de población rural que habita quizá al lado de sus campos de cultivo, ya sea en forma permanente o durante los trabajos para preparar y sembrar la tierra y la de cosechar sus productos; en lo demás debió explotarse todo campo cultivable por los sistemas vigentes hasta entonces. No olvidemos que en esta región sur de Tlaxcala existen magníficos terrenos con un nivel freático muy superficial y que hacia ambos lados del Bloque Nativitas pasan los ríos Atoyac y Zuhuapan, y además existieron cuerpos de agua permanente y manantiales, todo lo cual les permitió contar tanto con cultivo de riego intensivo, en las partes bajas, como de temporal en las laderas y parte alta, y aún cuando la temperatura se incrementaba para estos momentos, sin embargo las precipitaciones también aumentaban.

Cacaxtla ha sido motivo de estudios desde el siglo XVI mismo, cuando Diego Muñoz Camargo (1948), cronista tlaxcalteca, la visita y describe y la relaciona con el lugar donde habitaron los olmeca-xicalanca, con base en las narraciones de su momento, y este autor es básico para todo aquel investigador que visita, describe o trabaja en Cacaxtla. Durante el siglo antepasado, José María Cabrera (1850) hace también visitas a Cacaxtla y la describe; poco después Aquiles Gerste (1887-1888), como Alfonso Luís Velasco (1892) realizan visitas y publican descripciones. En la primera mitad del siglo pasado, diversos investigadores ponen su atención en Cacaxtla; de entre ellos podemos mencionar a Melitón Salazar Monroy (s/f); Miguel E. Sarmiento (1925); Andrés Angulo (1948, 1948-1950) y Pedro Armillas (1941a; 1941b; 1946; 1948; 1951); los dos últimos otorgan –además de una amplia descripción–, fotografías, croquis y planos, y discuten sobre la antigüedad de la zona.

Durante los trabajos de la Fundación Alemana para la Investigación Científica en México –1961 a 1978–, Peter Tschohl y Herbert J. Níkel (1972), además de visitar el área, recopilar la información documental existente para el sitio, también hacen mención del material cerámico recuperado por ellos. También con el Apoyo de la Fundación Alemana y el INAH, miembros del Proyecto Arqueológico Puebla-Tlaxcala, bajo la dirección del autor del presente texto, visitan la región que nos ocupa y muestrean sitio por sitio –base para este trabajo– durante 1972-1973 y 1975-1977, otorgando una propuesta cronológica y observando la secuencia del desarrollo cultural de la región entera (García Cook 1974, 1976a, 1976b, 1977, 1978, 1981; García Cook y Merino Carrión 1976, 1989a, 1991). Poco después se publican tres guías para la visita a la zona arqueológica de Cacaxtla (López de Molina y Molina 1980; García Cook 1986, y García Cook y Merino Carrión 1997).

En septiembre de 1975 fueron descubiertos –por campesinos– algunas pinturas murales de las que hoy pueden ser admiradas por el visitante –las del Edificio A–, y a partir de ese momento se iniciaron las exploraciones arqueológicas, sistemáticas, en la zona; trabajos que estuvieron a cargo, durante los primeros años, por Diana López de Molina y Daniel Molina (López de Molina 1977a, 1977b; 1979a, 1979b, 1980 y 1981; López de Molina y Molina 1976, 1980, 1986). Mas tarde trabajaron activamente Andrés Santana Sandoval y Rosalba Delgadillo Torres (Delgadillo 1984, 1986; Delgadillo y Santana Sandoval 1990; Santana Sandoval 1984a, 1984b, 1985, 1986, 1989, 1990a, 1990b, 1990c, 1990d; Santana Sandoval y Delgadillo Torres 1990, y Santana Sandoval *et al.* 1990). A partir de las publicaciones sobre la presencia de pintura mural en Cacaxtla, el número de investigadores –arqueólogos, historiadores, etnohistoria-dores, historiadores del arte y lingüistas– que escriben de alguna manera –o de un elemento cultural en particular– se multiplica, y de esta manera existe amplia bibliografía que se relaciona con Cacaxtla y con la región en que se ubica.

Por ser de gran importancia en relación con los sucesos culturales que tuvieron lugar en el valle poblano-tlaxcalteca, en esta etapa transicional –epiclásico– de grandes movimiento de población, balcanización de ciertas partes y de cambios sociopolíticos trascendentes, además de poder entender algo más sobre la Cultura Cacaxtla o de los olmeca-xicalanca, debemos detenernos un poco y tratar sobre el asentamiento sede de la capital de dicha cultura.

DESCRIPCIÓN DEL SITIO DE CACAXTLA

La parte nuclear del asentamiento de Cacaxtla afecta una forma lineal, de apariencia rectangular, con orientación general sur-norte; se escalona en la misma dirección para salvar las diferencias de nivel entre la base y la parte mas alta, que es de unos 95 metros, de 2,230 a 2,325 metros sobre el nivel del mar. Su longitud es de 2,700 metros por una anchura promedio de 800 metros. El sitio se caracteriza por la presencia de amplias y altas plataformas, en numero de diez, las cuales se adaptan a su eje sur-norte; una de ellas queda fuera del eje, colocada hacia la parte noreste del sitio. Algunas de estas amplias plataformas son, posiblemente, subdivisiones, debido a que internamente salvan también un desnivel (García Cook 1986; García Cook y Merino Carrión 1991, 1997) (Figs. 6 y 7).

Elementos del asentamiento que destacan en Cacaxtla es la presencia de amplios y profundos fosos: de 9 a 24 metros de ancho y de 4 a 9 metros de hondo, los que aprovechando los cambios de nivel de las plataformas fueron utilizados, tanto con carácter defensivo como de comunicación interna. Diego Muñoz Camargo (1948), quien visita el sitio a mediados del siglo XVI, menciona estos fosos y hace la descripción de los mismos, tal y como los vio en su momento. Aún pueden apreciarse seis en sentido transversal, este-oeste, y tres en sentido longitudinal, dos hacia el oriente y otro al poniente, uno continuación de otro transversal. Aún puede observarse

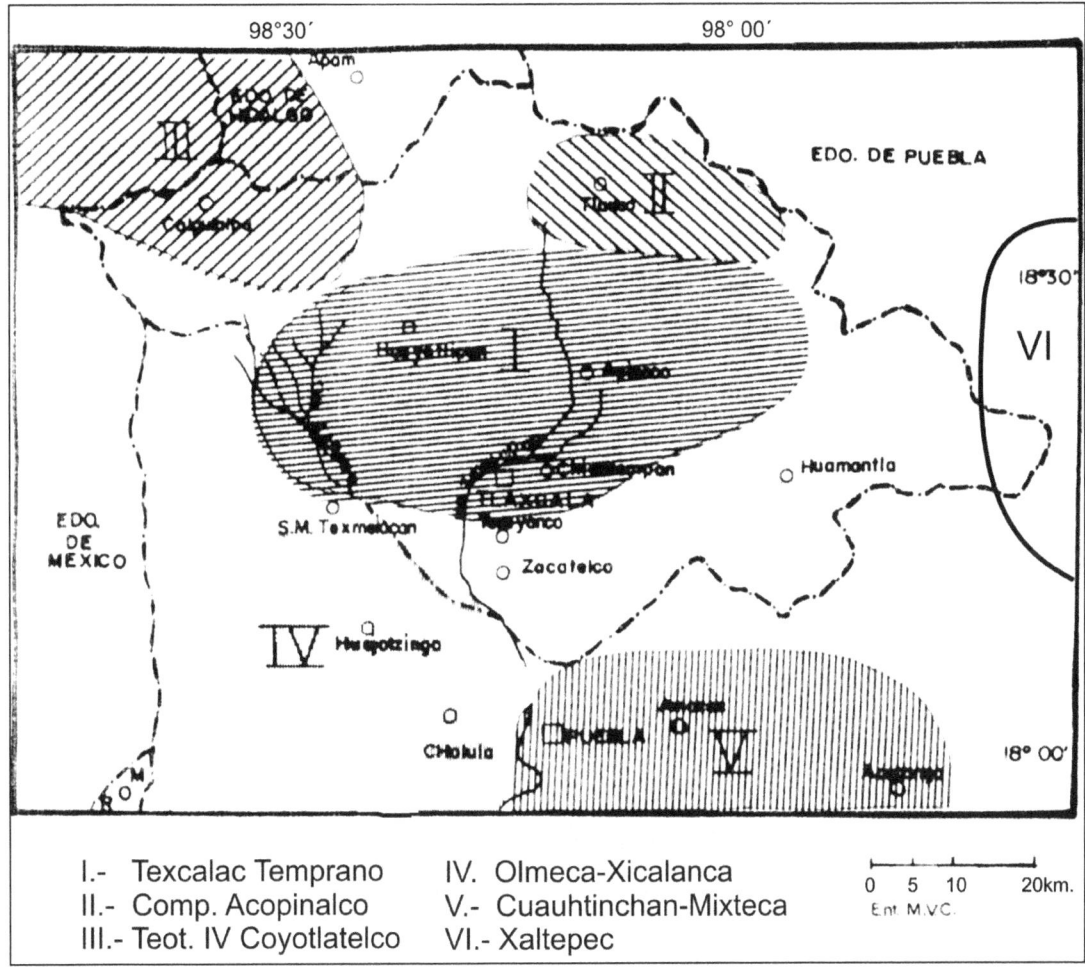

I.- Texcalac Temprano IV. Olmeca-Xicalanca
II.- Comp. Acopinalco V.- Cuauhtinchan-Mixteca
III.- Teot. IV Coyotlatelco VI.- Xaltepec

Fig. 6 – Áreas Culturales entre el 600 y el 900 de nuestra era

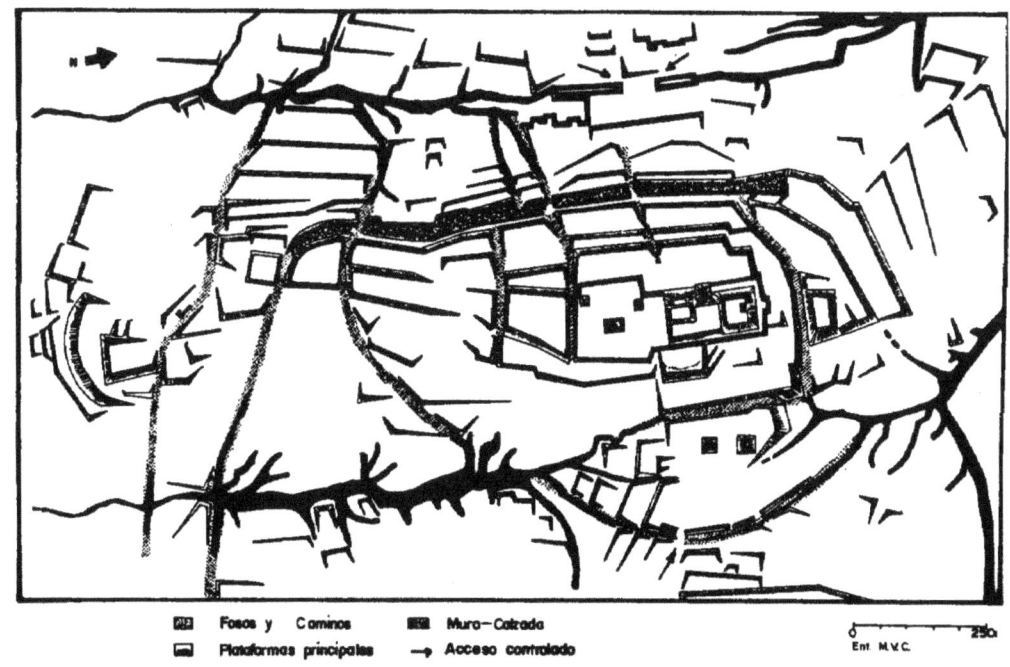

Fig. 7 – Asentamiento Cacaxtla, Tlaxcala

también una calzada o muralla de tierra elevada, en sentido norte sur que se continúa en otros de los fosos transversales; la que debió servir para vigilancia y defensa. Se observan aún algunas de las estructuras

Fig. 8 – El Gran Basamento. Cacaxtla: (sin cubierta total)

piramidales, sobre las que se habrían construido los templos.

Cacaxtla debió tener varios accesos, pero existe uno muy claro localizado hacia el extremo poniente del sitio, el cual se encuentra limitado por dos estrechas plataformas longitudinales, las que a su vez unen un foso situado hacia este lugar, y una plataforma localizada frente a esta puerta, dejando un estrecho pasillo hacia ambos lados. Este acceso debió ser utilizado para comunicarse con la cima del cerro Xochitecatl y poder asistir a las ceremonias que ahí se llevasen a cabo. No debemos olvidar que para este momento –del 600 al 950 d.n.e– Xochitecatl compartía y formaba parte de la cultura Olmeca-Xicalanca o Cultura Cacaxtla (García Cook y Merino Carrión 1991, 1997, y Serra Puche y Lazcano Arce 1997) (Fig. 7).

Cacaxtla fue ocupada del 600 al 900-950 de nuestra era (García Cook 1976, 1981, 1986; García Cook y Merino Carrión 1976, 1989, 1991, 1997; López de Molina y Molina 1986). Por lo explorado hasta el momento, se puede mencionar que los edificios de Cacaxtla se asientan sobre una especie de plancha o plataforma baja, cuya altura varía de 10 a 60 centímetros. Los aposentos se encuentran situados en torno a patios de diversas dimensiones. Se utiliza en la construcción de edificios –para la élite o grupo gobernante– una serie de pilares que formaron parte del pórtico, los que además de sostener la techumbre hacían mas amplios los espacios arquitectónicos. Entre los elementos arquitectónicos presentes en Cacaxtla, debemos destacar el Tablero Cacaxtla, llamado de esta manera por no contar con afines en otros sitios o regiones. Dicho tablero consta de una serie de paneles en distintos planos; el último plano, hacia el exterior, sirve de marco general del elemento; éstos se encuentran colocados en los laterales de los edificios y en los extremos del frente, de tal manera que hacen escuadra con los tableros laterales. Este elemento se presenta sólo en los muros de los edificios; las plataformas se realizan con base a los cuerpos escalonados en talud, o de talud y paramento vertical para los basamentos piramidales.

Presente también en Cacaxtla y motivo de admiración y de múltiples escritos y análisis sobre las mismas, está la pintura mural, la cual cumple amplios espacios y representa diferentes escenas. Hasta hoy la plataforma mas explorada, la número II o Gran Basamento, nos ofrece varios ejemplos de dicha pintura mural. Escribamos sobre éstas.

El Gran Basamento. En la actualidad, el Gran Basamento presenta una forma piramidal truncada, resultado de la realización de diversas construcciones –superpuestas– a través del tiempo; tiene una base de alrededor de 200 metros de longitud por 110 metros de ancho; su altura alcanza los 25 metros. Se trata de una loma natural adaptada como plataforma con base a cuerpos escalonados en talud, los cuales varían en número y forma de acuerdo a la situación natural del terreno y al desnivel que debían cubrir. Este gran Basamento ese el área mas explorada y objetivo central de la visita a Cacaxtla (Figs. 8 y 9).

En su parte superior pueden observarse restos de diferentes construcciones erigidas en un lapso muy corto, escasos tres siglos: del VII a finales del IX, lapso durante

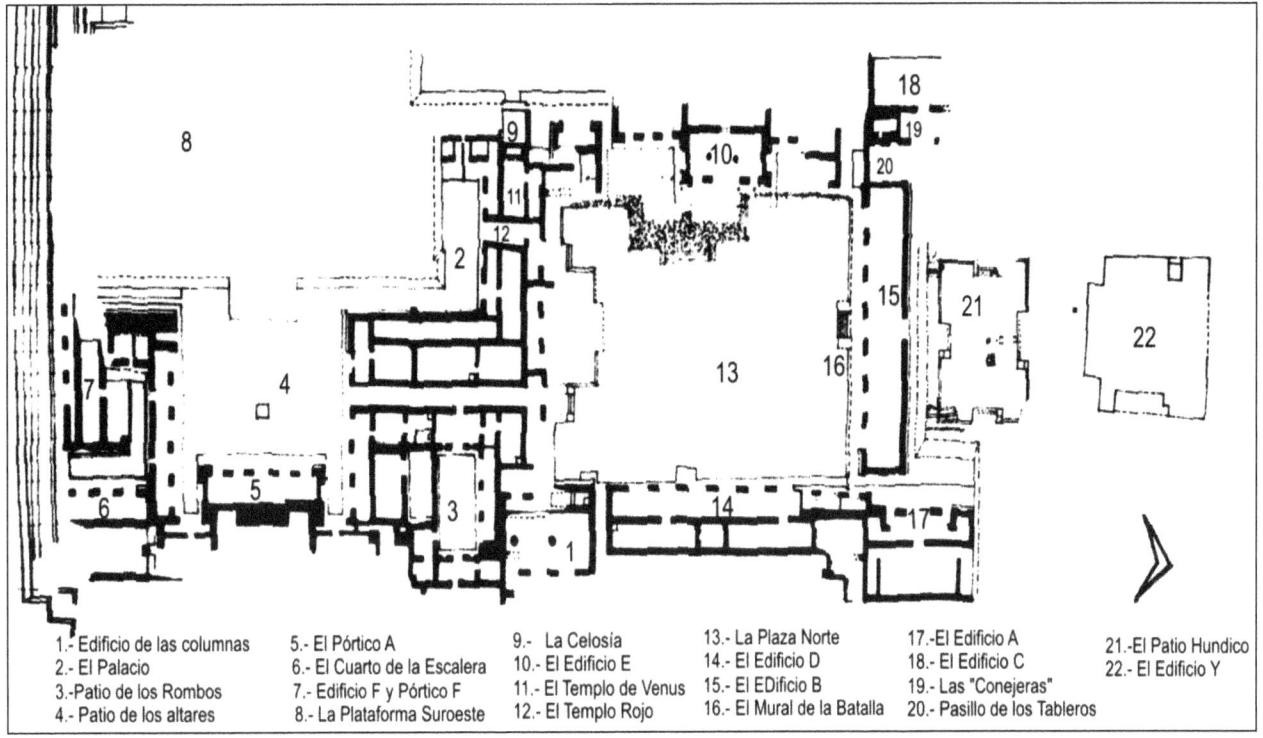

Fig. 9 – El gran basamento: nomenclatura de los elementos arquitectónicos

1.- Edificio de las columnas
2.- El Palacio
3.- Patio de los Rombos
4.- Patio de los altares
5.- El Pórtico A
6.- El Cuarto de la Escalera
7.- Edificio F y Pórtico F
8.- La Plataforma Suroeste
9.- La Celosía
10.- El Edificio E
11.- El Templo de Venus
12.- El Templo Rojo
13.- La Plaza Norte
14.- El Edificio D
15.- El EDificio B
16.- El Mural de la Batalla
17.- El Edificio A
18.- El Edificio C
19.- Las "Conejeras"
20.- Pasillo de los Tableros
21.- El Patio Hundico
22.- El Edificio Y

Fig. 10 – Cacaxtla: techumbre de protección del Gran Basamento

el cual hubo no menos de nueve épocas de construcción. Lo que se observa, –explorado– actualmente, corresponde a las últimas ocupaciones del sitio; estas diversas superposiciones alcanzaron una altura de unos 15 metros en promedio (García Cook 1986; García Cook y Merino Carrión 1997).

Bajo los edificios actualmente visibles hay varios niveles de construcción mas antiguos, que sólo se conocen de manera muy limitada; en ellos hay también núcleos y bajorrelieves en barro. Estos edificios, como los hoy visibles, están construidos principalmente con trozos de tepetate y con adobe; están recubiertos con estuco, lo cual, si se mantiene a la intemperie, dificulta su conservación. Para protegerlos se ha construido un techo que cubre casi la totalidad de estos elementos culturales (Fig. 10).

En este gran basamento, se pueden observar, además de las pinturas murales, varios elementos arquitectónicos; de estos podemos mencionar: el Edificio de las Columnas; el Palacio, el Patio de Los Rombos; el Edificio B; el Patio Hundido; el Edificio C; las Conejeras; el Pasillo de los Tableros; el Edificio D; así como los edificios y estructuras que contienen las pinturas murales y que serán descritos al momento de tratar sobre las pinturas que contienen.

Con la intención de dar a conocer una idea, poco más amplia, de los elementos arquitectónicos presentes en las construcciones de Cacaxtla –al menos las exploradas, restauradas y consolidadas, y que pueden observarse– escribamos algunas líneas sobre cada uno de los edificios arriba enlistados.

El Edificio de las Columnas. Está ubicado al Centro oriente del Gran Basamento, al noreste de El Palacio y sureste de la Plaza norte. Aún se observan los restos de una subestructura correspondiente a la parte norte de un edificio que al parecer tuvo más de 20 metros de longitud por casi 6 metros de ancho. Llama la atención la existencia de dos grandes columnas de mas de un metro de diámetro, con planta circular, que son las primeras en su género de todas las liberadas en el área explorada de Cacaxtla. Este edificio corresponde a una etapa anterior a la de las estructuras arquitectónicas que actualmente aparecen delimitadas, y que se encuentran en un plano poco más alto que el de este edificio.

El Palacio. Un conjunto arquitectónico que cierra por el sur a la plaza norte, ha sido llamado de esta manera, como el Palacio; es decir: tiene un pórtico frontal logrado por pilares centrales con sus mochetas laterales y un gran espacio techado que da acceso a los aposentos posteriores. Fue construido con adobes y un intenso trabajo agrícola efectuado en este lugar lo ha dejado en malas condiciones. Este conjunto arquitectónico tuvo una serie de ampliaciones y modificaciones, entre las que destacan las siguientes:

El Patio de los Rombos. Hacia el este de El Palacio y al lado de un pasillo, se puede observar un patio interior, limitado al este y al oeste por dos aposentos, con un pórtico al norte. Sobre las paredes de los aposentos que dan al patio, aparece un área remetida en la que se observa una decoración de rombos en relieve, que dan la impresión de un tejido y otorgan un aspecto agradable al patio (Fig. 12).

Fig. 12 – Patio de los rombos (al fondo los volcanes)

Fig. 11 – El Pórtico A

Fig. 13 – El Edificio F

El Patio de los Altares. Hacia el sureste del Gran Basamento se localiza este elemento, llamado así por la presencia de dos altares en su centro; de uno de ellos sólo persisten las huellas de su existencia, ya que fue destruido, y el otro aún está en pié.

El Pórtico A. Gran vestíbulo o aposento localizado al oriente el Patio de los Altares, el Pórtico A consta de cuatro pilares y sus mochetas laterales; a semejanza del Edificio F (que mas adelante se describirá) éste también tiene las paredes laterales remetidas y sus mochetas construidas por el sistema de tablero-talud. Aún pueden distinguirse restos de pintura, la que fue cubierta por una capa de estuco. De hecho, el pasillo de circulación de los visitantes a Cacaxtla cruza en uno de los extremos de esta estructura arquitectónica (Fig. 11).

El Edificio F y El Pórtico F. Al extremo sur del Gran Basamento se encuentra el Edificio F, que consta de un aposento con dos pórticos, uno al este y otro al oeste, ubicados sobre una plataforma de 0.50 m de altura. El Pórtico F forma parte del Edificio F y se localiza al lado este del mismo; sobresale del conjunto por la belleza de sus tableros y taludes (Figs. 13 y 14). Este edificio F como su pórtico F corresponden a una de las etapas mas

Fig. 14 – El Pórtico F

antiguas de construcción –entre el 600 y 650 años– respecto al resto de las estructuras que se observan en la parte alta del Gran Basamento.

Fig. 15 – Edificio E. vista parcial

Fig. 17 – La Celosía, superficie exterior

Fig. 16 – La Celosía (adaptada de Molina, 1980, Fig. 1)

La Plataforma Suroeste. Se trata de una plataforma parcialmente explorada, a un nivel mas alto que los edificios mencionados anteriormente y que corresponde a una de las últimas etapas de habitación de Cacaxtla. Tiene una escalinata ubicada en su parte oriente y conserva aún parte del piso superior, los cuales se encuentran estucados, como la mayoría de los elementos arquitectónicos de este Gran Basamento.

La Celosía. Se localiza en la parte central oeste del Gran Basamento y corresponde a una construcción un poco mas antigua que las que se observan en superficie alta de dicho Basamento. Se trata de una estructura arquitectónica de la cual sólo se exploraron los pilares frontales y una de las mochetas laterales; esta última edificada a base de tablero-talud. Entre estos elementos arquitectónicos –pilares y mocheta– se construyó una celosía cuya parte frontal aparece como un auténtico entrelazado, semejante a una estera, la que en su parte interna es lisa (Figs. 16 y 17).

El Edificio E. Esta estructura está situada al poniente de la Plaza Norte, de la cual se conservan únicamente tres secciones: las frontales, que debido a su ubicación hacia este extremo poniente del Gran Basamento, fueron destruidas en su parte posterior; la parte central del Edificio se conserva, puede ser el pórtico de un aposento del cual nada mas podemos observar un acceso y parte de su piso; también existen dos pilares, sus mochetas laterales: los pilares fueron decorados con representaciones de personajes en relieve, de barro recubierto con estuco, enmarcados por la superficie misma del pilar. En la parte del relieve que se ha conservado, podemos ver de frente a un personaje cuyas características lo relacionan con otros semejantes en el área maya. En los pilares de las estructuras laterales norte y sur, puede reconocerse el marco dentro del cual, tal vez, fueron colocados otros relieves en barro. Estos marcos están a su vez delimitados por un depresión especie de canaleta, dentro de la cual se colocaron círculos estucados para decorarlos. El pórtico central tiene la parte exterior elaborada a base de remetimientos, combinando muros verticales lisos con muros con tableros y uno más con tablero-talud (Figs. 15 y 19).

La Plaza Norte. Esta gran plaza en torno a la cual se construyeron varios edificios en distintas épocas, se localiza hacia la mitad norte de la superficie del Gran Basamento. Debido a las superposiciones, quedó al mismo nivel de las estructuras laterales, como en el caso del Mural de la Batalla, en unas ocasiones, o como plaza hundida en etapas posteriores, como en el caso de El Palacio, al sur, o con el Edificio B al norte (Fig. 18).

Esta plaza es de planta rectangular, con eje norte-sur y de 35 por 25 metros. Hacia el oeste se observan los restos de una estructura arquitectónica posterior, que afectó la plaza y cubrió el Edificio E, localizado hacia este lado.

El Edificio B. Es una estructura ubicada en forma transversal al Gran Basamento; es decir, tiene un orientación este-oeste. Consta de un gran pórtico abierto hacia el sur, con 25.80 metros de largo por 5 metros de ancho; por una escalera central se tenía acceso a un gran

Fig. 18 – Plaza norte. Vista parcial del interior

Fig. 20 – Edificio E. Pilastra con marco con canaleta

Fig. 19 – Edificio E. Pilastra con marco con canaleta

Fig. 21 – El Edificio C

patio hundido –la Plaza Norte–, localizado también hacia el sur. Este pórtico esta integrado por seis pilares y sus mochetas laterales, realizadas mediante el sistema tablero-talud, hacen esquina con los muros este y oeste, que también poseen este elemento en su parte externa. En la parte posterior del pórtico, hacia el centro, se localiza el vano de una puerta de 1.5 metros de ancho; al parecer se trata del acceso a las estructuras localizadas en esta parte norte, que pueden encontrarse bajo el relleno de las construcciones posteriores que soportan el Patio Hundido, que se abordará mas adelante.

Las paredes de este pórtico aún están estucadas en su totalidad y conservan un guardapolvo rojo en su parte inferior. Por las evidencias, se puede decir que el techo de este edificio estaba a 2.80 metros del piso. El edificio fue cubierto por construcciones de etapas más tardías y para su ejecución también fueron cubiertas otras estructuras arquitectónicas, entre ellas la correspondiente a la del Mural de la Batalla (Fig. 20).

El Edificio C. Estructura parcialmente excavada y relacionada por los exploradores del lugar con el Edificio A, que mas adelante trataremos; el Edificio C ocupa el lugar opuesto, noroeste, en el Gran Basamento; también fue cubierto para dar lugar a las construcciones posteriores, pero antes sufrió algunas transformaciones, una de ellas fue la construcción de un pequeño cuarto en su lado oriental, conocido como Las Conejeras (Fig. 21).

Las Conejeras. Este lugar es el resultado de la transformación del Edificio C; concretamente la parte sur del pórtico, donde se construyeron dos muros que taparon los espacios abiertos existente al norte y al este, para integrar un pequeño espacio cerrado. En el interior se elaboraron unos pequeños cajones. El nombre que se le asignó es totalmente arbitrario pues se desconoce la función que tuvo este lugar (Fig. 22).

El Pasillo de los Tableros. Situado al lado de Las Conejeras, este lugar se llamó así por ser un espacio abierto donde se observa el tablero-talud, sistema constructivo típico de Cacaxtla. El muro del lado oriente

Fig. 22 – Edificio C: "Las Conejeras"

Fig. 24 – El Patio Hundido Norte

Fig. 23 – El Patio Hundido Norte

Fig. 25 – El Edificio D

corresponde a la parte exterior del muro occidental del Edificio B, y los tableros del sur corresponden al extremo norte de otra estructura aquí localizada.

El Edificio D. Ubicado al oriente de este Gran Basamento y cerrando por este lado toda la Gran Plaza Norte, se localiza este conjunto arquitectónico, el que consta de un gran pórtico y tres aposentos en su parte posterior. El pórtico, que mide alrededor de 25 metros de longitud con un espacio interno de poco mas de dos metros, fue realizado con cinco pilares centrales como sus mochetas laterales (falta aún liberar la del norte), dejando de esta forma un gran espacio techado con sus entradas o vanos que dan acceso a dos de los tres aposentos, los cuales miden 10 metros de longitud por 2.65 m de ancho. Al tercer aposento, cuyas dimensiones son menores –2.65 por 3.00 metros–, sólo se tiene acceso por el cuarto sur. Este tipo constructivo: un pórtico frontal con aposentos posteriores, caracteriza a varias de las construcciones exploradas en Cacaxtla (Fig. 23 y 24).

La construcción del Edificio D corresponde a una etapa intermedia, alrededor del año 700 de nuestra era, y formó parte, limitándola por el este, de la Plaza norte, como apuntamos anteriormente.

El Patio Hundido. Al norte del Gran Basamento y a un nivel alto por corresponder a una etapa más reciente, se localiza un patio hundido, cuyo piso está un metro más abajo que el nivel de la plaza que lo circunda. El patio es de planta rectangular, transversal al eje del Gran Basamento; a cado lado tiene una escalera, limitada por alfardas con dados en su parte superior. Hacia el centro y frente al acceso norte, aparece un pequeño altar con dos cistas al frente, en las que fueron localizados entierros, en una, y ofrendas en la otra. El buen estado de conservación se debe a que este Patio Hundido, fue rellenado al realizar una construcción posterior, tal vez la última antes del abandono del sitio (Fig. 24).

El Montículo Y. Al extremo norte del Gran Basamento, localizada en la parte central, se ubicó una estructura piramidal de planta rectangular, en la actualidad muy destruida por haber sido utilizada como banco de material por la gente de la región. Todo parece indicar que tuvo una escalera en la parte central del lado sur y contó por lo menos con dos etapas de construcción.

El Cuexcomate. Un elemento típico –actualmente– en gran parte de los asentamientos humanos de la región son los *cuexcomates* o depósitos para el almacenamiento de granos; generalmente ahí se depositan las mazorcas de maíz para tomarlas a medida que se necesiten. Se trata de un elemento arquitectónico singular en las exploraciones arqueológicas. En Cacaxtla, y gracias al sistema constructivo de rellenar las etapas anteriores –sin destruirlas– para construir la siguiente, han sido descubiertos varios de estos *cuexcomates* (Fig. 27). En la actualidad, uno de estos *cuexcomates* puede observarse hacia el extremo noreste del Gran Basamento, en su parte media, en el mismo lugar en que se le localizó.

El sistema constructivo de realización de celdas a base de retícula de muros de piedra –o de adobe y tepetate– rellenos con tierra, arena y grava y que luego era compactada para formar una amplia y sólida plataforma o grueso muro, se conoce en la región desde mucho antes y fue la misma técnica constructiva que se utilizó para la elaboración del muro de contención –400 metros de largo por 100 de ancho– de la segunda etapa constructiva de la Presa Mequitongo o Purrón en el Valle de Tehuacán, fechada para el 600 antes de nuestra era. Técnica que también se utilizó –en este caso con muros de adobe– para la construcción de plataformas y escalinatas en Tlalancaleca, Puebla, durante los siglos V y II también antes de nuestra era. Sistema que es utilizado así mismo, mucho mas tarde, en algunas edificaciones de Teotihuacan.

En Cacaxtla, este procedimiento de rellenar las celdas –en este caso recintos en su mayoría– para las obras de amplios basamentos sobre los cuales ubicar otras construcciones, fueron reforzadas en muchas ocasiones, levantando contrafuertes de adobe para evitar el deterioro de la antigua construcción, debido al gran contenido de relleno. Para dar forma final a estos basamentos o nuevas plataformas, en su exterior se elaboró un talud de bloques de tepetate con su cara mas llana hacia el exterior y a éste se le sobreponía un recubrimiento de roca caliza que conformaba la fachada, la cual finalmente era estucada. En algunas ocasiones se colocó entre ambos tezontle con lodo, como se observó en la parte inferior de la fachada oriente del Gran Basamento (Santana *et al.* 1990; García Cook y Merino Carrión 1991).

Hemos otorgado una idea de la arquitectura característica de Cacaxtla y descrito algunos conjuntos y elementos que fueron explorados y habilitados para su observación publica. En seguida, escribiremos algo sobre las pinturas murales, motivo de la admiración de propios y extraños. Por el momento estas manifestaciones artísticas e ideológicas solo se conocen para el Gran Basamento, al igual que la mayoría de los restos arquitectónicos, por ser el área de Cacaxtla mas explorada.

Para su descripción, creemos conveniente presentarla tomando en consideración la antigüedad o probable antigüedad en que fueron plasmadas. De esta manera enseguida otorgaremos la descripción y algunos comentarios e inferencias sobre sus particularidades, sin profundizar sobre dichas pinturas y sobre sus manifestaciones; para mayor información, se puede recurrir a diversas obras publicadas donde se discuten y analizan con detalle y se ofrecen variedad de opiniones sobre las mismas.

LOS MURALES DE CACAXTLA

El cuarto de la Escalera. Al extremo sureste del Gran Basamento, al lado oriente del Pórtico F, se localiza este cuarto. Recibe este nombre por una escalera construida en su pared norte, que debió unirlo con otra estructura actualmente destruida. En ambos lados de esta escalera, aún pueden apreciarse restos de pintura mural realizada sobre una capa de lodo, al igual que la del aposento del Edificio A, que se describirá mas adelante. Pueden verse los restos de cuatro personajes, dos a cada lado de la escalera, en forma lateral y en actitud de caminar, dirigiéndose hacia el centro, justo donde está dicha escalera.

Fig. 26 – El Edificio D

Es bastante difícil otorgar mayor información; sin embargo, vale la pena citar las dimensiones que debieron tener estas representaciones humanas: son figuras de 50 a 60 centímetros, mucho menores a las de los otros murales; conviene anotar también que se trata de una de las pinturas más antiguas localizadas en Cacaxtla. La elaboración de estos murales fue alrededor del año 600 de nuestra era (Fig. 26).

Los murales del Templo de Venus o de la Pareja Alacrán. Fue llamado de esta manera por la múltiple representación pictórica del caracol cortado –media estrella con cinco picos u ojo estelar–, al que también se relaciona con Venus. En este edificio aparecen también una representación pictórica en la cual, como en las pinturas del Edificio A y las del Templo Rojo, están presentes, en la parte inferior, las bandas con animales y plantas propios del medio acuático; sobre ella resaltan dos personajes, cada uno sobre una columna. En una, la del norte, está representado un hombre alacrán; porta indumentaria muy simple consistente en un collar de cuentas esféricas, un faldellín de piel de jaguar sobre el que está representado un gran ojo estelar, y ajorcas sobre los tobillos. Va descalzo y sobre las manos, en forma de garra, lleva –al menos en la izquierda, la que está completa– también, la representación de un ojo estelar o de Venus; de los brazos, flexionados hacia arriba, –y con ondulaciones semejantes a los anillos de las patas de alacrán– salen flamas o escamas. Porta también una gran cola de alacrán. Sobre su cara lleva una máscara de perfil, en la que se observa un gran ojo circular, y trae una diadema formada por plumas o largos picos blancos. Todo el cuerpo está coloreado en azul; las ajorcas, los símbolos de Venus y el tocado, en blanco; el faldellín y la cola de alacrán, en amarillo; la ponzoña del alacrán, en negro. Todo sobre fondo rojo. El marco es azul y la banda inferior con motivos acuáticos está en azul, amarillo y rojo (Figs. 29 y 30).

El otro personaje –menos completo y representado en el pilar sur– es, al parecer, una representación femenina, con falda o enagua de piel de tigre sobre la cual esta presente ese gran ojo estelar; lleva ajorcas y está descalza; la porción del brazo derecho que se observa tiene también las flamas, plumas o escamas que se ven en el otro personaje. En esta pintura, no se observa con claridad la

1990). Esta última, al parecer, es contemporánea, o muy cercana a la fecha en que se pintaron las pinturas en Cacaxtla. Para etapas más tardías se conocen representaciones de estrellas tanto en los Códices del altiplano central como en el área maya y en Oaxaca.

Son comunes las representaciones del alacrán, entero y estilizado, en los códices del altiplano central de México, y para Tlaxcala éste aparece repetidamente en las pinturas de Tizatlán, en los altares policromados ahí presentes; sin embargo no se conocen representaciones de figuras antropomorfas con elementos –cola y anillos en los brazos en este caso– de dicho animal. Sólo un códice –el Códice Matritense– que al parecer tuvo su origen en las tierras bajas del área maya, presenta representaciones de dioses antropomorfos que portan cola de alacrán. Entre ellos debemos mencionar – y mas adelante se verá su importancia– a Ek Chuak Dios M, patrón de los comerciantes mayas y del cacao, así como al Dios Z, ambos deidades negras y relacionadas al parecer con Venus. También en este códice Madrid, otros dioses representados con cola de alacrán son Ix Cheel Yax, la antigua Diosa Roja O, deidad de la creación y divinidad del tejido, el brocado y la pintura. Y Chac, Dios B, con la piel pintada de azul, dios de la lluvia equivalente al Tlaloc del altiplano central. Al alacrán también se le ha relacionado con la muerte, la guerra y el sacrificio de sangre, el fuego y la tierra (García Cook y Merino Carrión 1991).

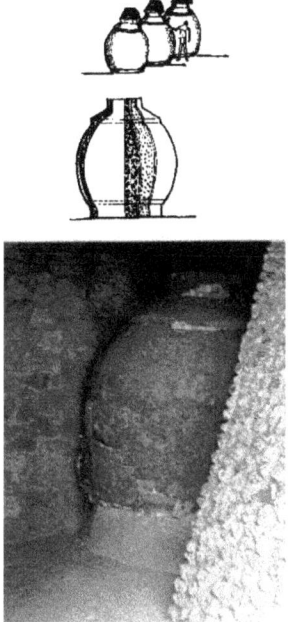

Fig. 27 – El Cuexcomate, en el Gran Basamento

Fig. 28 – El Mural de la Escalera

La representación de estos personajes –masculino y femenino– está íntimamente relacionada con un culto a Venus –Tlahuizcalpantecuhtli– y a través de él con la guerra, el autosacrificio, la muerte y por tanto la vida, y con una preocupación por el control del agua, ya que también se encuentran elementos que los ligan con Tlaloc, dios de la lluvia, además que ambos personajes fueron representados sobre las bandas acuáticas, como si representaran "una danza ritual para asegurar la llegada de las lluvias y el crecimiento del maíz nuevo, programado de acuerdo con el ciclo de Venus", como propone Carolyn Baus (op cit. p. 357). También, y considerando su connotación con las representaciones mayas, tomando en cuenta los murales que enseguida se describirán, estas pinturas de la pareja-alacrán están igualmente relacionadas con el comercio y, por tanto, con algunas deidades y ceremonias realizadas por los mercaderes para lograr su protección y apoyo en las actividades comerciales que emprendiesen. En síntesis, están íntimamente relacionadas con rituales para la producción agrícola y para el comercio.

relación con el alacrán; sin embargo, no hay duda de que forma parte indisoluble de la representación del hombre-alacrán. Los colores con que se realizó este personaje femenino son semejantes a los del personaje-alacrán descrito (Figs. 29 y 30).

Comentarios. Estas representaciones han sido relacionadas con Venus ya que está presente el ojo circular con su ondulante ceja invertida y enmarcado por la media estrella con extremos de bordes redondeados, que siempre se ha relacionado con dicho planeta; también las medias estrellas se les ha relacionado con la representación de Venus, además de contar con connotaciones acuáticas y terrestres. Representaciones de medias estrellas se les ha encontrado en Xochicalco, Morelos, quizá realizadas en forma contemporánea a las de Cacaxtla. En Tula, Hidalgo, para etapas más tardías y en Cholula, Puebla, y Teotihuacán, Estado de México, para etapas anteriores a las de Cacaxtla. En el área maya se le ha encontrado en Chichén Itzá, Yucatán, y en Santa Lucia Cotzumalhuapa en Guatemala (Baus de Czitrom

Este mural de la Pareja-Alacrán o del Templo de Venus, fue realizado a corta diferencia temporal del anteriormente discutido, del plasmado en el Cuarto de la Escalera y, por tanto, su realización debió se entre el 650 y el 700 de nuestra era.

Los murales del Templo Rojo o Mural de la Fertilidad Agrícola y el Comercio. Llamado Templo Rojo porque sus paredes sobre los que se plasmaron las pinturas murales, el fondo de los diseños y mayor parte de la superficie están cubiertas de color rojo. Aún cuando mas bien se trató de un pasillo, cuyas paredes laterales fueron decoradas con las pinturas murales, sin embargo, se le ha nombrado de esta manera. Este pasillo en cuyas paredes se plasmaron originalmente unas pinturas murales fue transformado. Hacia el norte fue construida una escalinata –de nueve peldaños– y en su lado oriente tapiado otro pasillo perpendicular a éste y, por tanto, este lado fue ampliado en su extensión. De esta manera, en la actualidad, las pinturas que se observan son las realizadas después de esta transformación arquitectónica que cubren las anteriores.

Templo Rojo. El Mural de la Pared Oriente. Aún cuando es semejante –en concepción– al plasmado en el muro poniente, es mas grande en extensión y observa algunos elementos que su correspondiente frontal no tiene.

Limitando por el sur –lado derecho del mural si se le observa de frente– y en la parte inferior a la escalera completa, está presente una banda seccionada con líneas inclinadas, formando cuadretes, en las que se representan plantas y animales acuáticos –peces, estrellas marinas, garzas, flores, caracoles, etcétera–, sobre ella, en parte, una serpiente emplumada. Al llegar este diseño a la escalera –que se apoya en el muro– la representación se invierte, quedando la serpiente emplumada por debajo de la banda con representaciones acuáticas. La banda fue realizada con color azul en su mayor parte, delimitada de amarillo, color que también presentan las líneas diagonales, que también llevan una línea paralela en torno de la azul. Las plumas de la serpiente son también de color azul y su vientre en tono amarillo. La serpiente desciende en el extremo sur –cerrando el mural– y hace un gancho en el ángulo superior derecho para rematar con una borla amarilla de la cual brotan unas largas plumas azules que caen, y otras curvas que se proyectan hacia los lados y hacia arriba. Todo este extremo distal de la serpiente cubre una amplia parte del mural en este ángulo superior de la parte sur del mismo (Fig. 28).

Sobre esta serpiente y banda con diseños acuáticos se encuentran representadas algunas plantas y animales, así como una figura antropomorfa y un bulto de carga o *cacaxtli*. Estos elementos cubren la totalidad de la superficie mural –ya que la parte superior está destruida– cuyo fondo es de color rojo, por lo que da el nombre a la unidad. La planta, ubicada hacia el centro, casi al inicio inferior de la escalera, es al parecer una planta de cacao, con sus frutos característicos. Los otros dos –más al norte–, ya al lado de la escalinata, son representaciones de plantas de maíz, con la particularidad de que en lugar de mazorcas se representan cabecitas humanas con fuerte deformación craneana. Las plantas son de color azul y las cabezas en amarillo, café y blanco; en rosa los frutos de cacao y en amarillo sus flores estilizadas. Sobre la planta de cacao se pintó un ave de fino plumaje. Está presente también otro animal –batracio?– en actitud de ascender, representado entre las dos plantas de maíz, y sobre dicho animal se plasmaron unas gotas de agua. Un tercer animal esta sobre la banda, al que sólo se le observa en su parte superior –patas traseras y cola alargada– ya que se trata

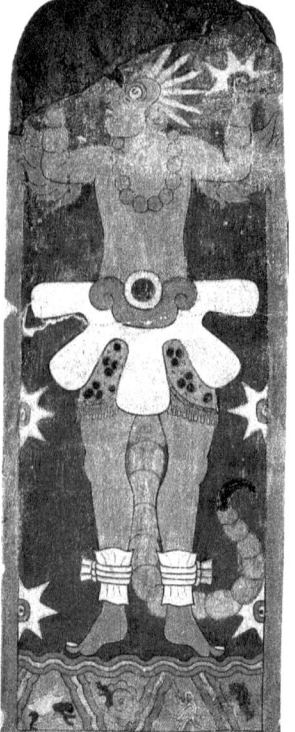

Fig. 29 – Templo de Venus. La pareja Alacrán

Fig. 30 – Templo de Venus. La pareja Alacrán. (dibujo)

del extremo norte –lado izquierdo– y parte superior del mural, que ya se le encontró destruido (Figs. 31, 32, 33 y 34).

La única figura humana que está representada en este mural es la de un anciano desdentado, con máscara facial y con un tocado de cabeza de jaguar, que se apoya sobre un gran mechón anudado de pelo canoso el cual cae por

Fig. 31 – Templo Rojo. Extremo Sur: Dios L y Cacaxtle

Fig. 32 – Templo Rojo. Personaje Dios L. (dibujo)

Fig. 33 – Templo Rojo. Extremo Sur: Dios L y Cacaxtle

Fig. 34 – Templo Rojo. Personaje Dios L. (dibujo)

la espalda. Porta una capita blanca con diseños en grecas y un faldellín, también de piel de jaguar. Lleva un collar de cuantas que sostiene sobre el pecho un gran pectoral y cuyo decorado, al igual que el de la faja o cinturón, tiene un diseño de bandas cruzadas, que aparecen con frecuencia en el área maya y que se ha relacionado con el firmamento. Caen hacia el frente y saliendo de su faja, dos colgantes, una –al parecer de tela– blanca con hilos en su extremo –flecos– y otra formada por cuentas de color azul. El personaje cubre sus pies y manos con garras de piel de jaguar y con su guantelete derecho sostiene un palo o bastón. Tiene representado al frente y sobre el brazo derecho, su nombre calendárico: cuatro perro (García Cook y Merino Carrión 1991, 1997) (Figs. 31 y 32).

Sobre el ángulo inferior derecho –sur del mural– está representado el bulto o carga del personaje, un *cacaxtle*, sostenido por un palo o lanza invertida, cuyo extremo denticulado se apoya o está clavada sobre el dorso de la serpiente emplumada que circunda el mural en este ángulo. Sobre el *cacaxtle* se pueden observar recipientes, plumas de aves preciosas, una cesta, un caparazón de tortuga y un gran tocado consistente en la cabeza de un animal muy estilizado y del cual salen grandes plumas. En la parte superior de este bulto o *cacaxtle*, cubriendo el ángulo superior derecho, se observa el extremo de la cola de la serpiente, rematada con grandes plumas rectas y curvas, como ya indicamos (Fig. 31).

Resalta en el mural el color rojo del fondo –de ahí su nombre– y el azul de las plantas, banda acuática y serpiente emplumada, y le siguen en importancia, el amarillo, el blanco, el rosa y el gris.

Templo Rojo. El Mural de pared Poniente. Este es la menor en dimensiones, como ya se apuntó y al igual que el acabado de describir, está limitado en su parte inferior y hacia su lado sur, por la banda con representaciones de animales y plantas acuáticas y por la serpiente emplumada, la cual se comporta de la misma manera que en su representación del mural oriente; es decir, a partir del primer peldaño de la escalinata y hacia arriba, la serpiente pasa a ocupar la parte inferior de la banda acuática y esta banda se ubica sobre la serpiente. También están presentes las plantas de maíz, pero en este mural muestran sus mazorcas representadas por cabezas humanas con pelo largo, semejando el Xilote. Sobre el primer peldaño, se pintó un batracio que parece con la piel manchada y en el dorso se dibujaron placas semejantes a las de un armadillo, sobre el que caen, también, gotas de agua. Más arriba y también mas al norte, entre las plantas de maíz, se plasmó un jaguar dirigiéndose hacia la superficie, cuyo torso está cubierto por un caparazón de tortuga. No aparece en este mural poniente ninguna figura antropomorfa, ni el *cacaxtle*, ni la planta de cacao, presentes en el mural oriente (Figs. 35, 36 y 37).

Fig. 35 – Templo Rojo Mural Poniente: Detalle

Comentarios. Todo parece indicar que las pinturas murales aquí plasmadas representan la agricultura –por cultivo intensivo– y el comercio. La banda acuática y la serpiente emplumada nos están refiriendo los productos que la tierra brinda cuando se le cultiva y se le riega, así como la presencia de un cultivo intensivo, a base de camellones, donde además de productos vegetales se pueden obtener también animales que de ellos dependen. Por otro lado, las especies –estrellas de mar, caracoles, peces y aves– aquí representados y que no son propios de la región, indicarían el intercambio existente con los lugares de donde ellos proceden. Se representan en general la fertilización de la tierra y el intercambio de sus productos a grandes distancias.

El hecho de que la banda con animales y plantas acuáticas y la serpiente emplumada inviertan su posición al dirigirse al norte y claramente al ascender los peldaños de la escalinata, ha sido relacionado con el inframundo, lugar asociado no sólo con la muerte sino también con

> ... *la creación o renacimiento como parte del ciclo vida-muerte-vida que encontramos plasmadas en varias tradiciones religiosas prehispánicas las cuales ubican el origen de los hombres (la humanidad) y de los cuerpos celestes en esta región mítica.*
>
> *De esta manera el cambio de posiciones de las cenefas y serpientes emplumadas al dirigirse a la superficie lo atribuimos a la representación simbólica del agua que brota del interior de la tierra para depositarse sobre ésta (la serpiente emplumada) haciéndole fértil.* (Santana *et al.* 1990:331 y 332).

Así, tanto la representación de estas bandas –de motivos acuáticos y la serpiente– como las plantas que de ellas brotan, representan los productos agrícolas, el alimento, y por tanto la vida, y de haber excedentes, los intercambios, y con ello el logro de otros satisfactores.

Al igual que en las pinturas anteriormente descritas –las de la pareja-alacrán–, el único personaje humano representado no sólo tiene grandes correspondencias con el área maya, sino que inclusive se le puede asociar con el Dios L de aquella región, observando fuertes semejanzas con el personaje –también Dios L– representado en el relieve de la jamba derecha del Templo de la Cruz en Palenque, el que, a su vez, forma parte de un conjunto mayor cuyo simbolismo está relacionado con la fertilidad y el inframundo, al igual del aquí presente. También se podría asociar con el Dios M, dios del comercio y del cacao mencionado anteriormente. Además, tanto las plantas de maíz con cabezas humanas en vez de mazorcas, como otros elementos aquí presentes –el ave sobre la planta de cacao, elementos de la indumentaria y de los adornos, etcétera– aparecen en forma semejante tanto en Palenque como en otros sitios de las tierras bajas mayas. Todo esto en estrecha relación, además de la producción agrícola por cultivo intensivo, con el comercio o intercambio de mercancías.

Por si esto fuera poco, el *cacaxtle* representado, indica no sólo la carga del comerciante, sino también los productos que este intercambia, además de la indumentaria con que podría ataviarse el personaje de acuerdo con las circunstancias y el lugar donde se encontrase. También el *cacaxtle* está denotando el nombre del lugar en que se encuentra y por tanto notificando el locativo Cacaxtla: lugar de comerciantes. La indumentaria portada por el personaje, sin dejar de denotar su procedencia maya – capa, collar, cinturón y pendientes– también lo relaciona con el grupo local, y tanto su tocado como su faldellín y sus calzas y guanteletes de jaguar lo están vinculando con los grupos dominantes del sitio y lo relacionan también con el inframundo, la muerte, la destrucción, pero también con Tlaloc y con la lluvia y por tanto con la vida, con la agricultura, con los alimentos y la supervivencia.

Si tomamos en cuenta estos murales del Templo Rojo con los del Templo de Venus o Pareja Alacrán y los vemos como una unidad tendremos lo siguiente: dos deidades relacionadas con la lluvia y con los mercaderes efectúan ceremonias o danza ritual en honor a Venus, para propiciar el agua de lluvia y obtener, así, las cosechas de sus cultivos de temporal –mismos que se guiaban con el calendario del ciclo venusino–. En el mural poniente del Templo Rojo se ilustra una etapa del proceso agrícola, cuando la milpa "jilotea", ahora ya con base a su cultivo intensivo; en el oriente la producción se ha consumado, gracias tanto al cultivo de temporal como al cultivo intensivo –en camellones– por irrigación y los excedentes serán comercializados o intercambiados por otros bienes que se producen en lugares distantes; representándose de esta manera el comerciante o intercambiario que viene –o va– de lugares distantes con su carga a cuestas. Está muy claro en estos murales la estrecha relación entre la agricultura, el comercio y el tributo o intercambio, con la vida, la sobrevivencia y la muerte (García Cook y Merino Carrión 1991, 1997).

Otras pinturas del Templo Rojo. Al sur del conjunto y apoyado sobre un pilar se encuentra una plataforma o banqueta, la cual fue decorada tanto en su superficie como en su pared lateral sur. En la superficie se plasmaron algunos cuerpos humanos –en rojo– desollados, sólo con piel en la cabeza y con la cara en tonos blancos o grises, denotando que están muertos (Fig. 36). En el peralte o pared lateral de esta baja plataforma, están pintados seis glifos diferentes: un templo a la orilla del agua o del mar.

> *Dicho templo tiene dos pilastras decoradas con cuadretes que dejan ver cruces kan y barritas cuatropeadas (poder, tierra) y entre las dos pilastras hay una gran cruz de San Andrés que indica techo (o cielo). Encima de dichas pilastras hay una barra o franja celeste también con cruces kan; y como se remate se ve un ojo estelar del cual salen cinco rayos de luz que forman un resplandor* (Piña Chan 1998:43).

En la segunda figura se representa la cabeza de un hombre visto de perfil que mira hacia la izquierda, tiene la cabeza rapada y en la cara bandas o rayas pintadas; frente a la boca un conjunto de círculos y detrás de la cabeza restos de tres adornos, al parecer de papel. La tercera figura es otra cabeza de hombre vista de perfil, quien también mira hacia la izquierda. Tiene la cabeza deformada, el pelo recortado con tres –o cuatro–

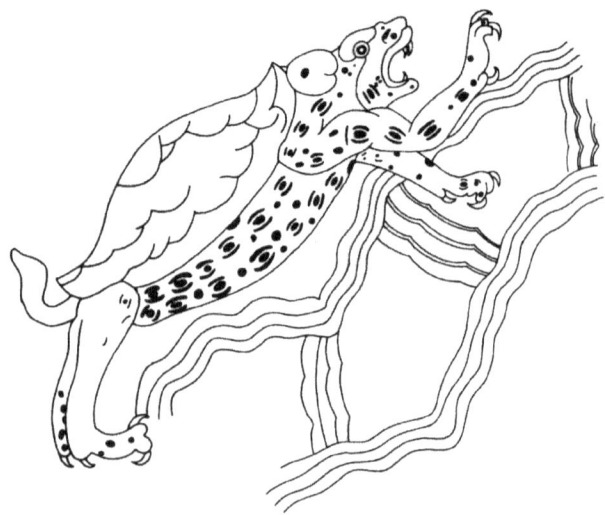

Fig. 36 – Templo Rojo. Mural Poniente Jaguar-tortuga (con base a Santana, 1990b: 60)

mechones con adornos de cuentas. Una gran flecha le cruza el cráneo hacia la parte de atrás; y en la cara tiene también las bandas y rayas. La cabeza se apoya sobre una barra. Los colores predominantes son el azul del pelo, las cuentas y la barra en rojo y amarillo de la flecha (García Cook y Merino Carrión 1997:47; Piña Chán 1998:43 y 44) (Fig. 37).

La cuarta figura es un cerro o lugar, el que de acuerdo con Piña Chan (op. cit: 43) esta representado "a la manera zapoteca, es decir como una plataforma escalonada de color azul, y en su interior se observa el signo que le da el nombre, o sea un guajolote con plumas azules y blancas"; resalta el color rojo intenso en el cuello y la cabeza lleva el pico amarillo oscuro al igual que buena parte del cuerpo (García Cook y Merino Carrión, op cit: 47). Tiene como fondo una red de líneas y cuadrángulos azules, y de base una gruesa línea –o barra– rojo oscuro o guinda (Fig. 37). Le sigue, hacia la derecha la representación de un basamento, del que se observa solo una pequeña parte de su lado derecho, se observa parte del muro –amarillo– con un talud en rojo claro y una cornisa azul, sobre una plataforma o barra azul. Y hacia el extremo oriente, se representó la cabeza de otro hombre, de perfil, en este caso viendo hacia la derecha, el que también lleva las bandas o rayas pintadas en la cara, y sobre la cabeza se representó una gran planta de maguey. El cuerpo, agachado, va en color rojo y las piernas no se observan con claridad. Sobre el cuerpo se observa el glifo que le da nombre: Ojo de Reptil o Viento, y todo lo anterior apoyado sobre una barra con cuadros (igual) en azul –3– y en rojo –2– (García Cook y Merino Carrión, op cit.) (Fig. 38).

Comentarios. Román Piña Chan (1998) quien trata también sobre los glifos de esta plataforma baja o banqueta, además de describirlos, discute sobre su significado y de esta manera apunta: en el primer glifo,

> *... el ojo estelar con cinco rayas o apéndices es el símbolo de Venus, y la banda con cruces es la faja*

Fig. 37 – Templo Rojo. Mural Poniente Jaguar-tortuga (con base a Santana, 1990b: 60)

Fig. 38 – Pasillo del "Templo Rojo".
Peralte banqueta (parcial)

celeste o cielo. Se trata entonces de Venus o Quetzalcóatl que, cuando es visible, desde su casa en el cielo, alumbra en todas direcciones, al mismo tiempo que indica la situación de su templo junto al agua (la costa del Golfo), o sea el oriente (op. cit: 45).

La siguiente figura, la cabeza y las bandas o rayas en la cara "…se refieren a un tipo físico y a una cualidad, esto es, a los olmecas y a su condición de guerreros u hombres valientes". Por su parte, la tercera figura, "la cabeza deformada con el pelo recortado, como cola de caballo, y las bandas o rayas en la cara denotan otro tipo físico con la misma cualidad que el anterior. Podemos decir que se trata de los xicalancas valientes". La plataforma escalonada azul, la red azul y el guajolote con algunas plumas azules –cuarta figura–, Piña Chan lo interpreta como "Cerro del Guajolote de Jade (Chalchiuhmomozco y Chalchiuhtotolin), y este nombre fue el de Amecameca" (Op. cit: 46). La quinta figura, plataforma con templo, pudo referirse a un lugar, al estar incompleta es difícil de identificar; Piña Chan anota que podría tratarse de Cacaxtla o de Cholula. Y la figura al extremo derecho, "indica que el señor Ojo Reptil o Viento, es decir, Quetzalcoatl-Ehecatl o Venus, señor de esos hombres valientes, inventó o descubrió la manera de hacer el pulque del maguey" (Piña Chan 1998:46) (Figs. 39, 40 y 41).

Conviene anotar que tal parece que los glifos en esta pared sur de la plataforma se continúan hacia el oriente –hacia la derecha, viéndola de sur a norte, pero en la actualidad esta plataforma o banqueta amplia está cubierta por un muro –prehispánico– de una etapa de construcción posterior, y por tanto no puede saberse realmente, ni el tamaño de la estructura arquitectónica –plataforma– ni el número y forma de los diseños.

Román Piña Chan, con base a estos glifos e interpretando el mensaje que cada uno representa ofrece una interpretación interesante, cuya versión es:

de las tierras del oriente, de las que están hacia el rostro del sol, donde nace la estrella de la mañana y tiene su casa Venus, vinieron nuestros ancestros, de los que descendemos nosotros.

Nosotros somos sus descendientes, somos los olmecas y xicalancas, guerreros valientes, hombres de guerra.

Fig. 39 – Pasillo del "Templo Rojo": Glifos en pared sur de banqueta

Estuvimos un tiempo en el lugar donde se adora el agua verde-azul (de jade) y tiene su santuario el guajolote de jade (en Chalchiuhmomozco), hoy Amequemecan, y de allí partimos.

Salimos de Amecameca y bordeando el Iztactepetl llegamos a este lugar donde fundamos nuestra ciudad (hoy Cacaxtla, en Tierras de Tlaxcala).

Y en el, nuestro dios Quetzalcóatl nos reveló la forma de hacer el pulque de la planta del maguey (Piña Chan 1998:110).

Y tras comentar e interpretar todas las pinturas del Templo Rojo, Piña Chan (1998:113) concluye: "Es así como en las pinturas de Cacaxtla se plasmó la historia oral de los olmecas y xicalancas, la cual se transmitió como memoria de los pueblos hasta el tiempo en que los informantes se la contaron a los cronistas, quienes la hicieron llegar a nosotros casi con la misma veracidad original, como se comprueba al interpretar el simbolismo de las pinturas y cotejarlo con el contenido histórico".

El Mural de la Batalla. En la pared sur de la plataforma transversal –ya descrita– este-oeste, a ambos lados de una escalera central, se localiza este Mural de la Batalla. Es una estructura anterior a los Edificios A, B y C, que lo cubren, y desde luego, al Patio Hundido, ya tratado. Al parecer corresponde al Edificio D, localizado al oriente y definido también anteriormente. Como su nombre lo indica, se trata de una pintura narrativa en la cual se representa un combate. Pueden distinguirse dos bandos: el de los que llevan atributos de jaguar y los que tienen tocado de ave.

En la batalla se representan 48 figuras humanas, 27 del lado oriente de la escalera –derecha del observador– y 21 hacia el lado opuesto al oeste de la misma. En la sangrienta y feroz lucha representada, los personajes con atributos de jaguar son los triunfadores y aún cuando portan escasa indumentaria, se les plasmó sometiendo a los enemigos tomándolos prisioneros –como el caso de los personajes mejor ataviados– o rematándolos sin piedad. A los guerreros jaguar se les presenta con corto faldellín y taparrabos, descalzos o portando las garras de jaguar en sus pies; llevan escudos circulares con plumas, asidos a sus brazos, portan puñales o lanzas en sus manos; visten un ligero tocado en la cabeza y escasos adornos en sus piernas. Dos, uno de cada lado de la escalera, portan una piel de tigre sobre el tórax y los demás llevan un collar sencillo o una pequeña capa, aunque dos se representan con camisa. Dos de estos triunfadores, también uno a cada lado de la escalera, tienen glifos de sangre en su faldilla y el símbolo del año en su tocado.

Los guerreros-ave, derrotados, yacen por el piso, siendo arrastrados y martirizados por los triunfadores; sólo dos, como mencionamos antes, se encuentran de pie. Los vencidos que yacen en el suelo están semidesnudos, si acaso con un adorno en las piernas; sostienen en sus manos escudos rectangulares y llevan capas y tocados con plumas; en uno se ve el yelmo con pico de ave y otro sostiene sus intestinos con la mano izquierda, mientras que en la derecha tiene una lanza quebrada. Los guerreros-ave vencidos, en pié, están representados en forma frontal y aparecen como prisioneros con los brazos cruzados y amarrados hacia el frente, y son los mas ricamente vestidos de toda la escena; con sandalias de alta talonera; adornos elaborados en las piernas; faldellín y pechera decorados profusamente, y una capa rematada en plumas largas. Llevan narigueras dobles y al parecer portaban un yelmo de pico de ave y largas plumas. Estos personajes vencidos y representados en pie se plasmaron uno a cada lado de la escalera central, de un modo equidistante (García Cook y Merino Carrión 1991, 1997; García Cook 1986).

Además de la vestimenta y de la fiereza del combate, pueden observarse en este mural otros elementos culturales de gran significado: deformación craneal acentuada en los vencidos; collares o pendientes de jade también en estos guerreros– ave; diversos glifos y numerales, entre ellos destaca el 3 asta de venado; las clases de armas utilizadas: *atlatls*, lanzas, cuchillos, escudos; diversos adornos, uno de ellos, la máscara de Tlaloc, etcétera. Uno de los personajes-ave vencidos y representado en pie –el del lado oeste de la escalera– está colocado recargado en un pilar, enmarcado por dos medias estrellas a cada lado; aunque existen investigadores que piensan que este elemento que limita al personaje, puede tratarse de una capa y no de un pilar (Figs. 42 a 49).

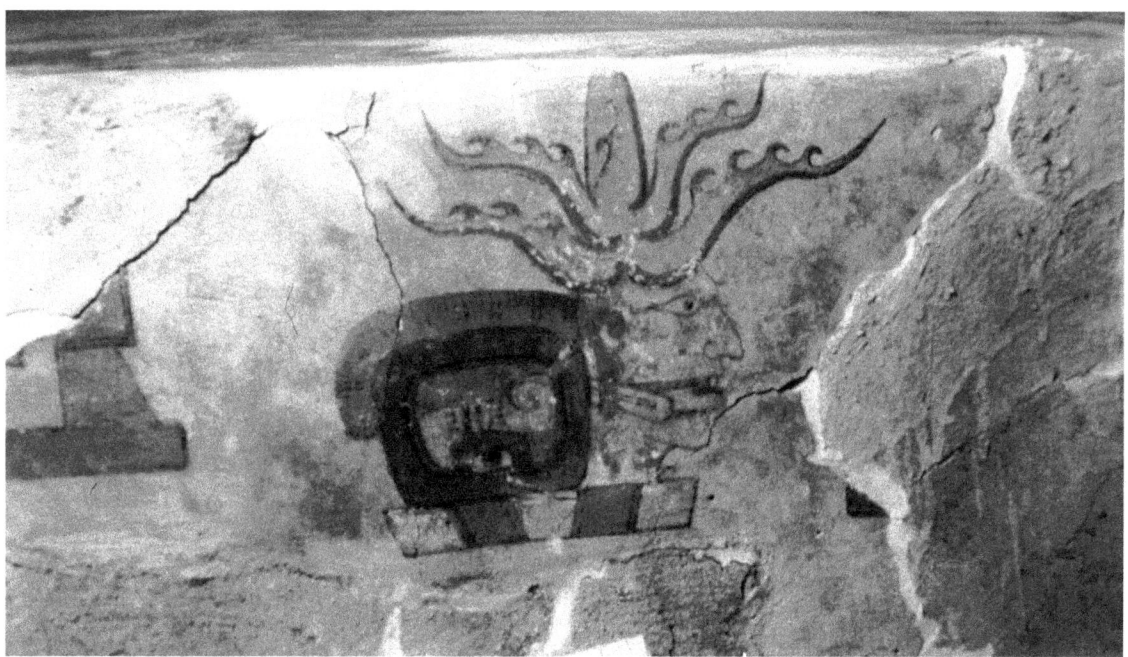

Fig. 40 – Pasillo del "Templo Rojo": Glifos en pared sur de banqueta

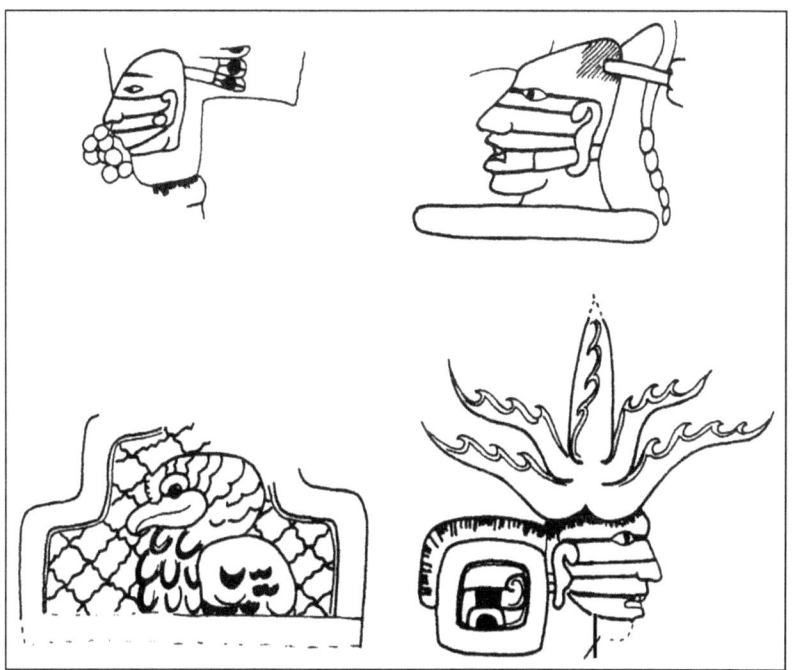

Fig. 41 – Pasillo del "Templo Rojo": Glifos en pared sur de banqueta (dibujo)

Fig. 42 – Mural de la Batalla. Detalle

Fig. 43 – Mural de la Batalla. Detalle

Fig. 44 – Mural de la Batalla. Detalle (dibujo)

Fig. 45 – Mural de la Batalla. Detalle

Fig. 46 – Mural de la Batalla. Detalle (dibujo)

Fig. 47 – Mural de la Batalla. Detalle

Los colores predominantes en este extenso mural –22 metros x 1.55– son el rojo, el azul, el blanco y el amarillo. Su realización es posterior a las pinturas descritas anteriormente y por tanto debió ejecutarse durante la primera mitad del siglo VIII, entre el 700 y 750 de nuestra era.

Comentarios. Este mural es la representación fuertemente realista de una batalla, que quizá libraron los habitantes de Cacaxtla a su llegada a este lugar o durante su peregrinación hacia él, o bien en algún lugar donde concurrían frecuentemente para realizar sus intercambios comerciales. Todo parece indicar que se trata de resaltar la fiereza del combate y del gran triunfo logrado, así como también de otorgar un homenaje a los vencidos, tal vez por su fuerza durante la lucha y por tanto los jefes de los vencidos son tratados con la dignidad que merecen. De cualquier forma, puede observarse aquí la dualidad ave-jaguar, pero a diferencia del Edificio A –que enseguida se tratará– realizado poco mas tarde, en que aparecen en franca armonía y con gran simbolismo mítico-religioso en la asociación de Tlaloc y Quetzalcoatl, en este mural de La Batalla se encuentra en total antagonismo.

Algunos investigadores sitúan esta batalla en la región del Río Usumacinta y el Río Pasión, región donde concurrían los olmecas-xicalancas a sus intercambios comerciales (Chadwick, en este volumen).

El significado de este mural ha sido motivo de variadas interpretaciones, entre ellas algunas que cuestionan la veracidad del suceso representado, o si se trata más bien de la representación de una guerra sagrada o mítica. Se cuestionan si realmente los habitantes de Cacaxtla sostuvieron la guerra o batalla que se representa o si únicamente se trata de una alegoría. Existen investigadores como Eduardo Matos (1987:34-35) por ejemplo, que no duda en afirmar de que se trata realmente de una lucha que se efectuó y que su representación es para…

> … *exaltar un triunfo muy importante para el grupo local. No pensamos que encierre en sí como se trata de interpretar, un sentido estrictamente religioso. No estamos de acuerdo en considerarlo, por lo tanto, como una batalla entre sacerdotes. Pensar de esta manera es [...] tanto como no aceptar la información existente y la evidencia histórica que rebate de manera clara el mito que se nos ha hecho creer acerca del horizonte clásico como un momento caracterizado por teocracias. Cacaxtla es una de las pruebas contundentes.*

Y no hay duda en el texto de Matos, Cacaxtla aún sin esta pintura mural, la de La Batalla, es clara evidencia de que el militarismo tiene el control absoluto de la sociedad. Control que viene gestándose en la región en que se encuentra ubicado Cacaxtla –valle poblano-tlaxcalteca– desde varios siglos antes de nuestra era, y Tetepetla, como se vio anteriormente; junto con otros sitios aún no explorados, son la prueba clara de que esta situación de carácter defensivo y de un control militar de la población está fuertemente arraigado desde el momento del apogeo mismo –por el 350 de nuestra era– de Cholula, de Teotihuacan y de Cantona –aquí desde mucho antes–. Justo cuando supuestamente se vive en el valle poblano –con Cholula– y hacia el oeste, en la Cuenca de México –con Teotihuacan– en plena "teocracia", en gran parte del actual Tlaxcala, esta etapa ha pasado y el control de la población está basado en cacicazgos o señoríos cuyo sostén principal es la defensa. Cacaxtla es la culminación de este proceso –del paso de una forma de régimen social a otro– y es la prueba clara de que el militarismo se ha generalizado en toda la extensión del valle Tlaxcala-Puebla, a la caída de Cholula. El asentamiento mismo de Cacaxtla, con sus fosos y murallas, con el control de entrada-salida y más aún con la presencia de este mural de La Batalla lo está gritando: se vive en pleno "posclásico", la sociedad la controla un grupo civil y/o militar que basa su presencia en la fuerza de las armas.

De acuerdo con Sonia Lombardo (Lombardo de Ruiz 1986: 225):

> … *los personajes de La Batalla son sacerdotes de dos grupos étnicos, unos mas relacionados con los conocimientos y la religión que propicia la agricultura y otros con la guerra sagrada. Se vinculan a dos deidades: los mayas al primitivo Quetzalcoatl, dios portador del agua de lluvia, y los nahuas a Tlaloc, en su advocación de jaguar, como señor de la tierra y también portador del agua, la que surge del interior de la tierra [...] no debe descartarse la idea de que dos grupos de dos etnias, identificadas con dos cultos distintos, hubieran tenido un enfrentamiento, representado en los murales por una batalla entre sacerdotes: una batalla religiosa.*

Se asienta ésto ya que Lombardo no puede aceptar, sólo basada en la época de los murales, que existía ya una sociedad militarista-tributaria. Estas aseveraciones se entienden puesto que dicha investigadora trata de asociarlo con Teotihuacan, en particular, y con un período clásico tardío, o a lo sumo con un epiclásico, en lo general, y por tanto cree se debe adjudicar aún un régimen teocrático al grupo que produjo estos murales. "Es decir (afirma Lombardo) en el discurso ideológico que se expresa en las representaciones plásticas, la actividad guerrera, así como la comercial, aunque subrayase en la actividad religiosa, no se hacen visibles por si directamente sino supeditados a la religión".

> … *La batalla representada en estas pinturas es eminentemente religiosa. En ella pueden reconocerse algunos elementos que en la cultura maya eran costumbres comunes [...] Sin embargo, a pesar del contexto religioso en que están inmersas las pinturas, el realismo con el cual están representadas las armas en el mural de La Batalla, denotan que éstas tenían un uso social que parece anticipar en el régimen teocrático (insiste), el uso que preponderantemente tuvieron en el posclásico de régimen militarista* (Lombardo de Ruiz op. cit. 225-226).

Después de analizar todos los elementos y jeroglíficos plasmados en este mural, Sonia Lombardo propone que este mural:

> … *remite posiblemente a un lugar mítico: el lugar donde viene a morir la lluvia en la tierra para su*

fecundación... Es así que estas escenas, a la vez que tienen un mensaje ideológico visual que caracteriza a un grupo étnico específico y que registran un hecho social, con protagonistas reales que pasan a la memoria histórica de un pueblo, describen un sacrificio alegórico que se refiere a un mito que es la sublimación que le da un sentido cósmico, mesiánico a las actividades del grupo. En La Batalla de Cacaxtla, el sacrificio de los sacerdotes-ave en manos de los sacerdotes-jaguar aseguran, en el pensamiento mágico-religioso, la subsistencia de la población [...] No obstante este mensaje, subyacía otro muy directo de fácil comprensión que estaba destinado a consolidar la posición de los olmeca -xicalanca en la región [...] Los murales de La Batalla, colocados en los taludes frente a la plaza principal del sitio, estaban en el lugar más público al que pudieran tener acceso los dirigentes sometidos. El lenguaje pictórico dirigido a ellos, era por tanto muy accesible, con formas plenamente naturalistas, así que, a la vez que en el lenguaje transmitían el mensaje mítico religioso, éste contenía en la percepción inmediata, la amenaza encubierta de una guerra de sojuzgamiento (Lombardo de Ruiz, op. cit. 229-230).

Por su parte Román Piña Chan anota que,

el llamado Mural de la batalla no muestra ningún combate o pelea real, como son los de Bonampak o Mulchic, sino la representación de un acto de sacrificio. En él intervienen sacrificadores que parecen guerreros (pero que no luchan contra nadie armado) y prisioneros o cautivos sin armas (sólo con yelmos o tocados de pájaro), los cuales pudieron ser guerreros vencidos, en cuyo caso podía suponerse que hubo una batalla previa, pero que en el mural se representa el segundo acto, es decir, el sacrificio de los prisioneros derrotados, no la batalla en sí.

Los dos personajes importantes parecen dar la clave para la completa interpretación del mural. El señor sacerdote sacrificador 3 Venado es el jefe de los sacrificadores, del grupo étnico de fleco al frente y cabeza redondeada; en tanto que el señor sacerdote 7 y 5 Caracol[3] o el Señor de los Caracoles es el jefe del otro grupo étnico, el de cabezas deformadas y pelo tras la nuca. El primero es señor de los olmecas y el segundo de los xicalancas. (Piña Chan, 1998:85).

En esta dramatización o teatralización de un relato mítico, en que participan los olmecas y xicalancas, se puede manejar lo real con lo imaginario; por ejemplo, el tipo físico (los actores), la indumentaria, los ornamentos, la pintura corporal, las armas, etc, son tomados de la realidad; también la forma de sacrificar o dar muerte a los prisioneros de una batalla imaginaria que ocurrió en el inframundo y el papel del personaje que hace de Venus es también en parte real y en parte ficticio.

En otras palabras, el mural que denominaron La Batalla debe ser llamado, con mas acierto, Mural del sacrificio de Xolotl, como estrella vespertina, se sacrifica en el occidente (desaparece para ir al inframundo), y ocho días después (tras luchar en el mundo de los muertos) se aparece en el oriente como estrella matutina. Esta realidad astronómica es la que dio lugar al mito de Quetzalcoatl, por ello los olmecas y xicalancas (adoradores de ese dios) dramatizaron el relato mítico en un mural que refleja, al mismo tiempo, aspectos de su vida cotidiana (Piña Chan, op. cit: 86-87).

Independientemente del simbolismo y mensaje plasmado en este mural de La Batalla, conviene recalcar que esta pintura mural es una de las mas naturalistas –al igual que *Los Bebedores de Cholula*, cinco siglos anteriores– que se hayan realizado en México durante la época prehispánica e insistir también en el momento en que se realiza dicha pintura mural, en pleno periodo de consolidación de un régimen militarista en la región que nos ocupa.

Los murales del Edificio A. Hacia el noreste de la Gran Plataforma y en una etapa constructiva posterior al de La Batalla se ubica esta estructura arquitectónica llamado Edificio A. Es una estructura de planta rectangular de 13.00 por 7.80 metros dividida en dos secciones: el pórtico y el interior o aposento. El pórtico limita en su parte externa con dos muros laterales (elaborados por el sistema tablero-talud tipo Cacaxtla) y dos pilares de sección rectangular hacia el centro; el espacio entre los pilares es de casi tres metros, mientras que el existente entre cada pilar y los muros laterales sobrepasa apenas el metro. Los muros laterales dan vuelta al interior para rematar en dos mochetas, dejando un espacio de poco más de un metro a manera de entrada a los cuartos laterales que delimitan estos muros. Un muro longitudinal con un acceso central delimita al pórtico de la parte posterior. En esta parte interior fueron construidos dos angostos muros de adobe que delimitan dos estrechas crujías laterales y dan lugar a un amplio espacio central.

Sobre el exterior del muro que delimita al pórtico del aposento, y sobre las jambas de acceso al interior y la superficie central del aposento, fueron realizadas unas pinturas murales que en seguida se describirán. Pinturas que formaron un conjunto simbólico y están íntimamente ligados entre sí, tanto por su semejanza estilística como por la representación de elementos culturales similares. Existen evidencias de acuerdo con los investigadores que realizaron las exploraciones, de que este edificio era de dimensiones menores y que se agrandó en la época en que fueron pintados los murales. Es evidente también que el Edificio A fue cubierto con sumo cuidado, al efectuarse posteriormente otras construcciones en el sitio.

Edificio A. El Mural Norte. Aparece en esta representación un personaje central enmarcado –por su lado izquierdo y parte baja– por una banda con divisiones en diagonal para formar trapecios en lo que se representan animales acuáticos; en forma paralela, se

---

[3] Piña Chan llama de esta manera a los personajes derrotados en pié, con base a las cintas con caracoles que portan en las piernas, cinco cintas uno y siete el otro.

Fig. 48 – Mural de la Batalla. Detalle (dibujo)

pintó un reptil que aparece con atributo de felino, cuya cabeza observa hacia el ángulo inferior derecho y su cola con el extremo rematado con un manojo de largas plumas plasmado en el ángulo superior izquierdo del mural. El personaje se representó cubierto totalmente por la piel de un jaguar en cuyas fauces aparecen sus rasgos humanos. Sostiene entre los brazos, en forma diagonal, un atado de lanzas, de cuyo extremo inferior brotan ocho gotas de agua y está parado sobre el reptil que corre paralelo a la banda acuática mencionada. Se observa también la representación de algunos numerales, entre los cuales se ha identificado el "9 Ojo de Reptil", enmarcado y rematado por llamas, el que, de acuerdo con varios investigadores, se le relaciona con Quetzalcoatl en su manifestación del dios del viento, Ehecatl, y que está presente también, en Teotihuacan y Xochicalco. Este numeral se colocó hacia el lado izquierdo, al lado derecho del personaje-jaguar.

El personaje principal, cuyo cuerpo esta totalmente cubierto con la piel de jaguar, porta una faldilla con representaciones geométricas hacia los lados y un ancho cinturón con un adorno en forma de "X" –cruz de San Andrés– al centro; hacia el frente caen unas tiras blancas, anudadas en la parte superior y con 3 manchas circulares en su parte inferior cada una. Lleva sobre las piernas unos adornos de cintas blancas entrecruzadas y anudadas en sus extremos. La barra con flechas que porta este personaje-jaguar también tiene tres conjuntos de amarres. Porta una capa de plumas azules, su rostro pintado de negro, asoma entre las fauces del jaguar.

La banda exterior que sirve de marco, en dos de sus lados, está limitada por líneas paralelas dentro de la cual se trazaron líneas diagonales ondulados en grupo de cuatro –que delimitan tres bandas– para formar espacios de forma trapezoidal, donde se pintaron elementos acuáticos y simbólicos: caracoles de siete especies distintas, tortugas, serpientes, cangrejos, "ojos estelares", etcétera. El trazo de los diseños es de gran libertad y lo mismo se encuentran elementos encuadrados en el área trapezoidal, que montándose sobre las bandas diagonales o abarcando dos espacios, pasando de uno a otro, ya sea por arriba o por debajo de la línea diagonal. Es una banda semejante a la del Templo Rojo, pero con menos elementos vegetales y de aves. También conviene recordar, que los murales del Templo Venus, de la mujer y el hombre-alacrán, cuentan con una pequeña banda de animales acuáticos en su parte inferior, sobre la que se asientan los personajes.

Los colores predominantes en este mural son el rojo –del fondo general–, el azul, en varios tonos, el amarillo, el negro y el blanco. Hacia el margen derecho, lado izquierdo del personaje y sobre el mural, se elaboró un bajo relieve en barro, que será descrito mas adelante, pero dejó aún al descubierto un par de ganchos azules con interior blanco, que formaron parte de este mural y que lo limitaba por este lado (García Cook y Merino Carrión 1991) (Figs. 50 a 52).

Edificio Norte. La Jamba Norte. Aquí se representa un personaje cubierto, también totalmente, por la piel de un

Fig. 49 – Mural de la Batalla. Detalle (dibujo)

Fig. 50 – Edificio A. Mural Norte

jaguar; al igual que en la pintura anterior se observa la cara humana, que en este caso no está pintada de negro y porta un nariguera alargada, entre las fauces del felino. Sostiene con la mano izquierda, cubierta al igual que la otra y los pies con una garra de jaguar, una serpiente, cuya cabeza llega hasta el tocado –de largas plumas– y su extremo inferior a la altura del faldellín; tiene –la serpiente– una especie de flores en la parte media y superior. Del vientre del personaje, brota una planta que cae hacia un lado y que tiene flores amarillas. Con el brazo derecho aprisiona un recipiente sobre el que aparece pintado el rostro de Tlaloc, del que sale agua. Lleva un faldellín sostenido por un cinturón y una faja, de la cual prende un rectángulo hacia el frente decorado con líneas entrelazadas. Tiene adornos en las rodilleras y "listones" entrecruzados en las piernas que se anudan en los tobillos. En la parte inferior se encuentra la banda de líneas paralelas y diagonales, en las que además de la cabeza de una serpiente puede verse un glifo, el 7 Ojo de Reptil. El personaje lleva un amplio pectoral o capita azul, y un tocado consistente en una mascaron blanco – cabeza de lagarto o cipactli? – gris y negro, con largas plumas azules (Figs. 53 y 54).

El color predominante de esta pintura es el azul, en diferentes tonos, seguido en importancia por el amarillo, el blanco, el negro, el rosa y el rojo. La representación de esta jamba, junto con la del mural norte, está presidida por Tlaloc, dios del agua, en una imagen de gran simbolismo, relacionado con la vida y la fertilidad.

Edificio A. El Mural Sur. La representación en este mural es también la de un personaje, enmarcado igualmente en dos de sus lados, por la banda de animales acuáticos. Y sobre esta también en forma paralela, se representó a una serpiente emplumada, cuya cabeza, levantada, se ubicó hacia el ángulo inferior izquierdo y la cola en el ángulo superior derecho, rematada por un plumón amarillo y largas plumas azules. El personaje está pintado de negro, salvo la cara que es gris, y se encuentra ataviado con elementos de ave, los que aparecen en el tocado, en los hombros, los brazos y las garras, en vez de pies. Del pico del ave sale la cara, la cual se observa en toda su amplitud, incluso la oreja con una orejera alargada, así como la tira del amarre que detiene el tocado; sus rasgos faciales son mayoides, con nariz aguileña y ojos estrábicos. Sujeta entre sus brazos una barra ceremonial de serpientes, unas de las que pueden observarse en la parte inferior –en forma invertida– de dicha barra; ésta se realizó de un modo muy inclinado, casi en diagonal a la composición general del mural.

El personaje-ave lleva un faldellín, un cinturón y sobre este una fajilla. Tanto en la faja como en el delantal, que pende del cinturón, están representadas unas líneas cruzadas en diagonal, a manera de una cruz de San Andrés, igual que la de las fajillas de los personajes antes descritos. Lleva en las muñecas y en las piernas unas bandas de tela, amarradas y rematadas con caracoles. El personaje se encuentra parado –igual que su contraparte– sobre la serpiente, esta vez emplumada. En la cabeza de la serpiente pueden reconocerse dos nariqueras alargadas, y junto a éstas una voluta que la hace aparentar bífida. Ésta es además una serpiente barbada. A la izquierda del caballero-ave está representado un ave semejante a una guacamaya que está emitiendo un sonido; o bien se trata de un ave-trogón, que tiene representadas tres gotas de sangre en el pico. Abajo del ave aparece un numeral elaborado a base de barras y puntos, en cuyo centro superior se colocó una pluma, fecha ¿trece pluma?. En el ángulo opuesto, frente al rostro del personaje, se encuentra un glifo de forma rectangular, abierto en su parte inferior. Aquí aparecen dos manos en posición opuesta, una derecha y una izquierda y desde cuyas muñecas continúa el rectángulo, en el que se representan tres ojos estelares –símbolos de Venus–, uno a cada lado, y que está rodeada de huellas, siendo éstas alternadas, de

Fig. 51 – Edificio A. Mural Norte. (dibujo)

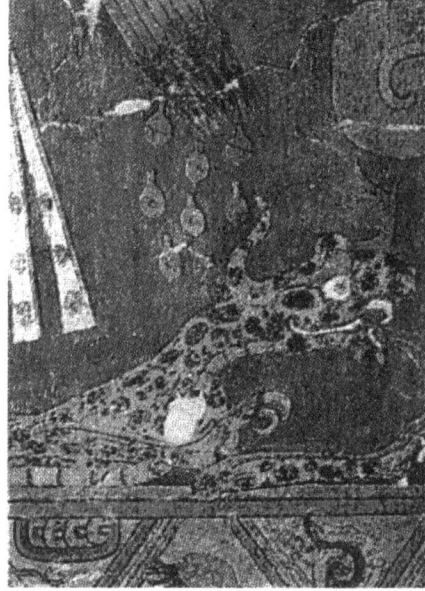

Fig. 52 – Edificio A. Mural Norte. Detalle

pie derecho e izquierdo. Frente a las manos está representado un ojo emplumado.

La banda que delimita la pintura, enmarcándola en su parte inferior y lateral izquierdo –derecha del observador–, está realizada de la misma manera que su correspondiente en el mural del lado norte –y a semejanza de las del Templo Rojo y la del Templo de Venus–, y aquí también tiene caracoles de varias especies, tortugas y serpientes también de dos especies, así como flores y representaciones del ojo solar. Una gran planta de maíz, con tres mazorcas y algunas flores cuyo tallo se fusiona con el del maíz, enmarcadas por unas franjas amplias amarillas y azul, esta última con dos volutas que se introducen en el cuadro general del diseño, enmarca por el lado norte, a la derecha del personaje-ave. Sobre esta parte, al igual que en el mural norte, se montó un relieve de barro, cuyos restos fueron retirados y actualmente pueden observarse en el museo de la zona arqueológica.

Estas franjas –grandes y verticales– combinadas en amarillas y azul, así como las volutas que se introducen en la escena, supuestamente debieron estar en ambos murales –norte y sur– y de acuerdo con esta hipótesis de que si se vieran de lado, se observarían como si fuesen labios superiores y narices a manera de fauces de mascarón y de esta forma, de sus comisuras emergería la planta del maíz, con mazorcas y flores (Figs. 55 y 56).

El color predominante en este mural sur es el fondo rojo, al igual que el mural norte, pero sobresalen también el azul en varios tonos, el negro y los grises del personaje, el amarillo y el blanco.

Edificio A. La Jamba Sur. Se trata de la representación de un personaje, también en color negro, que ha sido considerado como un danzante, debido a la posición en que parece. Este personaje tiene su cabello muy largo, anudado y detenido con un moño y una diadema de discos en la parte superior de la cabeza y su pelo, que cae por la espalda, llega más abajo de sus pies, los que se apoyan sobre la banda acuática inferior, y tiene ensartadas cuentas tubulares y flores amarillas en los extremos. El personaje sostiene con sus brazos un caracol marino del cual emerge una pequeña figura humana, misma que porta orejera, nariguera, un collar muy elaborado, un adorno sobre la cabeza, cuyo pelo cae en forma vertical, y lleva también un adorno en la muñeca de la mano. El personaje mayor, "el danzante", lleva también una nariguera alargada, una orejera con un "listón" que llega hasta el caracol, un collar de doble hilo y grueso brazalete. Porta un faldellín bordado en sus extremos, como el de todos los personajes descritos, con manchas negras; lleva también un cinturón del cual sale una banda blanca con adornos en el frente y que pasando entre las piernas se proyecta hacia atrás en tres secciones. Sobre sus piernas aparecen unos adornos compuestos y porta sandalias anudadas en los tobillos y rematadas con un caracol. También se plasmaron dos numerales en

Fig. 53 – Edificio A. Jamba Norte   Fig. 54 – Edificio A. Jamba Norte. (dibujo)

extremos. Uno, el "3 Venado", hacia la parte superior izquierda, y el segundo, "7 Ojo de Reptil", hacia la inferior derecha. El personaje se apoya también sobre la banda acuática, en la que pueden observarse dos serpientes y un caracol (Figs. 57 y 58).

Al igual que en el lado norte del pórtico –muro y jamba– los murales están íntimamente relacionados con Tlaloc y Quetzalcoatl y, por tanto, toda la escena encierra un fuerte simbolismo relacionado con la fertilidad y la vida. Además de la riqueza temática y simbólica que encierra y el firme trazo con que están ejecutados, estos murales debieron ser de gran valor e importancia para los habitantes de Cacaxtla, ya que al efectuar las ampliaciones arquitectónicas, fueron cuidadosamente protegidos para evitar su destrucción. Destrucción que sólo se dió por las actividades agrícolas y del saqueo.

Antes de describir lo que resta del mural del interior del aposento y sobre el diseño del bajorrelieve, conviene efectuar los comentarios sobre los cuatro murales acabados de describir, que como se dijo y como se verá, forman una unidad.

Los Murales del Edificio A. Comentarios. A diferencia del mural de La Batalla, descrito y comentado en párrafos anteriores, en las pinturas plasmadas en el pórtico del Edificio A, todo es pasividad y alegría, simbolismo y misticismo, no se observa por ningún lado algo agresivo o que denote agresividad. Sin embargo comparte muchos elementos no solo con el Mural de La Batalla mencionado, sino también con las otras pinturas descritas hasta el momento. De esta forma vemos que la banda con animales y plantas acuáticas aparece tanto en la representación de la Pareja-Alacrán, en el Templo de Venus, como en el Mural del Templo Rojo, y ahora en estas pinturas del Edificio A. Sólo no esta presente este elemento ni en el mural de La Batalla, ni en la del cuarto de La Escalera, tampoco en el mural del interior, siguiente a tratarse. La indumentaria de jaguar está presente, salvo en el cuarto de La Escalera –que no se observa en toda su magnitud– en todas las demás

Fig. 55 – Edificio A. Mural Sur

Fig. 56 – Edificio A. Mural Sur. (dibujo)

pinturas, incluyendo el del interior del Edificio A. Imagen del dios de la lluvia, de ***Tlaloc***, se le observó tanto en el mural de La Batalla como en el del Edificio A y en el Personaje Alacrán. El cuerpo pintado de negro que portan los guerreros vencedores –o sacrificadores– con indumentaria de jaguar, así como cabezas de ave, correspondientes a los guerreros derrotados –o sacrificados–, en el Mural de La Batalla, están presentes también en las pinturas del Edificio A. Sólo que aquí, en el mural del Pórtico, estos elementos aparecen combinados de manera indistinta: en La Batalla, los personajes pintados de negro tienen apariencia del altiplano, quizá nahuas o mixtecos, mientras que en el Edificio A, aún cuando el hombre-jaguar tiene el rostro negro, no así su compañero de la jamba norte, y además los personajes de rostros mayoides –panel sur y jamba sur del Edificio A– presentan tanto el rostro como el cuerpo negros. Además, el hombre jaguar –panel norte– de facciones nahuas o mixtecas–, tiene capa de plumas, situación que en La Batalla se asocia sólo a los guerreros derrotados, a los mayas.

El danzante negro, personaje mayoide, representado en la jamba sur, lleva un jeroglífico nominal "3 Venado", mientras que en La Batalla, este nombre se relaciona con los guerreros-jaguares, personajes nahuas triunfadores en la lucha –o acción de sacrificio– representada. El pelo anudado del danzante negro –jamba sur– es también semejante al del Viejito o Dios L –o Dios M– maya, representado en el mural del Templo Rojo.

En todas las pinturas hasta el momento tratadas, están presentes elementos, que aunque no se comparten, denotan procedencia y/o fuerte interrelación con la región maya –tierras bajas sobre todo– así como otros que se relacionan con sus contemporáneos del altiplano central –Teotihuacan tarde, Xochicalco y Teotenango–, con de más al sur –Monte Alban– y con la costa del Golfo –Tajín–, denotando con ello un eclecticismo constituido por estilos formales e iconográficos de distintas culturas, produciendo así un arte original de amplia creación e invaluable riqueza.

Los murales del Edificio A integran una unidad, incluyendo desde luego la parte perdida en un caso o cubierta por el relieve de lodo en el otro, que se ubicaban hacia los extremos internos de los paneles exteriores; como se recordará aquí se representan plantas de maíz, como mazorcas y flores entremezcladas con volutas, así como dos grandes vírgulas que penetran en las escenas terminadas con gran gancho en la parte inferior, de donde brota la planta de maíz y es probable que cerrara también con un gancho semejante en la parte superior, indica la doctora Sonia Lombardo, una de las investigadoras que más se ha dedicado al estudio de esta pintura, y reproduce de manera hipotética, el diseño que debió existir en el exterior del dintel de la puerta, el cual cerraba el diseño, formando un marco alrededor de la puerta y que ligaba, a la vez, a los dos paneles del exterior, formando un gran imagen unida por el mascarón de la puerta, lugar por donde penetrarían los sacerdotes y cuyos guardianes se encontraban en las jambas laterales de dicha entrada o fauces de un mascarón (García Cook y Merino Carrión 1991).

Los personajes principales plasmados en los paneles representan a un sacerdote o caballero-jaguar y a un sacerdote o caballero-águila. El personaje águila de rasgos mayoides tiene entre sus brazos una gran barra ceremonial cuyos extremos son cabezas serpentinas. Conviene anotar que la barra ceremonial es común en el sur del área maya, aparece representada en las estelas del periodo clásico de aquella región. Este objeto se asocia con dignatarios religiosos, es el instrumento por el cual el sacerdote transmite el mandato del dios. Por su parte el personaje-jaguar, de rasgos nahuas –o mixtecos del altiplano–, porta también un objeto a manera de barra ceremonial: se trata de un haz de lanzas, que Baus de Czitrom (1986) relaciona con el Xiuhmolpilli o atado de cañas, que representa un ciclo indígena de 52 años; en este caso las cañas estarían representadas por lanzas de cuyas puntas se desprenden gotas de agua.

Por otra parte se han relacionado también a los dos personajes principales, el hombre-águila y el hombre-jaguar, con el Aquiach y el Tlalchiach, señores que gobernaban Cholula, a la llegada de Hernán Cortés en 1519. De acuerdo con la Historia tolteca-chichimeca, estos personajes existen desde la época de los olmecas-xicalancas, que como hemos indicado, aún cuando controlaron a Cholula desde el siglo VII, sin embargo ubican su capital en Cacaxtla. Al Aquiach se le relacionaba con la lluvia, con el cultivo de temporal y "tenía poder para hacer llover y que diese frutos la tierra", y el Tlalchiach, se supone que controlaba el agua de cañerías (Kirchhoff et al. 1976). Pedro Carrasco (1971), por su parte, dice que el Aquiach tenía como insignia el águila y el Tlalchiach el jaguar.

Indica Sonia Lombardo:

Con esta nueva orientación, la interpretación de los murales toma nuevamente su sentido histórico y social. El hombre-águila, Aquiach representa a los cultivadores de temporal; el hombre-jaguar, Tlachiach, al los cultivadores de riego, mismos que constituían las dos bases de las fuerzas productivas, sustento de la economía del grupo... Aquiach domina la lluvia; Tlalchiach domina las corrientes terrestres por medio del riego (Lombardo, op. cit, pp. 236-237).

Por lo anterior creo conveniente e interesante transcribir la interpretación que de estos murales otorga mencionada investigadora Lombardo, en el análisis meticuloso que de dichas pinturas realizó y a los que bautiza como el mural de la Fertilización de la Tierra:

Al aire libre, dos sacerdotes de grupos de cultivadores de riego, y de cultivadores de temporal, con su atuendo ceremonial, uno del dios Tlaloc y el otro del dios Quetzalcoatl, bailan y ejecutan rituales mágico-religiosos para propiciar la fertilidad de la tierra. Ella se muestra pródiga y hace florecer las mieces con generosas mazorcas de maíz.

No obstante, los rituales propiciatorios por sí solos no bastan para lograrlo. Atrás de la tierra productiva están los representantes de los dioses de la tierra; los que con la barra ceremonial transmiten la palabra divina, los que mandan al sacrificio a los dioses, los que se ocupan de atar los años, de celebrar el fuego nuevo; los que registran los acontecimientos y escriben la historia.

> *Con la indumentaria del dios, con toda la potencialidad que le confieren sus atributos, personificándolo a él mismo, están paradas sobre la serpiente-pájaro y la serpiente-jaguar [...] A su alrededor, las aguas universales, las de los mares, las de los ríos, las de las lagunas, poblados de animales, todos en continuo movimiento, pero regularizados, ordenados, trazados geométricamente las franjas de tierra, los canales* (Lombardo, op. cit: 237-238).

Por otro lado, Eduardo Matos al referirse a estos murales se pregunta, al conocer el personaje-águila, si no está éste más bien relacionado con Huitzilopochtli y por tanto con el sol; Matos (op. cit: 47-48), asienta:

> *¿No estaremos ya ante la presencia de esa dualidad que siglos mas tarde veremos en el Templo Mayor de los mexicas, en donde Tlaloc ocupa el lado norte del mismo, en tanto que Huitzilopochtli, dios solar de la guerra, cuyo símbolo es el colibrí y el águila, ocupa el lado sur, guardando por lo tanto, la misma posición que tienen estos personajes en los murales? ¿No será la barra con cabeza de serpiente lo que posteriormente se convertirá en la Xiuhcoatl, el arma del numen mexica?*

Todo puede ser si consideramos que las diversas culturas que van surgiendo son el resultado del cúmulo de conocimientos anteriores y que cada una de ellas toma de sus antepasados y de sus contemporáneos lo que se aviene a su forma de ser, a su conveniencia para justificarse. Sabemos que tanto la sociedad mexica como la teotihuacana han tomado de sus antepasados la mayor parte de los elementos culturales que se les adjudican y que únicamente los adoptan o adaptan a su conveniencia, dándoles una justificación, explotándolos, propagándolos o imponiéndolos a su antojo y dándolos a conocer como suyos. Cacaxtla, al igual que muchas otras grandes poblaciones del altiplano central –Chalcatzingo, Capulac-Concepción, Tlalancaleca, Cuicuilco, Xochicalco, Cholula, Cantona, Teotihuacan, Teotenango, etcétera–, hizo también importantes aportaciones a sus contemporáneos y posteriores tanto en la región en que se localiza como al México prehispánico en general.

Para Piña Chan, los murales del Edificio A están relacionados...

> *... con el culto a Venus o Quetzalcoatl, deidad que fue adoptando otras advocaciones, como transformarse en Sol en Teotihuacan y volverse Tlaloc o señor del rayo, la guerra y los sacrificios, lo mismo que de los huracanes, la seguía, la miseria, que por otra parte tenía que ver con la agricultura, los mantenimientos, la vida y la muerte.*

> *Así, el mural al sur es la representación del mito de Venus o Quetzalcoatl, que como lucero del alba es al mismo tiempo sol... Aunque aquí su nombre es 13 pluma (13 águila), se trata de Venus como estrella matutina, pues en el cuadrángulo que simboliza al plano terrestre se ven las manos que significan donar, tres medias estrellas con ojo estelar que simbolizan a Venus, y ocho huellas de pies humanos que significan viaje de ocho días, tiempo que permanece invisible al planeta, hasta que se le vuelve a ver otra vez como lucero del alba* (Piña Chan 1998:116-117).

El personaje de la jamba sur –mismo que aparece en La Batalla– es quien se encarga del culto del dios y es ayudante del señor que la representa. "Por ello lleva un gran caracol marino (símbolo del nacimiento y fertilidad) del cual nace Venus o Quetzalcoatl con el nombre 7 Ojo de Reptil o Viento (Ehecatl)" (op. cit: 117).

Por su parte, el mural norte

> *... es la representación de Venus o Quetzalcoatl como señor del rayo, de la guerra, del sacrificio (un Tlaloc maligno), a su vez tiene que ver con las aguas y sementeras... Se trata de Venus o Quetzalcoatl porque su nombre es 9 Ojo de Reptil o Viento, y es el gemelo del lucero del alba que aparece en el mural sur. Eso quiere decir que es Venus como lucero de la tarde, el cual aparece en el Poniente, y de ahí serpiente-jaguar que significa tierra, oscuridad, noche, o sea que aparece en la tierra del poniente como estrella vespertina. El personaje de la jamba norte es también el sacerdote y representante, pues lleva los atributos del dios no sólo en el vestido sino en la vasija con la efigie del dios de la lluvia (teotihuacano), de la cual cae el agua bienhechora* (Ibid.: 117-118).

Se ha propuesto, para la ejecución de todos los murales del Edificio A, el siglo octavo, entre los años 700-750 de nuestra era.

El mural del Recinto del Edifico A (o Mural interior). Esta pintura fue elaborada sobre el muro posterior del gran aposento del Edificio A, cubrió al parecer unos 6.50 m de longitud, y debió de ser de gran importancia dadas sus dimensiones. Desde la época prehispánica y por los propios habitantes de Cacaxtla, este mural fue cubierto con lodo en forma intencional, y para la actualidad se haya muy destruido, debido a su posición al extremo oriente del "cerro" en que se fue transformando esta gran plataforma –Gran Basamento– del extremo norte del asentamiento nuclear de Cacaxtla. Del muro sobre el que se plasmó esta pintura se conserva poco menos de la tercera parte, y sólo se puede anotar que los diseños y los colores utilizados, en la parte central, fueron semejantes a los que se encuentran en el pórtico. Hacia los lados dirigiéndose hacia el centro –como en el mural de La Escalera– se observan algunas piernas en movimiento, terminadas en garras de jaguar, o bien con sandalias y adornos amarrados, o con unas cintas entrecruzadas; aunque también se ve un pie descalzo. Y, así mismo, varias representaciones de pequeñas serpientes e incluso el extremo de lo que parece ser un lanzardardos. Dadas sus dimensiones y el estado de conservación de este mural, es difícil discernir algo más de éste, que fue el mural mas grande, tal vez el mas importante del Edificio A (Fig. 59).

Fig. 57 – Edificio A. Jamba Sur

Fig. 58 – Edificio A. Jamba Sur. (dibujo)

Restos de otro mural fueron localizados en el interior de un patio o plaza hundido, al extremo norte del Gran Basamento, pero de ellos poco se puede informar.

Por tanto lo hasta aquí leído sobre la pintura mural de Cacaxtla, podemos observar que en el trazo y representación de las pinturas existe una continuidad, prevalece el mismo estilo formal, sólo con ligeras variantes y existen elementos que se representan a través del tiempo en mas de una de las pinturas. Todas son realistas y de gran fuerza dinámica, en las que se representan casos de carácter naturalista como otras de fuerte expresión simbólica o esotérica. Se observa en ellos una fuerte presencia maya coexistiendo con elementos del altiplano central y con otras regiones del actual México –Oaxaca y Veracruz central–. Es una obra de fuerte eclecticismo donde se mezclan estilos formales e iconográficos de diferentes culturas. En los murales de Cacaxtla se produce un fuerte sincretismo pictórico que aglutina elementos y estilos de distintas corrientes y que dan lugar a un estilo original, de fuerte expresión, riqueza técnica y de gran belleza y realismo (García Cook y Merino Carrión 1991).

El bajorelieve del mural norte del Edificio A. Hemos indicado en páginas anteriores que sobre el mural del panel norte del Edificio A, se realizó un bajorrelieve con base de lodo o de barro, el cual se encuentra aún en el lugar en que fue plasmado. Representa a un personaje sentado de perfil, que tiene un alto y elaborado tocado y lleva como collar una serpiente anudada en el cuello. El personaje está enmarcado por una serie de elementos curvos que recuerda el estilo de algunas representaciones en Tajín y en general del golfo central, así como a los altares "tajinoides" encontrados en Cholula, aunque al parecer correspondientes a una época un poco anterior al bajo relieve en cuestión. Se le ha relacionado también con Cocijo, dios zapoteco del maíz, por el elaborado tocado en el que presenta restos de la imagen de un murciélago. Este bajorelieve, como ya se anotó, cubrió la parte sur del mural norte del Edificio A, justo donde estaba representada una gran planta de maíz y las amplias

Fig. 59 – Edificio A. Mural del Interior. Detalle

bandas verticales y vírgulas invertidas –¿fauces?– que enmarcan la puerta. En el lado opuesto, sobre el muro sur de este mismo pórtico del Edificio A, se plasmó también sobre la parte norte de la pintura, y al lado de la puerta, otro relieve que cubrió así mismo los mismos elementos que en el mural norte. Este relieve fue destruido, en parte por los saqueadores de lugar, y esto permitió observar los diseños que se encontraban bajo dicho relieve (Fig. 60).

Existen aún muchos elementos culturales característicos de Cacaxtla y que es imposible describir, algunos de ellos también realizados en barro crudo; algunos se tratan de esculturas de las que se han localizado cabezas, quizá de personajes o dioses y otros son fragmentos de los cuerpos que al parece corresponden a estos personajes. En una de ellas se puede observar la representación de un anciano, semejante al que se encuentra representado en el mural oriente de El Templo Rojo, al identificarlo como Dios L o Dios M. Las dimensiones de esta escultura más completa son de 0.80 m de largo por 0.40 m de ancho máximo, de uno que conserva la cabeza y el tórax completo, restos del inicio de los brazos, también sólo el inicio de las piernas; considerando la escultura completa, debió tener unas dimensiones aproximadas de 1.30 m de estatura, por 0.60 m de anchura máxima y 0.15 de espesor. Estas esculturas están totalmente cubiertas de pigmento rojo y tienen algunos diseños en blanco –boca, ojos, etcétera– y en color amarillo. Al parecer se representan también en bulto algunos de los personajes que aparecen plasmados en las pinturas murales, como caracoles, mazorcas de maíz, secciones de serpiente emplumada y otros elementos que son coincidentes con los presentes en los murales del Edificio A, y todos ellos policromados.

De barro cocido resalta la representación de un sacerdote de Tlaloc o de un Tlaloque, al cual se le localizó asociado a unos entierros humanos (Jiménez Ovando 1988) (Fig. 61). También se conoce sobre la presencia de escultura en piedra (Abascal 1973; Peñafiel 1909; Armillas 1941a) y de muchos otros objetos, tanto de cerámica, como en hueso que sería excesivo enumerar.

Con lo hasta aquí anotado creemos que hemos otorgado una idea tanto de la conformación del asentamiento de Cacaxtla como de los elementos culturales que mas resaltan a la vista y característicos de este lugar: Cacaxtla.

LA CULTURA TEXCALAC TEMPRANO

Hemos anotado que por el 600-650 de nuestra era se producen una serie de conflictos en el altiplano central y si durante la fase cultural anterior Tenanyecac se había observado esa inestabilidad en sus habitantes, debido a la presencia de tres grandes ciudades, que la circundaban, Teotihuacan al noroeste; Cantona al noreste y Cholula al sur y de sus culturas. Y a la caída de dos de dichas capitales estatales –Cholula y Teotihuacan– el cierto equilibrio existente en la región se rompe y es precisamente en este momento –600-900 d.n.e.– cuando se incrementan estos conflictos, aunque en esta ocasión, para la región central de Tlaxcala, son mas benéficos que catastróficos. Aparecen nuevos grupos habitando el área los cuales logran un renacimiento tecnológico y cultural. Se inicia una nueva etapa cuyas manifestaciones culturales hemos denominado como Cultura Texcalac.

Texcalac se manifiesta ocupando el centro y parte oriente del actual estado de Tlaxcala: Bloque Tlaxcala, llanuras de Apizaco y parte de las llanuras de Huamantla y de la Sierra de la Caldera;[4] queda ubicada cronológicamente

---

[4] Para mayor información sobre las regiones naturales de Tlaxcala y valle poblano, ver Wolfgang Trautmann 1981, y A. García Cook y B.L. Merino Carrión 1991 y figura 2.

entre el 650 y el 1100 d.n.e. Esta nueva cultura, a diferencia de Tenanyecac durante la cual se frenó el desarrollo cultural acelerado que se venía dando en la región, observa un nuevo renacimiento cultural; la llegada de otras gentes que "inyectan" su cultura, transforman la existente y construyen una nueva. Texcalac por así convenir ha sido dividido para su estudio en Texcalac temprano –del 650 al 900 d.n.e– y en Texcalac tarde –900 al 1100 d.n.e–. División realizada, no sólo al tiempo transcurrido en la integración de una nueva cultura, sino básicamente a las culturas y sucesos que se dan en su periferia vecina en estos lapsos. Culturas y condiciones existentes que influyen y afectan la conformación y el desarrollo de Texcalac, y es precisamente la parte temprana de esta fase cultural –650 al 900 d.n.e.– la correspondiente a este periodo temporocultural que venimos tratando.

Texcalac temprano está representado, al menos, por 229 asentamientos humanos[5] diferentes, quienes ocupan un área de 1,600 km^2. Los grandes centros cívico-religiosos no existen más y aun cuando no desaparece por completo la presencia de estructuras arquitectónicas para las actividades religiosas –altares y templos–, la tendencia se acentúa hacia una organización civil, mas que religiosa y se da un énfasis a los palacios y casas de los gobernantes; los rituales religiosos, si no pasan totalmente a un segundo plano, al menos las estructuras de carácter civil, residencia de una élite, se las iguala en importancia. Se construyen plataformas de diversas dimensiones que soportan las estructuras habitacionales o de carácter cívico en mayor número que con anterioridad. Así, tenemos que durante esta parte temprana de Texcalac, el número de asentamientos con la presencia de estructuras cívico-religiosas es menor, aún, que las existentes durante Tenanyecac. Se cuenta con 10 pueblos, y 50 villas –una o dos fortificadas–; además de 40 aldeas concentradas –10 grandes, 20 chicas y 10 microaldeas–, 123 aldeas dispersas –16 grandes, 79 chicas y 28 estancias–; 5 adoratorios y un observatorio militar (García Cook y Merino Carrión 1991).

Con el inicio de Texcalac se origina también el cierre del "Corredor comercial Golfo-Sur al Altiplano Central", o "Corredor Teotihuacano" (García Cook 1976a, 1978, 1981), Corredor que saliendo –o llegando a– de Teotihuacan o mejor dicho, del extremo del área bajo control directo de Teotihuacan, cruzaba Tlaxcala por el norte y este de la Malinche, partiendo en dos a la cultura Tenanyecac, para continuar al Golfo Central o dirigirse al sur de Puebla y a Oaxaca (Fig. 4). Alrededor del año 650-700, dicho Corredor ha desaparecido. Eso no indica que el área que ocupó no exista ya como vía de tránsito y como ruta de comercio, con las antiguas regiones que comunicaba –que como sabemos existió desde etapas aún mas tempranas–, sino que ahora en gran parte del área por la que cruzaba –nordeste y este de la Malinche– existen escasas –o nulas– evidencias de asentamientos humanos,

y otra parte –la situada al norte de la Malinche– hasta el lugar donde llegaba o de donde partía, en sus límites del área de la antigua esfera Teotihuacana, está ocupada totalmente por sitios con cultura Texcalac; lo que forzosamente no implica que durante Texcalac temprano no existan intercambios con la gente del Golfo, de Oaxaca o de la cuenca de México, sino que ahora, en esta zona, son los grupos con cultura Texcalac los que tienen el control de estas relaciones extrarregionales; y al sur de la Cuenca de Oriental, es Cantona la que tiene el control con la Cultura Xaltepec regional (García Cook 2009) (Fig. 6).

En Texcalac, como anotamos, se observa cierto renacimiento cultural, en relación con su antecesor Tenanyecac, aunque se continúa con el mismo régimen civil o militarista; ahora el militarismo se consolida, y el carácter teocrático aunque importante pasa a un segundo plano y está al servicio del régimen militar. Se observa también con claridad la llegada y salida de otros grupos humanos al área que nos ocupa. Hacia el final de esta primera parte de Texcalac se presenta el inicio de la conformación de algunos de los Señoríos que mas tarde integrarán a Tlaxcala; de estos se puede mencionar: Texcalac, Atezcalcingo, Chiautzingo, Yuahquemecan, Tepeticpac, Tepeyanco, entre otros; de lo cual trataremos, escuetamente, mas adelante.

Aún cuando el número de asentamientos se incrementa ligeramente –en un 10%–, sin embargo al número de habitantes permanece casi en equilibrio –100,040 para Tenanyecac tarde[6] y 99,935 para Texcalac temprano– y esto se debe, sobre todo porque el número de asentamientos mayores –pueblos grandes, pueblos y villas– disminuye en casi 18% en relación a la fase cultural anterior –de 73 Tenanyecac tarde a 60 Texcalac temprano–; mientras que el número de asentamientos rurales se incrementa notablemente, en más del 26% –129 para Tenanyecac, por 163 para Texcalac– y por tanto la gente que habita en ellos también se incrementa en fuerte proporción, en más del 58%. Este fuerte incremento de la población rural, en sus mayor parte dispersa, nos está indicando el arribo de muchas familias, quizá procedentes de Cholula o de Teotihuacan, grandes ciudades vecinas que se encuentran en decadencia, o bien se trate de la población campesina que habitó en los asentamientos del corredor y esferas teotihuacanas, que entran en conflicto y desaparecen, e incluso de la gente que ocupó los grandes pueblos o ciudades Tenanyecac y que ahora han desaparecido. Lo mismo sucedió en Cantona –vecina al noreste– quien a la caída de Cholula y de Teotihuacan crece notablemente y pasa a ser la ciudad mas grande y fuerte del altiplano central. Si bien Cantona no observa ya un apogeo cultural como el alcanzado en la etapa anterior –Cantona II, 50 al 600 d.n.e.– si creció notablemente, alrededor del 30% –aproximadamente de 70,000 por el 600 a 90,000 (o más) para el 700 d.n.e., ya en Cantona III– (García Cook y Merino Carrión 1991; García Cook 2004, 2009).

---

[5] Número de asentamientos localizados hasta 1977, fecha en que dimos término a nuestro trabajo de campo en Tlaxcala (García Cook 1981; García Cook y Merino Carrión 1991).

[6] Esto sin considerar la población "teotihuacana" que habitó en el "Corredor comercial".

La situación política –y económica– existente para estos momentos les impidió establecer centros mayores o verdaderas ciudades y sólo lograron integrar grandes poblados –con mayor carácter civil que ceremonial– con un centro cívico-religioso de escasas dimensiones y con gran población rural en su derredor, o bien la integración de grandes aldeas habitadas por campesinos y alguno que otro artesano, o bien aislarse para encontrar lugares donde la tierra estuviese menos "cansada" de la intensa explotación anterior y protegida de la erosión; centros y poblados que cubrieron grandes superficies, tales como Tepeyanco y Texcalac.

Los asentamientos Texcalac se ubicaron por lo general sobre las laderas altas y cimas de cerros y lomas, aunque abarcando en muchas ocasiones las parte bajas adyacentes; casi no existen sitios Texcalac en el valle mismo y cuando están presentes se trata de poblaciones rurales y en su mayoría de pequeños grupos campesinos –estancias– que habitaron al lado de sus terrenos. Se observa la existencia de grandes conjuntos concentrados; de pequeños conjuntos que se agrupan para formar un poblado mayor, o las casas aisladas y dispersas. De esta manera la variabilidad del número de habitantes es entre 250 para los sitios de talla menor, hasta mas de 3,000 para los mayores, además de gentes dispersas cuya cifra no es mayor a 20 por unidad. Existiendo los extremos, las aldeas concentradas muy grandes, que bien pudieron contener hasta unos 15,000 habitantes, hasta las casas aisladas, de solo cinco personas (García Cook y Merino Carrión 1991).

La población Texcalac depende, al igual que sus antepasados, de los productos obtenidos de sus cultivos agrícolas, así como de los apropiados de su medio ambiente –caza, pesca y recolecta–, además de lo que pudieran obtener de los intercambios de sus productos artesanales –y ¿agrícolas? – con otras regiones. El medio ambiente en que habitaban se veía cada vez mas transformado, tanto por la fuerte explotación de que era objeto, como por el mayor número de asentamientos, además porque el clima era cada vez mas caliente y mas seco. Del paisaje natural conocido por sus antepasados, primeros pobladores sedentarios de la región que habitaron unos 2,300 años atrás, poco o casi nada quedaba; había sido totalmente cambiado por la fuerte explotación y transformación de que fue objeto durante ese tiempo, por los grupos humanos que aquí tuvieron sus asentamientos. La tierra poco a poco se iba agotando por el intenso cultivo y la fuerte erosión que se había iniciado durante la fase anterior, al ser abandonados muchos campos y destruirse las terrazas que en algo la frenaba, así como por la falta de cubierta vegetal que protegiera los suelos, ya que ésta era talada y desmantelada para establecer sus habitaciones y abrir nuevos campos al cultivo. Por tanto se utiliza el mayor número de terrenos disponibles para efectuar su agricultura y de este modo se observa una amplia población dispersa que habita en o cerca de sus terrenos de cultivo.

Entre otros utensilios que se utilizan durante Texcalac –que heredaron de sus antepasados– destaca un nuevo incremento de la utilización de los desfibradores de piedra, así como los malacates pesados –pesos de huso para hilar–, hechos en cerámica, lo cual nos está indicando el incremento de la producción de textiles elaboradas con la fibra del maguey. Respecto a la cerámica, abunda la de caracter doméstico en tonos café o naranja, y hacia el final de Texcalac temprano –850 d.n.e. – se inicia la producción de cerámica policroma. Cerámica policroma que utiliza toda la población, no sólo para consumo de la élite. La mas utilizada ha sido nombrada *Texcalac negro y rojo sobre naranja*, de pasta compacta con agregados de ceniza volcánica. El acabado de la superficie consiste en un engobe blanco sobre el que se aplica un baño naranja y sobre esta superficie se realiza la decoración en negro y rojo. Por lo general la decoración cubre la superficie interna o superior de los objetos cerámicos y en el exterior o inferior, se coloca una banda, del borde hacia abajo, muchas veces con mal acabado y con líneas horizontales paralelas o bien onduladas, en rojo o negro, o en negro y rojo, sobre el fondo naranja. El diseño al interior –o superior– es geométrico –líneas, círculos, ganchos, etcétera– formando cuadretes alternados o bandas con diseños, limitadas por líneas horizontales paralelas. Las formas en que se realiza esta cerámica son: cajetes de paredes convexas y base plana; platos con paredes de ligera curvatura divergente y fondo plano, con o sin soportes, siendo éstos cónicos alargados sólidos o huecos de gruesas paredes, y platos de paredes fuertemente divergentes –casi horizontales–, generalmente con soporte cónicos alargados sólidos y cónicos huecos (Figs. 62 y 63).

En esta cerámica policroma, la parte exterior o inferior que no lleva decoración, dos tercios inferiores de la vasija, por lo regular sólo está alisada y observa el color natural de la pasta. Cuando las superficie no decorada es la interior, entonces ésta lleva un engobe naranja, con el blanco de base por supuesto. Este tipo de cerámica –aunque surgirán otros desde luego– se continuará durante el resto de la época prehispánica y es, por tanto, una de las cerámicas que estará en uso a la llegada del colonizador español (García Cook y Merino Carrión 1988, 1991).

Así mismo en las figurillas de cerámica y hacia la parte media de Texcalac temprano, se elabora un tipo diagnóstico y característico de esta fase cultural. Se trata de figurillas moldeadas con representaciones únicamente de la cara –o cabeza– de personajes y dioses, mismos que se representan con sus adornos faciales –nariagueras y orejeras– y sus tocados en la parte superior; se representa con mayor frecuencia a Tlaloc; a la dualidad vida-muerte y a otros personajes que quizás corresponden a las representaciones de señores o los jefes del momento. Los comales se fabrican en forma abundante, y de los 14 tipos y subtipos conocidos en la región para toda la época prehispánica, están presentes 13, aunque desde luego, sólo tres de ellos se les puede considerar como diagnósticos de este momento. Lo mismo sucede con los malacates o pesos de huso para hilar –textiles de fibra de maguey– casi todos los tipos que se utilizaron en la

Fig. 60 – Edificio A. Mural Norte: bajorrelieve de barro. Detalle

Fig. 61 – Lapida de barro cocido: Tlaloque

región están presentes en esta fase cultural, aunque de ellos cuatro tipos se inician en este momento y uno desaparece. Por supuesto se utilizó material cerámico no fabricado en la región, sobre todo el realizado por los grupos que habitaban en valle poblano y en el Golfo de México y en cierta proporción los del valle de Oaxaca y zona intermedia en general.

Respecto a la religión que como hemos visto ha perdido importancia, lo cual se inició desde la segunda mitad de la fase anterior Tenanyecac, surgen al parecer ciertos ritos ligados con la guerra y el sacrificio; el culto a Camaxtli hace su aparición, al menos para la primera mitad de Texcalac; lo mismo que se realizan ceremonias a Xipe y Tezcatlipoca, además, por supuesto, de las efectuadas en honor a Tlaloc. La fuerza de los jefes civiles o militares –señores o caciques– es cada vez mayor y esto se ve reflejado en un número también cada vez mayor de estructuras residenciales –plataformas bajas hechas con ladrillos o adobes cocidos–, respecto a las supuestas ceremoniales, como lo indicamos en su momento, y también muchas de las figurillas típicamente locales –las moldeadas con asa posterior– aparentan corresponder a representaciones de estos personajes importantes. Para este momento, el militarismo está plenamente consolidado y tiene el control absoluto de la población.

En general la concentración de la población es hacia el centro y oriente inmediato del actual Tlaxcala y las poblaciones mayores también se concentran en esta parte central del área con cultura Texcalac temprano; a excepción de un buen número de villas y aldeas dispersas –y algunas concentradas– que se ubican hacia el sur central del área correspondiente a esta cultura Texcalac. Estos últimos asentamientos que igualmente podrían corresponder o tener mayores ligas con los grupos contemporáneos de olmecas-xicalancas que ocupan el Bloque Nativitas y su área inmediata. Mayores estudios podrán aclarar esta situación.

Los poblados mayores y sitios menores en su entorno, como agrupaciones de asentamientos, nos están indicando la presencia de algunos Señoríos. Así tenemos que para Texcalac temprano –650 al 900– puede anotarse la existencia de al menos siete u ocho señoríos comandados por uno o dos pueblos cada uno, y se observaron al menos dos agrupaciones más, que aún cuando no contuvieron ningún centro primario o pueblo, sin embargo, al parecer, conformaron otros dos señoríos dirigidos por algunos villas, o quizá se trate de poblaciones que trataban de mantenerse independientes, o bien algunos de los centros mayores los controlasen de alguna manera.

Aún para esta primera mitad de Texcalac las luchas internas por la posesión territorial y política fue aguda, y será hasta la segunda mitad –del 850-900 al 1100– cuando se estabilice la situación, se definan las fronteras territoriales y se conformen los señoríos, o al menos, la mayor parte de ellos, que habrían de mantenerse unidos a manera de confederación, por el resto del tiempo prehispánico.

De este modo, el área que ocupan los grupos humanos que comparten la cultura Texcalac en su parte temprana, fue de unos 1,600 km^2, donde habitaron al menos unos 100,000 gentes en unos 229 sitios diferentes. Compartieron elementos culturales, aunque quizá también conflictos bélicos con sus vecinos al sur –los olmecas-xicalancas o grupos con cultura Cacaxtla–; observaron, quizá sin participar, los conflictos que tuvieron lugar hacia su parte nordeste; continuaron con sus relaciones e intercambios con la gente del Golfo de México, con los ubicados hacia Tehuacan-Oaxaca y en menor proporción, o casi nula, con sus vecinos al noroeste y con el resto de la cuenca de México en general.

Fig. 62 – Cerámica Texcalac polícroma

EL COMPLEJO ACOPINALCO

Hemos indicado que al norte central del actual territorio de Tlaxcala, durante este momento que venimos tratando, del 650 al 900, se dió una etapa de conflictos y luchas por el control regional y por asentarse en forma definitiva en la región. A este momento de inestabilidad y "balcanización" en esta parte de Tlaxcala se le ha llamado Complejo Acopinalco, y todo hace pensar que los grupos humanos que lo conformaron no se asentaron en un mismo lugar por más de dos generaciones, salvo excepciones donde se observa una continuidad hacia el siguiente periodo y también una tradición de la anterior. Durante el primer siglo de esta etapa, de 650 al 750, los

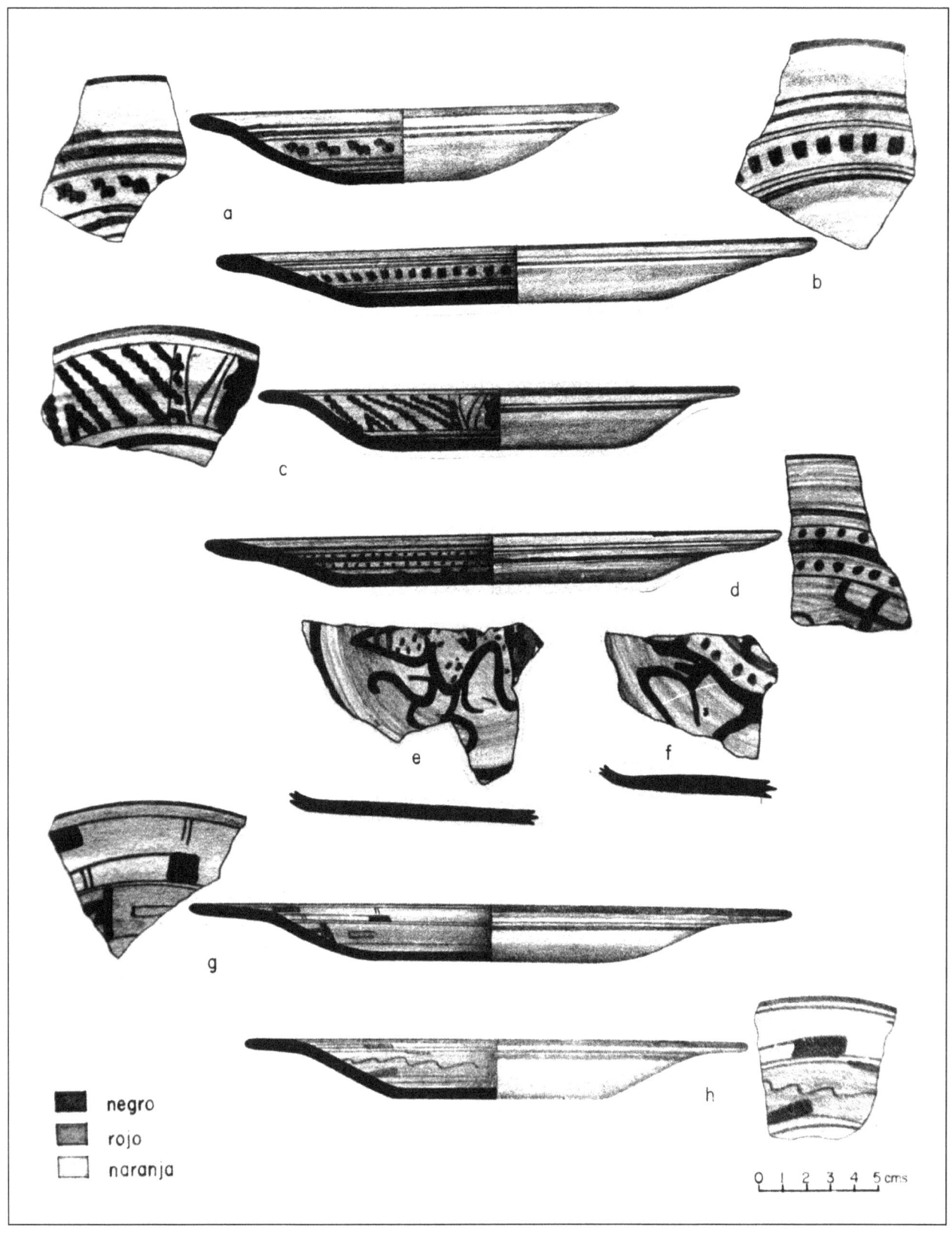

Fig. 63 – Cerámica Texcalac polícroma

grupos que al parecer predominan son los que muestran una tradición cultural Tajín, o mas bien Cantona,[7] o Tajín a través de Cantona; los que conviven aún con poblaciones de tradición teotihuacana y, para la segunda parte, del 750 al 850, logran cierto control regional los grupos con filiación cultural olmeca-xicalanca o de Cultura Cacaxtla (Merino Carrión 1980, 1989; García Cook y Merino Carrión 1989b, 1990, 1991).

[7] Cultura Xaltepec –600 a 900 d.n.e.–, para el norte de la Cuenca de Oriental.

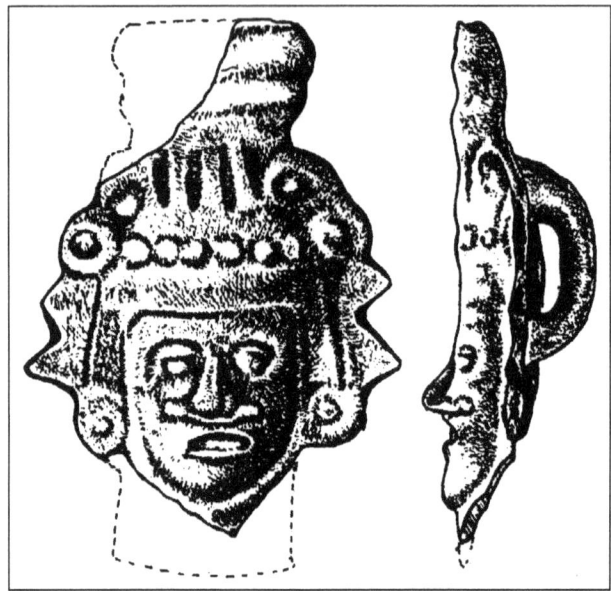

Fig. 64 – Cerámica Texcalac: figurilla con asa vertical

La parte temprana de Acopinalco coincide temporalmente con la parte final de Teotihuacan y a través de ella podemos darnos cuenta de las condiciones e inestabilidad política existente en esta gran urbe, ya que el área geográfica en que se desarrolla Acopinalco queda enclavada en la parte norte de Tlaxcala a la que se consideró como de esfera teotihuacana en la fase anterior, y ahora está representada por una población que habita en lugares protegidos por fortificaciones; puesto que la tercera parte del número total de asentamientos se encuentra fortificados, y lo mismo cuentan con fosos defensivos un pueblo grande y dos pueblos, que un buen número de aldeas.

Al noreste inmediato, en la Cuenca de Oriental, no se observa esta situación –de inestabilidad y balcanización–, si bien en la ciudad de Cantona se producen cambios bruscos –"golpe de estado" y control absoluto de la sociedad por militares– sin embargo la población crece drásticamente y en el área bajo su control directo – Cultura Xaltepec–, no se presenta alguna inestabilidad ni cambio alguno (García Cook 2009). Se vive un Clásico tardío.

El número de habitantes inferido para Acopinalco temprano –del 650 al 750 d.n.e. – apenas si rebasa los 13,000, y para Acopinalco tarde la población se torna aún mas rural, y tanto el número de asentamientos como el de habitantes disminuye notablemente, ahora sólo habitan el área –de unos 350 km^2– unos 4,750 gentes, aún cuando la proporción de sitios fortificados se mantiene igual.

Con la caída de Cholula –por el 600-650 d.n.e.– ubicada hacia el sur, viene el resurgimiento del Bloque Tlaxcala y con ello el cierre del "corredor teotihuacano" o "corredor golfo-sur al altiplano central", repercutiendo en gran medida en el área que nos ocupa –norte de Tlaxcala– donde se propician una serie de trastornos: grupos de diversa filiación cultural tratan de establecerse en la región y luchar por tener la supremacía del área; otras poblaciones continúan o tratan de seguir con la tradición cultural dictada por Teotihuacan, aún con cierta actividad hacia el oeste, pero al mismo tiempo se adaptan a los inmigrantes recién llegados; o luchan por permanecer independientes o por convivir con estos nuevos grupos. Se vive en un periodo de inestabilidad política y social. Esta situación de inestabilidad –y balcanización–, debió ser a causa de su ubicación geográfica: en el extremo sudeste de la anterior esfera teotihuacana y justo en el lugar en que se iniciaba, o terminaba, la ruta comercial hacia el golfo y hacia el sur y sudeste, y como este corredor comercial es cerrado por los grupos que comparten ahora la cultura Texcalac, es entonces en esta región donde se lucha por reabrirlo o por volver a tener el control comercial perdido por la gran urbe teotihuacana.

Acopinalco temprano (650 a 750 d.n.e). Cuenta con 75 asentamientos diferentes, de los cuales en 71 se hace notar fuertemente la presencia de la Cultura Xaltepec – Cantona III–, de la Cuenca de Oriental, vecina.[8] De estos 75 asentamientos, 70 corresponden a sitios con población rural: 53 aldeas concentradas –22 chicas, 8 chicas fortificadas, 23 microaldeas, de estas 4 están fortificadas –y 16 aldeas dispersas –1 grande, 2 chicas, 1 chica fortificada, 12 estancias, 3 de éstas fortificadas– y un observatorio militar. Sólo cinco son asentamientos mayores o con la presencia de estructuras arquitectónicas cívico-religiosas. Un pueblo grande o ciudad –centro macroregional– ubicado en lugar estratégico; dos pueblos fortificados –centros primarios o regionales– y dos villas (Fig. 6).

Los asentamientos Acopinalco son, por lo general, de cortas dimensiones y observan una distribución circular, concentrados en su mayoría; 73 de los sitios son menores a 15 hectáreas y en sólo dos casos se ocuparon áreas mayores a esta dimensión: una aldea dispersa grande de 20 hectáreas y el pueblo grande que ocupa alrededor de 100 hectáreas. Los asentamientos se ubicaron por lo general en laderas de lomas y cerros y en sus cimas o crestas; son pocos los que se encuentran en pequeñas lomas localizadas en el valle y solo uno se localiza en una cañada de río; la pendiente del terreno es en su mayoría de 2° a 6°, y gran parte de ellos sólo cuentan con recursos de agua de temporal en sus cercanías y únicamente ocho de ellos están cercanos a ríos, manantiales y lagunas (Merino Carrión 1980, 1989).

Buena proporción de los sitios Acopinalco temprano – alrededor del 25%– están fortificados, la mayoría con base en fosos excavados en el terreno, los que en su momento debieron contar con un muro realizado con la misma tierra y piedras obtenidas de su excavación o bien con un muro de madera o empalizada lateral. El sistema de fortificación a base de fosos está presente, sobre todo, en asentamientos con carácter rural, y sólo se han observado muros de piedra rodeando las estructuras

---

[8] En textos anteriores, cuando aún no habíamos trabajado en Cantona y la mitad norte de la cuenca de Oriental, adjudicamos estos materiales a Tajín (García Cook y Merino Carrión 1989b, 1991; Merino Carrión 1980, 1989; García Cook 2009).

cívico-religiosas de los poblados mayores, o bien partiendo de éstos para continuarse con un foso y dirigirse a otro asentamiento ubicado en su extremo opuesto. Incremento de sistemas defensivos que nos está indicando que algunos grupos tratan de consolidarse y buscan hegemonía regional, o bien que luchan por permanecer en la región y se defienden de los continuos ataques de gentes recién llegados al área.

Los poblados mayores se distribuyen de la siguiente manera: la ciudad o pueblo grande y que debió tener el control, hasta cierta medida, en toda la región, se ubica hacia el extremo norte central del área Acopinalco; observa un tradición cultural relacionado con la cuenca de Oriental y Cantona, y fue ubicada en forma estratégica, en las faldas del cerro del Peñón del Rosario, en un paso natural entre este cerro y el del Huintetepetl, en cuyo puerto se inicia el limite suroeste de la cuenca del Tecolutla, en terrenos de la actual hacienda de San Miguel de las Pirámides. Este pueblo grande cubre una superficie de 100 hectáreas, en las cuales se asentaron alrededor de 400 casas habitación y contó al menos con unas 13 estructuras cívico-religiosas, calculándose que en ellas vivieron, al menos, 2,500 habitantes. Fue el asentamiento mas grande de esta primera parte del periodo de fuertes conflictos sociales –Acopinalco temprano– y debió dominar el resto de los asentamientos durante toda su corta existencia de escasos 100 años, del 650 al 750. Los otros dos pueblos –centros primarios– se localizaron, uno hacia el sur del actual poblado de Tlaxco y el otro al sur del Cerro San Gregorio; ambos fueron fortificados. El primero con tradición cultural Xaltepec – Cantona III– de la Cuenca de Oriental, en terrenos de la actual Colonia Vista Hermosa en Tlaxco, y el segundo se localizó en el área de Santa María Capula y observó una tradición cultural Xaltepec-Teotihuacan. Las villas –o centros secundarios–, ambos con tradición cultural Xaltepec, fueron ubicados en las laderas noreste del cerro Tezoyo, una de ellas, y la otra en las faldas sur del cerro Huintetepetl, hacia el nordeste de Tlaxco.

Los asentamientos Acopinalco temprano aparentan agruparse en torno a estos poblados mayores y de esta manera se observan tres grupos o bloques de asentamientos: el Bloque Acopinalco-Tezoyo, directamente controlado por el pueblo grande de San Miguel de las Pirámides y cuenta también con la villa en las laderas del Tezoyo. El Bloque de la Sierra de Tlaxco que cuenta con un pueblo-civil fortificado, el de Vista Hermosa y la villa de las faldas del cerro Huintetepetl. Por último, el Bloque Capula, en el que aún perdura tradición teotihuacana. Y todos bajo el control del gran centro de San Miguel de las Pirámides, ciudad con el mayor número de estructuras arquitectónicas, por lo cual el poder político-económico y religioso debió radicar también aquí. Este pueblo grande o ciudad funcionaba como un gran centro macroregional en estos momentos difíciles, del 650 al 750 d.n.e.

Respecto a su utillaje cotidiano, no es fácil definirlo y generalizarlo, ya que no existe algún elemento en particular que caracterice el momento, salvo en la cerámica, que observa fuertes semejanzas con la contemporánea de la cuenca de Oriental. Es de pasta porosa, de color rojo claro o gris claro, con agregados de ceniza volcánica. En la superficie exterior tiene un engobe y pintura rojo claro –rojizo anaranjado– que la cubre totalmente, y el interior es de un color gris parduzco. En ocasiones esta parte interior de las vasijas lleva una línea gruesa, también roja, en el borde y/o en la parte baja de la pared en unión con el fondo. Sus formas características son: vasos, cajetes y platos, de fondo plano. En Cantona y Cuenca de Oriental a este tipo se le nombra Chichicuautla –aquí como Acopinalco– y tiene semejanzas con un cerámica de El Tajín y cierto parecido a una de Xochicalco (García Cook y Merino Carrión 1988; Merino Carrión 1989; Garza Tarazona comunicación personal, y Merino Carrión y García Cook 2007). Además están presentes algunas cerámicas que conservan algunos rasgos de la de Teotihuacan, de la fase IV o fase Metepec, y comparte elementos con la producida por los grupos Texcalac, de su cerámica *Texcalac café oscuro* y *Texcalac naranja*. Las figurillas en cerámica son escasas y las pocas existentes corresponden a las de Teotihuacan IV (García Cook y Merino Carrión 1991; Merino Carrión 1989).

Durante Acopinalco temprano, persisten aún algunos grupos de tradición cultural teotihuacana, y se nota el arribo de otras personas que llegan quizá para fortalecer el bloqueo comercial a Teotihuacan, o bien porque han abandonado dicha urbe y buscan un lugar para establecerse. Se advierte la fuerte presencia de gentes con cultura Xaltepec o Cantona III, las cuales conviven con algunos grupos de tradición teotihuacana, pero las van desplazando hasta lograr el control regional. Hacia el 750, se agudizan las luchas internas, se presenta la llegada de otros grupos humanos, ligados al parecer con los olmecas-xicalancas, con mixtecas –o gente de más al sur– y otomíes, quienes obligan a la mayor parte de gente con cultura Xaltepec, o relacionada con ésta, a salir del área (Merino Carrión, op.cit.)

Acopinalco Tarde (750 a 850 d.n.e.). Para este momento, la población se reduce notablemente y se ruraliza aún más. Existen evidencias culturales en tan solo 49 asentamientos –y en 31 lugares más se observa escasa presencia–, de los cuales salva dos, que cuentan con restos arquitectónicos que los hacen diferentes –un pueblo y una villa– el resto se trata únicamente de asentamientos habitados por población rural. Ahora se incrementan los conflictos y luchas por obtener el control regional o por habitar de manera independiente, sin embargo no se observa que alguno de los grupos logre tal control, y aún cuando predomina la presencia olmeca-xicalanca, no obstante no aparenta haber llegado a controlar el área, y más bien se evidencia que convivan en un mismo lugar dos o tres grupos de diferente filiación cultural. De esta manera para Acopinalco tarde, es difícil adjudicar a algún grupo en particular el dominio regional, aunque la presencia mejor captada en la mayoría de los asentamientos, repetimos es la que corresponde a elementos culturales olmecas-xicalancas. No olvidemos que durante este tiempo se encuentra en pleno apogeo este grupo olmeca-xicalanca, quien desde su capital Cacaxtla, controla el valle poblano, y quizá ahora trata de extenderse hacia el norte, a las llanuras de Apizaco y Piedras Negras y parte de la Sierra de Tlaxco, área que aquí nos ocupa, para, además de contar con una superficie y población mayor conquistada – o controlada–, poder también ir rodeando a los grupos asentados en el Bloque Tlaxcala y sierra de la Caldera –con cultura Texcalac temprano– y más tarde tratar de obtener su control.

Hemos anotado que durante Acopinalco tarde la población se reduce drásticamente en relación con el periodo inmediato anterior –Acopinalco temprano–, aunque al parecer el número de asentamientos se incrementa un poco –de 75 a 80–, lo que está significando que la población se dispersa notablemente y habita en forma aislada. Se definen con claridad 49 asentamientos correspondientes a este momento y en 31 lugares más se observa también su presencia, pero con escaso material; quizá se traten estos últimos de casas-habitación aisladas –estancias–, de familias nucleares que vivían solas y alejadas de los demás. La población calculada para Acopinalco tarde es de sólo 4,745 habitantes, correspondientes a los 49 asentamientos mencionados, los cuales se tratan de: un pueblo fortificado, una villa; 30 aldeas concentradas –una grande fortificada, 11 chicas, 18 microaldeas, 6 de ellas fortificadas–; y 17 aldeas dispersas –12 estancias y cinco estancias fortificadas–. Estos asentamientos –47 con carácter rural– se ubicaron estratégicamente, en las laderas altas de las lomas o en las cimas de éstas. Tanto el pueblo fortificado como la villa, que son asentamientos que cuentan con evidencias arquitectónicas con carácter cívico-religioso, aunque con escasa población –alrededor de 100 la villa y poco mas de 150 el pueblo–, se diferenciaron del resto dadas sus características: una estructura arquitectónica –aun conservada– la villa y ocho estructuras arquitectónicas, también con carácter cívico-religioso, el pueblo, y fungieron como centro secundario, la villa, y como centro primario o centro regional, el segundo. La población calculada para los 49 asentamientos mejor definidos – 4,745 habitantes– podría incrementarse en unos 200 a 235 gentes más, por los 31 lugares –estancias– más, con presencia humana para estos momentos.

Los asentamientos Acopinalco tarde observan una distribución semejante a la de la parte temprana, es decir se agrupan en tres conjuntos, pero uno de ellos, el del Bloque Tezoyo -Tliltepec, no cuenta con algún asentamiento mayor –villa o pueblo–, sino que sólo se trata de aldeas chicas y microaldeas –concentradas o dispersas– y salvo una, todas las demás están fortificadas y corresponden a poco mas del 50% del total de asentamientos Acopinalco tarde fortificados. Quizá ya desde estos momentos se inicien los ataques y conflictos con los grupos asentados al oeste del área –región de Calpulalpan– y correspondiente ya al este de la cuenca de México.

Prueba de la intensa actividad guerrera e inestabilidad política en que se vivió durante esta parte de Acopinalco, lo es el hecho de lo observado en la excavación realizada en uno de estos asentamientos, correspondiente a estos momentos y a este complejo cultural. En el pueblo, ubicado en la loma de Santa María Capula, se localizaron una serie de enterramientos humanos, los que al parecer son el resultado de una lucha o batalla, ya que la mayoría de estos enterramientos se encontraban desmembrados y fueron depositados a un lado de la banqueta interior de la muralla que circunda la zona cívico-religiosa del sitio. Sólo se obtuvieron siete u otro entierros completos, y hubo al menos 50 individuos más, identificados con base en los cráneos, entre mujeres, hombres, niños y neonatos; a manera de ofrenda sólo se localizó un plato, colocado en la pelvis de un individuo. Y al parecer la muralla fue construida con restos del asentamiento con influencia de la cultura Xaltepec –de la cuenca de Oriental– que aquí mismo se ubicó durante Acopinalco temprano.

Para Acopinalco tarde, sobreviven escasas gentes cuya tradición cultural se relaciona con la de la cuenca de Oriental –cultura Xaltepec o Cantona III–, y por tanto aún aparecen algunos tiestos de la cerámica que se describió para Acopinalco temprano. Los otros pocos elementos con que se cuenta corresponden, sobre todo, a dos tradiciones: las de los olmecas-xicalancas o de la Cultura Cacaxtla y otra de influencia mas bien mixteca: la primera representada por cerámica de color bayo o café, con o sin decoración roja (de una línea ancha hacia el borde) y, sobre todo, en formas de cajetes de base plana y paredes recto-divergentes. La mixteca está presente tanto en platos como en cajetes, ambos de base plana y con paredes recto-divergentes, en tonos rojo oscuro bruñido, o de líneas negras paralelas –horizontales– sobre un rojo bruñido; en estos últimos casos, muchas veces, el exterior es de color natural del barro, café claro. Y por supuesto se comparten algunos elementos de la cerámica Texcalac producida por sus vecinos al sur (Merino Carrión 1989; García Cook y Merino Carrión 1988, 1989b, 1990, 1991).

Así tenemos, que en esta parte norte del actual estado de Tlaxcala, durante este momento Acopinalco tarde, habitan gentes que comparten elementos materiales de diversas culturas: de la mixteca, olmeca-xicalanca, otomí, y de la Texcalac. Hacia el 850-900, parte final de Acopinalco, estos grupos humanos con diversa filiación cultural desaparecen también y sólo quedan, e inicia su consolidación un grupo, al parecer, de otomís huastequizados, los que para el 900 han definido sus fronteras y permanecerán en la región hasta el siglo XVI. Las evidencias arqueológicas dejadas por estas gentes, las hemos denominado bajo el rubro de Cultura Tlaxco, y aún cuando con base en las fuentes históricas, se ha podido identificar al grupo étnico al que corresponde esta cultura –otomís que integraron el Señorío de Tliliuhquitepec– sin embargo, hemos preferido llamar con el término de Cultura Tlaxco –cultura material arqueológica– y proceder a las interpretaciones posteriormente.

Así, del 850 al 900, nuevamente se da una estabilidad política y cultural en esta región norte de Tlaxcala. Los grupos humanos cuya estancia había sido temporal son expulsados, otros se consolidan y se establecen en forma

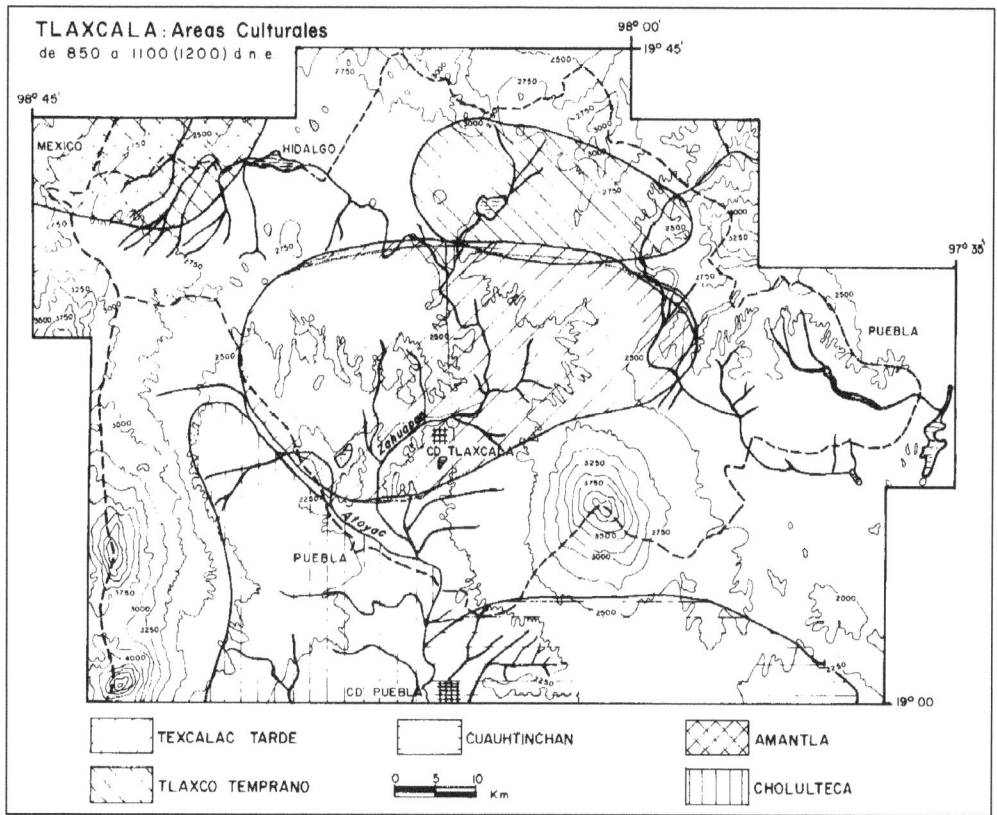

Fig. 65 – Región Poblano-Tlaxcalteca: áreas culturales entre el 850 a 1100-1200 de nuestra era

permanente en la región y, en general, en el área que ocupa actualmente el estado de Tlaxcala, se definen las fronteras de las agrupaciones de sus diversos señoríos y confederación. El grupo de otomíes, del que también se nota su presencia desde Acopinalco tarde, se establece, ahora en forma permanente, y es el que va a integrar la cultura que iniciándose en estos momentos –por el 900 d.n.e.– va a perdurar hasta la llegada de los colonizadores hispanos. Como ya se mencionó las gentes que habitan esta región y que los caracteriza un material cultural específico se le ha denominado como compartiendo una Cultura Tlaxco (García Cook y Merino Carrión 1979, 1988, 1989b, 1990, 1991; Merino Carrión 1980, 1989).

EPÍLOGO

A través del presente, hemos otorgado una idea sintetizada del comportamiento cultural que tuvo lugar en la región poblano-tlaxcalteca durante el Epiclásico, ofreciendo así mismo ciertos datos sobre la situación existente en el área que nos ocupa durante la etapa anterior.

A partir del 900, y con la llegada nuevamente de otros grupos humanos al área y con la adaptación o salida de los existentes, se inicia otro periodo de relativa estabilidad regional: se consolida Cholula, ahora con la cultura arqueológica cholulteca; se definirán los señoríos confederados de Tlaxcala, los que estarán presentes a la llegada de los españoles, y poco a poco irán surgiendo otros señoríos, relacionados con los anteriores aunque tratando de permanecer independientes: Huejotzingo, Cuauhtinchan, Atlixco, Tlilinhquitepec, Tecoac, Atlangatepec, etcétera. Pero este sería motivo de otro texto y aún más amplio que el presente.

Por lo pronto, creemos haber ofrecido cierta información –con base a documentación arqueológica–, del comportamiento y situación socio-política durante el Epiclásico, en esta región poblano-tlaxcalteca.

Bibliografía citada

ABASCAL, Rafael, 1973 – Un monolito en Cacaxtla, estado de Tlaxcala. *Comunicaciones* n°9; Fundación Alemana para la Investigación. México.

ABASCAL, Rafael y Ángel GARCÍA COOK, 1975 – Sistemas de cultivo, riego y control del agua en el área de Tlaxcala. *XIII Mesa Redonda de la Sociedad Mexicana de Antropología, Arqueología* I; S.M.A. México.

ANGULO, Andrés, 1948 – Notas y comentarios a la historia de Tlaxcala de Diego Muñoz Camargo. *Historia de Tlaxcala*. A. Escalona Ramos, ed. México.

ANGULO, Andrés, 1948-50 – La Magnitud remota de Tlaxcala. *Orientación Musical*, vols. VIII y IX. México.

ARMILLAS, Pedro, 1941a – Informe del levantamiento topográfico de la zona arqueológica de Cacaxtla

(Mec.) Archivo de la Dirección de Arqueología, I.N.A.H. México.

ARMILLAS, Pedro, 1941b – Cacaxtla, Xochitecatl y otros lugares del sudoeste de Tlaxcala (Mec). Archivo de la Dirección de Arqueología, I.N.A.H. México.

ARMILLAS, Pedro, 1946 – Los olmecas-xicalancas y los sitios arqueológicos del sudoeste de Tlaxcala. *Revista Mexicana de Estudios Antropológicos,* N°8. S.M.A. México.

ARMILLAS, Pedro, 1946 – Los olmecas-xicalancas y los sitios arqueológicos del sudoeste de Tlaxcala. *Revista Mexicana de Estudios Antropológicos,* Num. 8; S.M.A.; México.

ARMILLAS, Pedro, 1947 – Fortalezas mexicanas. *Cuadernos Americanos,* n°41. México.

ARMILLAS, Pedro, 1951 – Mesoamerican Fortifications. *American Antiquity,* n°25. U.S.A.

BAUS de CZITROM, Carolyn, 1986 – La escritura y el calendario en las pinturas. In *Cacaxtla, el lugar donde muere la lluvia en la tierra,* S. Lombardo de Ruiz *et al.* eds. INAH-SEP, ITC. Gobierno del Estado de Tlaxcala, México.

BAUS de CZITROM, Carolyn, 1990 – El culto a Venus en Cacaxtla. In *La época clásica: nuevos hallazgos, nuevas ideas.* A. Cárdos de Mendez (coord), M.N.A.; INAH; México.

CARRASCO, Pedro, 1971 – Social Organization of Ancient México, in *Handbook of Middle Americans Indians,* Vol. 10, University of Texas Press, U.S.A.

CABRERA, José María, 1850 – Estadística de la municipalidad de Nativitas. *Boletín de la Sociedad Mexicana de Geografía y Estadística II;* México.

DÁVILA, Patricio, 1977 – Una ruta –teotihuacana- al sur de Puebla. *Comunicaciones,* n°14, Fundación Alemana para la Investigación Científica; México.

DELGADILLO, Rosalba, 1984 – Enterramientos humanos en Cacaxtla. *Homenaje a Ignacio Marquina,* UDLA. México.

DELGADILLO, Rosalba, 1986 – Nuevos hallazgos arqueológicos en Cacaxtla, Tlaxcala. ponencia, *XIX Mesa Redonda de la Sociedad Mexicana de Antropología,* S.M.A. México.

DELGADILLO, Rosalba y Andrés SANTANA SANDOVAL, 1990 – Dos esculturas olmecoides en Tlaxcala. *Arqueología I,* Segunda época, INAH. México.

GARCÍA COOK, Ángel, 1973 – Algunos descubrimientos en Tlalancaleca, Estado de Puebla. *Comunicaciones,* n°9. Fundación Alemana para la Investigación Científica; México.

GARCÍA COOK, Ángel, 1974a – Transición del clásico al postclásico en Tlaxcala: Fase Tenanyecac. *Cultura y Sociedad,* año 1,1,2; México.

GARCÍA COOK, Ángel, 1974b – Una secuencia cultural para Tlaxcala. *Comunicaciones* n°9; Fundación Alemana para la investigación Científica; México.

GARCÍA COOK, Ángel, 1976a – *El desarrollo cultural prehispánico en el norte del Valle Poblano-Tlaxcalteca: Inferencias de una secuencia cultural espacial y temporalmente establecida.* Serie Arqueología I; Departamento de Monumentos Prehispánicos, INAH; México.

GARCÍA COOK, Ángel, 1976b – Fronteras culturales en el área Tlaxcala-Puebla. XIV *Mesa Redonda de la Sociedad Mexicana de Antropología.* S.M.A. México.

GARCÍA COOK, Ángel, 1978 – Tlaxcala, poblamiento prehispánico. *Comunicaciones* n°15; Fundación Alemana para la Investigación Científica; México.

GARCÍA COOK, Ángel, 1981 – The Historical Importance of Tlaxcala in the Cultural Development of the Central Highlands. *Supplement of the Handbook of Middle Americans Indians, vol. 1;* J.A. Sabloff editor; University of Texas Press; Austin; U.S.A.

GARCÍA COOK, Ángel, 1984 – Dos elementos arquitectónicos tempranos en Tlalancaleca, Puebla. *Cuadernos de arquitectura Mesoamericana,* n°2; U.N.A.M. México.

GARCÍA COOK, Ángel, 1986 – *Cacaxtla-Tizatlàn (Guía Oficial).* INAH-Salvat. México.

GARCÍA COOK, Ángel, 1985 – Historia de la tecnología agrícola en el Altiplano Central desde el principio de la agricultura hasta el siglo XIII. *Historia de la Agricultura, época prehispánica siglo XVI,* T. Rojas y W.T. Sanders eds. Vol. 2; Col Biblioteca del INAH. México.

GARCÍA COOK, Ángel, 2004 – Cantona: ubicación temporal y generalidades. *Arqueología, segunda época;* n°33. INAH; México.

GARCÍA COOK, Ángel, 2009 – El Formativo en la mitad norte de la Cuenca de Oriental. *Arqueología, segunda época,* n°40; INAH; México.

GARCÍA COOK, Ángel y Rafael, Abascal, 1975 – El Clásico de Tlaxcala, la fase Tenanyecac. *XIII Mesa Redonda de la Sociedad Mexicana de Antropología, Arqueología I;* S.M.A. México.

GARCÍA COOK, Ángel y B.L. MERINO CARRIÓN, 1974 – Malacates de Tlaxcala: intento de una secuencia evolutiva. *Comunicaciones* n°11; Fundación Alemana para la Investigación Científica. México.

GARCÍA COOK, Ángel y B.L. MERINO CARRIÓN, 1976 – Los tipos de asentamientos prehispánicos en Tlaxcala. Simposio Arqueología de Superficie en el Centro de México: sus implicaciones teóricas y metodológicas; E. Matos (coord.); *XLII Congrès International des Américanistes,* 10 planos. Paris.

GARCÍA COOK, Ángel y B.L. MERINO CARRIÓN, 1977 – Notas sobre caminos y rutas de intercambio al este de la cuenca de México. *Comunicaciones,* n°14; Fundación Alemana para la Investigación Científica. México.

GARCÍA COOK, Ángel y B.L. MERINO CARRIÓN, 1979 – Grupos huaxtecos en el norte de Tlaxcala.

Comunicaciones, n°17; Fundación Alemana para la Investigación Científica. México.

GARCÍA COOK, Ángel y B.L. MERINO CARRIÓN, 1986 – El cultivo intensivo: condiciones sociales y ambientales que lo originan. *Agricultura Indígena, Pasado y Presente.* Primer Coloquio Anual, Centro de Investigaciones y Estudios Superiores en Antropología Social, SEP. México.

GARCÍA COOK, Ángel y B.L. MERINO CARRIÓN, 1988 – Notas sobre la Cerámica prehispánica de Tlaxcala. *Ensayos sobre alfarería prehispánica e histórica. Homenaje a Eduardo Noguera.* M.C. Serra Puche y C. Navarrete (eds.). UNAM, México.

GARCÍA COOK, Ángel y B.L. MERINO CARRIÓN, 1989a – *Historia prehispánica del Valle Poblano,* Lecturas Históricas de Puebla, n°25, S.C.P. Gobierno del Estado de Puebla. México.

GARCÍA COOK, Ángel y B.L. MERINO CARRIÓN, 1989b – La Cultura Tlaxco o señorío de Tliliuhquitepec, en el norte de Tlaxcala. *Homenaje a Román Piña Chan;* R. García Moll y A. García Cook, eds. Colección Científica, núm. 187, INAH. México.

GARCÍA COOK, Ángel y B.L. MERINO CARRIÓN, 1990 – El epiclásico en la región poblano-tlaxcalteca. *Mesoamérica y el norte de México: siglos IX-XII,* F. Sodi Miranda (coord.). M.N.A. INAH, México.

GARCÍA COOK, Ángel y B.L. MERINO CARRIÓN, 1991 – *Tlaxcala, una historia compartida. Los orígenes. Arqueología.* Consejo Nacional para la Cultura y las Artes- Gobierno del Estado de Tlaxcala, México.

GARCÍA COOK, Ángel y B.L. MERINO CARRIÓN, 1996 – Situación cultural en Tlaxcala durante el apogeo de Teotihuacan. *Arqueología Mexicana. Homenaje a William T. Sanders,* A.S. Mastache *et al.* (eds) vol. I. INAH. México.

GARCÍA COOK, Ángel y B.L. MERINO CARRIÓN, 1997 – *Guía Ilustrada de Cacaxtla.* Patronato Estatal de Promotores Voluntarios en Tlaxcala, México.

GARCÍA COOK, Ángel y Raziel MORA, 1974 – Tetepetla: un sitio fortificado del Clásico en Tlaxcala. *Comunicaciones* n°10. Fundación Alemana para la Investigación Científica, México.

GARCÍA COOK, Ángel y Elia del Carmen TREJO ALVARADO, 1977 – Lo Teotihuacano en Tlaxcala. *Comunicaciones* n°14; Fundación Alemana para la Investigación Científica, México.

GARCÍA COOK, Ángel y Mónica ZAMORA RIVERA, 2010 – Las Canchas de Juego de Pelota de Cuauhyehualco, Puebla y la importancia de este en la Ruta Comercial Golfo-Sur al Altiplano Central. *Arqueología, Segunda época* n°43; INAH, México.

GERSTE, Aquiles, 1887-88 – Archéologie et bibliographie mexicaines. *Revue des Questions Scientifiques,* Belgica.

JIMENEZ MORENO, Wigberto, 1942 – El Enigma de los Olmecas. *Cuadernos Americanos,* n°49, año 1, núm. 5; México.

JIMENEZ MORENO, Wigberto, 1966 – Mesoamérica Before the Toltecs. In *Ancient Oaxaca,* pp. 1-82; J. Paddock (ed.). Stanford University, Stanford; USA.

JIMÉNEZ OVANDO, Roberto, 1986 – Entierros prehispánicos de la zona arqueológica de Cacaxtla, Tlaxcala. *Antropológicas,* n°2; UNAM, México.

LOMBARDO de RUÍZ, Sonia, 1986 – *Cacaxtla, el lugar donde muere la lluvia en la tierra.* S. Lombardo de Ruíz *et al.* eds. (Arqueología), INAH-SEP-ITC. Gobierno del Estado de Tlaxcala, México.

LÓPEZ de MOLINA, Diana, 1977a – Los murales prehispánicos de Cacaxtla. *Boletín del INAH,* época 3, n°20, INAH, México.

LÓPEZ de MOLINA, Diana, 1977b – Cacaxtla y su relación con otras áreas mesoamericanas. *XV Mesa Redonda de la Sociedad de Antropología,* S.M.A, México.

LÓPEZ de MOLINA, Diana, 1979a – Excavaciones en Cacaxtla, tercera temporada. *Comunicaciones,* n°16, Fundación Alemana para la Investigación Científica, México.

LÓPEZ de MOLINA, Diana, 1979b – Cacaxtla, los murales y la investigación arqueológica. *Actes du XLIIe Congrès International des Américanistes,* vol VII; Paris.

LÓPEZ de MOLINA, Diana, 1980 – Relación entre Cacaxtla y el Golfo de México. *XVI Mesa Redonda de la Sociedad Mexicana de Antropología,* S.M.A. México.

LÓPEZ de MOLINA, Diana, 1981 – Un informe preliminar sobre la cronología de Cacaxtla. *Interacción cultural en México Central;* E. Rattray *et al.* (eds.), UNAM; México.

LÓPEZ de MOLINA, Diana y Daniel MOLINA, 1976 – Los Murales de Cacaxtla. *Boletín del INAH,* época 2, n°16; INAH, México.

LÓPEZ de MOLINA, Diana y Daniel MOLINA, 1980 – *Cacaxtla (Guía Oficial),* INAH-SEP; México.

LÓPEZ de MOLINA, Diana y Daniel MOLINA, 1986 – *Cacaxtla, el lugar donde muere la lluvia en la tierra.* S. Lombardo de Ruiz *et al.,* eds. (Arqueología), INAH-SEP ITC; Gobierno del Estado de Tlaxcala, México.

MARQUINA, Ignacio, 1970 – *El Proyecto Cholula.* (Investigaciones 19), INAH, México.

MARQUINA, Ignacio, 1971 – La pintura en Cholula. *Artes de México,* Año XVIII, n°140. México.

MATOS, Eduardo, 1987 – *Cacaxtla.* Citicorp. México.

MERINO CARRIÓN, B. Leonor, 1980 – *La Cultura Tlaxco: un aporte sobre los grupos humanos que vivieron en el norte-noreste de Tlaxcala, del siglo X a.n.e. al siglo XVI d.n.e.* Tesis. Escuela Nacional de Antropología e Historia, INAH, México.

MERINO CARRIÓN, B. Leonor, 1989 – *La Cultura Tlaxco.* Col. Científica, núm. 174, INAH, México.

MERINO CARRIÓN, B. Leonor y Ángel GARCÍA COOK, 2007 – La Alfarería en Cantona del 500 al

1000 de nuestra era. In *La producción alfarera en el México Antiguo IV*. B.L. Merino Carrión y A. García Cook (coords). Colección científica, núm. 505; INAH, México.

MORA, Raziel y Jonathan GUEVARA, 1974 – Hallazgo de un yugo de piedra liso en el estado de Tlaxcala. *Comunicaciones*, n°11, Fundación Alemana para la Investigación Científica; México.

MÜLLER, Florencia, 1972 – Estudio iconográfico del mural de los bebedores de Cholula. *Religión en Mesoamérica; XII Mesa Redonda de la Sociedad Mexicana de Antropología*, pp. 141-149; S.M.A. México.

MÜLLER, Florencia, 1973 – La extensión arqueológica de Cholula a través del tiempo. *Comunicaciones*, n°8, Fundación Alemana para la Investigación Científica, México.

MUÑOZ CAMARGO, Diego, 1948 – *Historia de Tlaxcala. Estudio sobre la historia de Tlaxcala*. A. Escalona Ramos, Notas de Andrés Angulo; México.

PEÑAFIEL, Antonio, 1909 – *Ciudades coloniales y capitales de la Republica Mexicana. Estado de Tlaxcala*, vol. 2; México.

PIÑA CHAN, Román, 1998 – *Cacaxtla, fuentes históricas y pinturas*. Fondo de Cultura Económica, México.

SALAZAR, Ponciano, 1972 – Edificio de los bebedores de Cholula, Puebla. *Religión en Mesoamérica; XII Mesa Redonda de la Sociedad Mexicana de Antropología*, pp. 135-140; S.M.A. México.

SALAZAR MONROY, Melitón, s/f – *Monografías de Tlaxcaltecas*. Tlaxcala, México.

SANTANA SANDOVAL, Andrés, 1984a – Excavaciones en la periferia de Cacaxtla, Tlax. *XVIII Mesa Redonda de la Sociedad Mexicana de Antropología*, t. IV, S.M.A. México.

SANTANA SANDOVAL, Andrés, 1984b – 5ª temporada de trabajo en Cacaxtla, Tlax. Ponencia en *Homenaje a Ignacio Marquina*, U.D.L.A. México.

SANTANA SANDOVAL, Andrés, 1985 – Proyecto Cacaxtla, 1985, 5ª temporada de investigaciones arqueológicas. *1er Simposio Internacional de Investigaciones Socio-históricas sobre Tlaxcala*. U.I.A. Gobierno del Estado de Tlaxcala, México.

SANTANA SANDOVAL, Andrés, 1986 – Reinicio de los trabajos de investigación arqueológica en Cacaxtla, Tlax. Ponencia presentada en *XIX Mesa Redonda de la Sociedad Mexicana de Antropología*, S.M.A. México.

SANTANA SANDOVAL, Andrés, 1988 – Una interpretación de las pinturas murales del Templo Rojo de Cacaxtla, Tlaxcala. *5° simposio Internacional de Investigaciones Socio-históricas sobre Tlaxcala*, U.I.A. Gobierno del Estado de Tlaxcala.

SANTANA SANDOVAL, Andrés, 1990a – Identidad de los habitantes de Cacaxtla. *Cacaxtla; Proyecto de Investigación y Conservación*. C.N.C.A. Gobierno del Estado de Tlaxcala, INAH, C.E.C.T. México.

SANTANA SANDOVAL, Andrés, 1990b – Ubicación cronológica del Gran Basamento y sus pinturas. *Cacaxtla: Proyecto de Investigación y Conservación*. C.N.C.A. Gobierno del Estado de Tlaxcala, INAH, C.E.C.T. México.

SANTANA SANDOVAL, Andrés, 1990c – La Ceja azul o Elemento "C" en las pinturas murales y su significado. *Cacaxtla; Proyecto de Investigación y Conservación*. C.N.C.A. Gobierno del Estado de Tlaxcala, INAH, C.E.C.T. México.

SANTANA SANDOVAL, Andrés, 1990d – El Simbolismo de las pinturas murales del Templo de Venus y el Templo Rojo. *Cacaxtla; Proyecto de Investigación y Conservación*. C.N.C.A. Gobierno del Estado de Tlaxcala, INAH, C.E.C.T. México.

SANTANA SANDOVAL, Andrés y Rosalba DELGADILLO, 1986 – Cacaxtla durante la transición del periodo Clásico al Posclásico. *Mesoamérica y el Norte de México siglos IX-XII;* F. Sodi Miranda (coord.) M.N.A. INAH, México.

SANTANA SANDOVAL, Andrés, Sergio VERGARA VERDEJO y Rosalba DELGADILLO, 1990 – Cacaxtla su arquitectura y pintura mural: nuevos elementos para su análisis. *La época clásica: nuevos hallazgos, nuevas ideas*. A. Cardós de Méndez (coord.). M.N.A. INAH; México.

SARMIENTO, Miguel, 1925 – Carta al Ing. José Raigadas Bertis, sobre un ídolo de la Hacienda de Mixco (Mec.) Archivo de la Dirección de Arqueología. INAH. México.

SEELE, Enno, 1973 – Restos de milpas y poblaciones prehispánicas cerca de San Buenaventura, Nealtican, Puebla. *Comunicaciones*, n°7, Fundación Alemana para la Investigación Científica, México.

TRAUTMANN, Wolfgang, 1981 – *Las transformaciones en el paisaje cultural de Tlaxcala durante la época colonial*. (El proyecto México de la Fundación Alemana para la Investigación Científica, W. Lauer ed. XVII). Alemania.

TREJO ALVARADO, Elia del Carmen y María Elena RUIZ AGUILAR, 1975 – Los comales en el material cerámico del área de Puebla-Tlaxcala. *Comunicaciones,* n°12, Fundación Alemana para la Investigación Científica; México.

TSCHOHL, Peter y Herbert NÍKEL, 1972 – *Catálogo arqueológico y etnohistórico de Puebla-Tlaxcala, México*. t I, edición preliminar A.-C. Alemania.

VALLIN, Rodolfo, 1972 – Una posible interpretación mural de los bebedores de pulque de Cholula, Puebla. *Religión en Mesoamérica, XII Mesa Redonda de la Sociedad Mexicana de Antropología*, pp. 147-150, S.M.A. México.

VELASCO, Alfonso Luis, 1892 – Geografía y estadística de la Republica Mexicana. *Geografía y estadística del Estado de Tlaxcala*, t.XI. Tlaxcala, México.

THE OLMECA-XICALLANCA OF TEOTIHUACAN, CACAXTLA, AND CHOLULA: AN ARCHAEOLOGICAL, ETHNOHISTORICAL, AND LINGUISTIC SYNTHESIS

Robert E.L. CHADWICK

Independent Scholar, New York, NY

INTRODUCTION

The mysterious Olmeca-Xicallanca of the sixteenth century and later Aztec chronicles have been summarized and analyzed by Wigberto Jiménez Moreno, the present author, and Marta Foncerrada de Molina in articles and a book first published in 1942, 1966, 1980, and 1993, respectively. The articles are Jiménez Moreno's *El enigma de los olmecas*; my article *The 'Olmeca-Xicallanca' of Teotihuacan: A Preliminary Study*, and Foncerrada de Molina's *Mural Painting in Cacaxtla and Teotihuacan Cosmopolitanism*. These three articles have been republished in Spanish in the Instituto Nacional de Antropología e Historia's two-volume reprint edition, *Antología de Cacaxtla* (García Cook, Merino Carrión y Mirambell 1995). Foncerrada de Molina's posthumously published doctoral dissertation, *Cacaxtla: La iconografía de los olmeca-xicalancas*, was brought out by the Universidad Nacional Autónoma de México (1993).

In 1942 (reprinted 1976, 1995), Jiménez Moreno synthesized material about the Olmecas-Xicallancas and other historic Olmec groups from the Aztec chronicles, principally Fray Juan de Torquemada (1969), Fray Bernardino de Sahagún (Florentine Codex 1950-82), Alva Ixtlilxochitl (1975-77), Muñoz Camargo (1892), the *Historia Tolteca-Chichimeca* (Kirchhoff, Guemes y Reyes García 1976), and, to a lesser extent, Chimalpahin (Codex Chimalpahin 1997), Veytia (1944), and Clavijero (1945) (see Nicholson 2001:293-342, for an up-to-date compilation of all the editions of these sources). In 1942, Jiménez Moreno proposed that Olmecs from Potonchan, which was Chontal-Maya-speaking in the sixteenth century and probably earlier, migrated to the Atoyac River Basin near Cholula and Cacaxtla, where Nahuas, Chocho-Popolocas, and Mixtecs lived in the sixteenth century. He made the hypothesis that this tri-ethnic group conquered Cholula around A.D. 800 (see Justeson, Norman, Campbell, and Kaufman 1985:68) for the hazards of projecting back into the Classic the role of the Acalan Chontal or Putun known from protohistoric/Colonial times, "as Thompson (1970) has done in projecting the Chontal back as a distinctive group to Terminal Classic Seibal" (see also Houston, Robertson, and Stuart 2000 and, on the same subject, Vargas Pacheco 1998). However, Edmonson (1988:106), in speaking of the Campeche calendar, says that the "most likely construal of this calendar would make it a seventh-century precursor to the whole family of terminally dated Type IV systems generated in the tenth century by the Tilantongo Mixtec. A Tabasco-Tlaxcala linkage of the sort suggested by ninth-century Cacaxtla might easily have provided the connection because the later Postclassic calendar of Tlaxcala was Tilantongo." And Edmonson (1988:148) also adds: "the geographical distribution of Campeche dates... suggests an outside Zapotec or Mixtec influence on the Chol-Chontal area beginning in the seventh century" (see Otto Schumann 1975 for pre-Hispanic Otomangue loanwords in Chontal).

My master's thesis was published in 1966, in which I made the hypothesis that this same, earlier Olmeca-Xicallanca group had participated in the polyglot culture of Teotihuacan. I followed Jiménez Moreno in proposing that this Olmeca-Xicallanca group was composed of the same linguistic groups who conquered Cholula. Both of us were wrong (but see below where the linguistic composition of the Olmeca-Xicallanca is hypothesized differently). Finally after the 1975 discovery of the Maya- and Teotihuacan-influenced murals at Cacaxtla (Tlaxcala), Foncerrada de Molina gave a paper in Spanish. It was republished in its original Spanish as *Pintura mural en Cacaxtla y cosmopolitismo Teotihuacano* in 1995, in the *Antología de Cacaxtla* (García Cook, Merino Carrión y Mirambell 1995) with five other articles. Foncerrada de Molina synthesized the Jiménez Moreno and Chadwick material about the Olmeca-Xicallanca of Cholula and Teotihuacan, adding her own brilliant insights about the Teotihuacan-Cacaxtla/Cholula-Chontal connections. In her opinion, Chontal-Maya speakers and Olmeca-Xicallanca Mixtec from Teotihuacan generated the eclectic artistic situation in the Cacaxtla murals. She believed that the Chontal speakers did not come to Cacaxtla by direct penetration, but by way of Teotihuacan where phonetic Mayan hieroglyphic writing is known from the mid-fifth to mid-sixth centuries (Taube 2000, 2003). An inchoate consensus that the Olmeca-Xicallanca of Cacaxtla were Chontal-Maya-speaking Putuns has been germinating since 1978 at least (Foncerrada de Molina 1980; see also Coe and Koontz 2008; Davies 1977; McCafferty 2007; Schele and Mathews 1998). No supporting data have been supplied by any of these authors (cf. Justeson *et al.* 1985:70), but Jiménez Moreno gave the crucial Ixtlilxochitl and Torquemada ethnohistorical data. Only Foncerrada de Molina (1993:97) used the Ixtlilxochitl information. I did not, because at the time (I wrote my MA in 1961), I was not interested in anything Maya, and therefore Jiménez Moreno's statement meant nothing to me.

My main purpose in this essay is to make the most conservative hypothesis, not theory, as Jansen (1998) and McCafferty (passim) among others would mistakenly call it, about the languages the Olmeca-Xicallanca of Teotihuacan, Cholula, and Cacaxtla spoke. My hypothesis is that "Western Ch'olan" speakers (i.e., Chontal and Ch'ol, see Houston, Robertson, and Stuart 2000; Justeson *et al.* 1985; Hopkins 1984); proto-Otomangue speakers (i.e., specifically Mixtecs who lived in Teotihuacan [see Edmonson 1988:170, 211; 2005]; Hopkins 1984; Josserand 1983; Jiménez Moreno 1942, 1962; Schumann 1975, cited in Paddock 1992-1993:13; Weitlaner 1941:249; and others not cited in this essay), and early Nahuas (Kaufman 1974, 2001; Luckenbach and Levy 1980; Dakin and Wichmann 2000; Hill 2001; and others not cited in this essay) were the linguistic elements of the Olmeca-Xicallanca.

Frances V. Scholes and Ralph L. Roys in 1948 (2d. ed. 1968) prophetically proposed that Sahagún's Olmeca Uixtotin (Mixteca/Nonoalca) lived in Chontal-speaking territory, which also had a Mixe-Zoquean- and Nahuatl-speaking population (1968:22) (for Mixe-Zoquean and Olmec linguistic identification see Campbell and Kaufman 1976; Justeson *et al.* 1985 for Chontal-Putun hypothesis; Justeson and Kaufman 1993 for epi-Olmec proto-Zoquean script; Schumann 1975 for Otomangue and Mixe-Zoquean loans into Chontal; and Edmonson 1988:148 for Mixtec or Zapotec influence on Chontal).

The resurgence in interest in the Olmeca-Xicallanca is due to the finding of the Teotihuacan- and Maya-influenced murals at the capital of the Olmeca-Xicallanca, Cacaxtla (Muñoz Camargo 1892:19-26,49-54,208; see Foncerrada de Molina 1995b: 47; Coe and Koontz 2008: 132). First of all, in this synthesis, I summarize parts of the Jiménez Moreno article and add new information by later scholars who have misread or misinterpreted, and then rejected, certain aspects of the Jiménez Moreno scheme (e.g., McCafferty 2007; Schele and Mathews 1998; Winter 1994; but see Paddock 1992-1993 for a kinder, gentler explanation of the offending tri-ethnic hypothesis). I trace Geoffrey G. McCafferty's thinking on the Olmeca-Xicallanca through time at Cholula, where he has labored for two decades (1994, 1996a, 1996b, 2000, 2001, 2007). Finally I synthesize the various scenarios about the Teotihuacan-Maya-Cacaxtla interaction sphere (McVicker 1985, Baird 1989, 1995; Carlson 1993; Paddock 1992-1993, 1994). In Part II, I add to my 1966a (reprint 1995) article *The 'Olmeca-Xicallanca' of Teotihuacan: A Preliminary Study* in the process recanting two hypotheses, but letting the article stand as I wrote it in 1961. Finally, I make a survey of the various languages that have been proposed in a polyglot Teotihuacan, to see if the languages I propose for Cholula in Part I were also at Teotihuacan, adding ethnohistorical and archaeological data to buttress the linguistic evidence about the Olmeca-Xicallanca. I also take into account other languages that have been proposed for Teotihuacan, especially Totonac, Mixe-Zoquean, Mazatec, Chocho-Popoloca, and Otomi. At the end, I discuss Tarascan at Teotihuacan (Gómez Chávez y Gazzola 2007) and in Michoacán, where a possible Teco/Chontal "residual" Olmeca-Xicallanca intrusion may have taken place. To conclude, I summarize the Foncerrada de Molina corpus in which she postulates that the Mixtec Olmeca-Xicallanca of Teotihuacan joined with Chontal-Maya-speakers, believed by her to be Putuns, to generate the eclectic artistic situation at Cacaxtla (following Chadwick 1966a, for the identification of the Mixtec Olmeca-Xicallanca of Teotihuacan, and Thompson 1970 for the Putun identification; see Foncerrada de Molina 1978, 1980, 1993, 1995a, 1995b, 1995c, 1995d, and 1995e).

Because linguists differ as to when "Western Ch'olan" diversified into Ch'ol and Chontal (see Houston, Robertson, and Stuart 2000; Justeson, Norman, Campbell, and Kaufman 1985; Vargas Pacheco 1998; Edmonson 1988: 106, 148), I asked David Stuart what his best guess would be as to when Ch'ol and Chontal diverged. He replied 1000 to 1500 years ago (personal communication to the author, Sept. 3, 2002). David H. Kelley believes the Stuart proposal is probably correct (personal communication to the author, Sept. 4, 2002).[1]

---

[1] There appears to be an inchoate consensus that Chontal-Maya-speakers were the people responsible for the Cacaxtla wall paintings. According to Schele and Mathews (1998: 383, n. 4), the original Olmeca-Xicallanca were Chontal-Maya speakers who allied themselves with other language groups on the Veracruz Coast.

Both ethnohistorical and archaeological evidence indicate that these groups moved into the Mexican highlands during the eighth century.... These trading people were the conduit by which Teotihuacan symbolism came to Chich'en Itza in such force and by which Maya symbolism came to profoundly affect Cacaxtla, Xochicalco, and other central Mexican cultures of the Terminal Classic period.

Other scholars say that the Putun or Chontal-Maya-speaking groups were part of the Olmeca-Xicallanca (e.g., Foncerrada de Molina, *passim*; Coe and Koontz 2008: 132; Davies 1977; McCafferty 2007).

The problem that faces us is: when did Chontal Maya become a separate language? One would be safe in saying, I believe, that "Western Ch'olan" languages were a possibility for Cacaxtla at A.D. 650-900 (see Houston, Robertson, and Stuart 2000: 322, fig. 1). Justeson *et al.* (1985: 59) say that the divergence of Ch'olan into Eastern and Western branches occurred at ca. A.D. 550. They add that linguistic and archaeological evidence agrees in ending significant Mixe-Zoquean influence on Ch'olan toward the end of the early Classic. These linguists also state (1985: 69) that the diversification of Ch'ol and Chontal at A.D. 800 is indicative of cultural disruption.

The Yucatec and non-Maya participants in the cultural disruption of the Terminal Classic seemingly fostered the development of a new Chontal ethnicity among "Western Ch'olan" people allied with them versus those (inchoate Chol?) allied against them.

But Houston, Robertson, and Stuart (2000: 337) assert that what deserves greater caution, in the future, is any suggestion "that Eastern and Western Ch'olan diverged as late as the middle years of the Classic period (Justeson *et al.* 1985: 60). Our information signals that these approximate dates are far too late – that Ch'olan languages began to diverge centuries before." Therefore it seems to me that logically, if not linguistically proven, Ch'ol and Chontal may have diverged as early as A.D. 700.

Of interest is that "local vernaculars in certain contexts, 'seep' into the high script [Classic Ch'olti'an], sometimes as lexical items ... more rarely as grammatical forms such as – wan, which seems to have originated in Acalan Chontal and swept up the Usumacinta Basin during the height of the Classic period." Houston, Robertson, and Stuart state "the most economical – and preferable – argument is one that posits an infusion of – wan... into Classic Ch'olti'an from a substrate that is ancestral to modern Chontal" (2000: 336, n. 15). – wan did not originally belong to Classic Ch'olti'an, the language of the Classic inscriptions (2000: 333). "The form – wan can be shown to exist first in the inscriptions of Tabasco, perhaps in Chontal-speaking regions from which it percolated into glyphic discourse...."

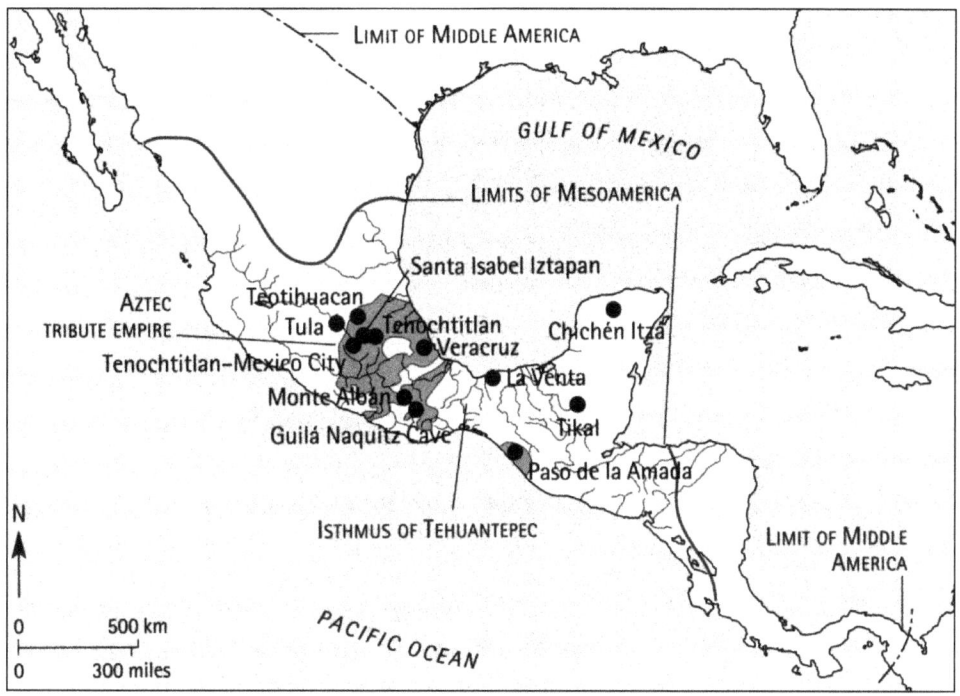

Fig. 1 – Map of Mesoamerica

"EL ENIGMA DE LOS OLMECAS"

In 1942 (reprinted 1976, 1995), the great Mesoamericanist ethnohistorian and linguist Dr. Wigberto Jiménez Moreno (see Jiménez Moreno 1962) published the above-titled paper that had originally been given on February 1, 1940 as a lecture at the biweekly meeting of the Sociedad Mexicana de Antropología. In the published version, Jiménez Moreno dealt mainly with the Olmeca-Xicallanca who, he said, conquered Cholula, ca. A.D. 800. He stated that the Olmeca-Xicallanca "tyranny" lasted 500 years at which time the Tolteca-Chichimeca of Tula, Hgo. came to Cholula and expelled the Olmeca-Xicallanca.

Jiménez Moreno utilized such sources as Sahagún (Florentine Codex 1950-82), the *Historia Tolteca-Chichimeca* (Kirchhoff, Guemes y Reyes García 1976), Muñoz Camargo (1892), Alva Ixtlilxochitl (1975-77), Veytia (1944), Clavijero (1945), Chimalpahin (Codex Chimalpahin 1997), and Torquemada (1969), as well as the findings of ethnography, linguistics, and archaeology to produce a classic paper (see Nicholson 2001 bibliography, and Fowler 1989:34-39 for a translation of the Torquemada history as well as a useful and succinct summary of Lehmann, Jiménez Moreno, and de Borhegyi. Fowler also provided a brief synthesis and critique of the complete Jiménez Moreno scheme).

In "*El enigma*," Jiménez Moreno pointed out that the name Olmeca-Xicallanca derives from the Gulf Coast land of rubber (Olman) and the two Xicalancos, one at Boca del Río, Veracruz; the other at Ciudad del Carmen, Campeche. He noted that, in the sixteenth century, the following linguistic groups populated the area between the two Xicalancos: Chocho-Popolocas, Mazatecs, Mixtecs, Chinantecs, Zapotecs, and above all, Mixe-Popolucas (1995:82-83).[2]

It is unclear how the Gulf Coast and Central Plateau linguistic picture looked in the Epiclassic ca. A.D. 700, the consensus date for the arrival of the Olmeca-Xicallanca in Cholula. Jiménez Moreno used the direct historical approach in which one works from the known to the unknown, starting with the Contact period and moving back in time (cf. Fenton 1987:22). According to Justeson *et al.* (1985:66), "In the Terminal Classic to Early Post-Classic, substantial diffusion emanated from the Gulf Coast; it involved Nahua, Zoque, Chontal, and Yucatecan, and probably included non-elite segments of the populations." (Fig. 1).

With respect to the coast Mixtecs (see note 2) of La Mixtequilla, Cozamoalapan, and Mixtan, from which the Mixtecs take their name, Jiménez Moreno claims they were the people that Sahagún called the Olmeca Uixtoti Mixteca and the Olmeca Uixtotin Nonoalca. Jiménez Moreno cites documents from 1600 housed in Mexico's Archivo General de la Nación (AGN) to the effect that Mixtec was still spoken in the Mixtequilla in 1600 and that Mixtec ceramics have been reported in Mixtan by Juan Valenzuela (Chadwick 1966a: 14; 1995: 136: *Florentine Codex*, Dibble and Anderson 1961: 187,197; Jiménez Moreno 1995: 85; AGN, Ramo de Tierras, fols.1r y 3r, exp.1, tomo 70).[3]

---

[2] Later, Jiménez Moreno added Mazatecs; ancient Nonoalca de Zongolica (citing Paul Kirchhoff that this last group was composed of Mazatec-Popolocas); Mixtecs of La Mixtequilla, Cozamaloapan, and Mixtan; Mixe-Popoluca; Chinantecs; northeastern Zapotecs; and Mayas (1995: 84).

[3] H.B. Nicholson, citing Beyer (1927: 320-321), says there were no Mixtec-speaking communities on the Gulf Coast at contact. He claims

In trying to delineate the linguistic components of the Olmeca-Xicallanca, Jiménez Moreno cites Veytia's mention of Zapotecs who populated Tepeaca, Tecamachalco, Quecholac, and Tehuacán (Jiménez Moreno 1995: 88). In 1942, he believed that these Zapotecs were, in fact, "Zapotitecas," that is, Chocho-Popolocas from Zapotitlán near Tehuacán. However, later (1966: 61), Jiménez Moreno said they probably were, in reality, Zapotecs. Marcus C. Winter (1998: 154) has stated that Classic period Zapotec sites have been reported near the city of Puebla.

Finally, Jiménez Moreno agrees with Clavijero's statement that the Mixteca was called Xicayan, which leads him to conclude that the Olmeca-Xicallanca were partly Mixtecs (1995: 86). I note that there are two Xicayans in Oaxaca and adjacent Guerrero – Jicayan de Tovar in the Mixteca Baja of Guerrero and San Pedro Xicayan, which is a Mixtec town on the coastal plain of Oaxaca (Paddock, personal communication to the author, 1987).

In the paragraph following the Clavijero citation, Jiménez Moreno adds that the latest Olmecs (or the Olmeca Uixtoti Mixteca, presumably the Cholula "tyrants") originally had been Mixtec-Popolocas who were profoundly nahualized (1995: 86).

In making his argument that the Olmeca-Xicallanca were partly Mixtecs, Jiménez Moreno, as noted, cites Alva Ixtlilxochitl's report (1975-77, I: 529-530) about a group of Olmecs who migrated from Potonchan, where Chontal-Maya-speakers lived in the sixteenth century. He says that this could be a possible Maya migration, dating no earlier than the eighth century. Jiménez Moreno cites other Ixtlilxochitl data to the effect that Olmecs settled in the Atoyac River Basin where Nahuas, Chocho-Popolocas, and Mixtecs lived in the sixteenth century. Here we have the genesis of the Jiménez Moreno hypothesis that the Olmeca-Xicallanca of Cholula were a tri-ethnic group composed of Nahuas, Chocho-Popolocas and Mixtecs (1942; 1995: 88).

John Paddock (1992-1993: 11) has written the following: "Jiménez Moreno's error in this respect was a small one. He paid special attention to the Mixteca Baja, and in this region, shortly before the arrival of the Spaniards, there were contacts between these three groups…. It is highly probable that in one or more pueblos, there was such a tri-ethnic population; the error of Jiménez Moreno, then, was the extension of this local phenomenon to other parts" (all translations are by the author). I note also that Jiménez Moreno was projecting a sixteenth-century linguistic situation back to the eighth century (see Justeson *et al.* 1985:68).

According to Marcus C. Winter (1994:218), "The work at Cerro de Las Minas… does not support [Jiménez Moreno] circuitous and contradictory statements about the Mixtecs conquering Cholula, and the Olmecs being formed by Nahuas, Chocho-Popolocas, and Mixtec-speakers in the Mixteca Baja (Jiménez Moreno 1942: 125-129, 1959: 1075: 1966: 62)." And Geoffrey G. McCafferty has stated: "the weight of current evidence does not support Jiménez Moreno's theory that Postclassic Cholula was occupied by a Mixtec-led confederation." I am certain that were Jiménez Moreno still alive today, he would definitely add Mayas to the Olmeca-Xicallanca mix (he actually anticipated this in 1942, 1959, and 1966). In July and August 1978, Jiménez Moreno and the author were both in Cholula on business (i.e., teaching at the University of the Americas), and I asked him who were the people in the Cacaxtla murals, which had been discovered three years earlier. Without hesitation, Jiménez Moreno replied: "Los Olmeca-Xicallancas" (personal communication to the author, August 1978).

THE EPIGRAPHERS' MISTAKE

The great Maya epigraphers, Linda Schele and Peter Mathews, have completely misinterpreted a part of Jiménez Moreno's 1942 article (1998: 282, n. 4). They state: "in 1942, Jiménez Moreno (1995: 82-86) identified the Olmeca-Xicallanca and Olmeca Uixtotix as Nahualized Mazatec [and] Popoluca speakers who were closely linked with the Toltecs of Tula." That, unfortunately, is incorrect. Jiménez Moreno never said that about the Olmeca-Xicallanca or Olmeca Uixtoti in his section on the Olmeca-Xicallanca of Cholula (1995: 87-90). What Jiménez Moreno said on page 86 of the 1995 reprint edition was that " the last Olmecs on the high plateau were Popoloca-Mixtecs, more or less nahualized, living side by side with Chinantecs and Mixe-Popolucas; these last two [groups] appear to represent a more ancient stratum."

The quote, which Schele and Mathews attribute to Jiménez Moreno, was actually in the section on the Nonoalca, and Jiménez Moreno was following Paul Kirchhoff (Kirchhoff *et al.* 1976) who identified the Nonoalca with Mazatec-Popolocas, who were more or less nahualized (Jiménez Moreno 1995: 99). It was the Nonoalca who lived in Tula, not the Olmeca-Xicallanca. As I wrote in 1961 (Chadwick 1966a: 13; 1995: 136): "None of the sources that I have been able to consult mentions a group of Olmeca-Xicallanca who lived in Tula, Hidalgo."

Schele and Mathews stated their belief, as noted above, that "the original Olmeca-Xicallanca were Chontal-

---

that the so-called "Mixtequilla" is post-Conquest, and he adds that the Mixteca of the Coatzaqualcos area were apparently Popoluca (Nicholson 1982: 241).

As far as the Mixtequilla being post-Conquest is concerned, Jiménez Moreno (1966: 63-65) interprets the *Relacion de Tepoztlan* that speaks of people, surely Nahuas, who left Morelos ca. A.D. 650-740 or 650-792 and emigrated to the Mixtequilla and Los Tuxtlas. In my interpretation, he is speaking of Pipil émigrés from Teotihuacan. Elsewhere Jiménez Moreno (1966: 73) claims that the presence of Mixtec-speaking groups in Cozamaloapan, Veracruz, and in settlements south of the Sierra Tuxteca remounts to the time of Olmec domination in Cholula. Finally, Sahagún states the Olmeca Uixtotin of Tamoanchan or Xochicalco (see Jiménez Moreno 1995: 90-91) were those who were later known as Anahuac Mixtecs (Davies 1977: 108-113; Jiménez Moreno 1995: 91).

Maya-speakers who were traders and who allied themselves with other language groups on the Veracruz coast" (ibid.). They added: "archaeological and ethnological data suggest that these groups moved into the Central Mexican Highlands during the eighth century." Schele and Mathews claim that the Olmeca-Xicallanca may have played a role in the fall of Teotihuacan (ibid.).

These authors also note that the Olmeca-Xicallanca appear to have had profound economic affiliations with Chichen Itza and the Maya kingdoms in the southern lowlands. According to Kowalski (1989: 173), "the Chontal Maya were also known as the Itza, adding that Chichen did not become an important site until about A.D. 850 when it was invaded by a faction of the Itzas (Chontal Maya)" (1989: 183). The Itza identification with the Chontal (Putun) Maya (Thompson 1970: 10) has been disputed by Kremer (1999). Ball and Taschek (1989: 188) suggest that the Itza were Ch'olan Maya (see note 1).

MCCAFFERTY'S IDEAS

Geoffrey G. McCafferty, who has worked at Cholula for several decades, says that the smooth transition from Classic to Postclassic argues against the Olmeca-Xicallanca "tyrants" driving out the "giants" (who are usually equated with the Teotihuacanos) during the Epiclassic. He further argues that it does not agree with "the image of 'ethnic conflict' depicted in the Cacaxtla murals" (1996a: 312). He thus assumes that the events portrayed in the battle scenes took place in the Valley of Puebla. In January of 2001, McCafferty (2007: 466) stated that "recent discoveries at Cholula do indicate an intrusive population at the precise time indicated by the ethnohistorical sources for the arrival of the Olmeca-Xicallanca." Yet McCafferty seems confused because three pages later he states:

A model of gradual intermixing, with the addition of traits from the Gulf Coast, seems to be a kindler, gentler hypothesis than the ethnic invasions suggested by the ethnohistoric sources and illustrated at Cacaxtla (2007: 468).

Finally, McCafferty states:

The radical changes in the Cholula assemblage support the idea of ethnic change between the Classic and Postclassic periods (N.D.: 4).

None of this indecision was necessary, had McCafferty taken into account the findings of physical anthropologists that had been published in the early 1970s. Dumond and Muller (1972: 1214; see Chadwick 1974: 321) stated that "the populations of Cholula IV [Classic Period] and Cholulteca I [the first Postclassic period] were morphologically distinct from one another." According to López A., Lagunas R., and Serrano S. (1970: 145, foto 70), the Classic period type of cranial deformation was tabular oblique; the Postclassic type, tabular erect. And Carlos Serrano S. (1973: 53: see Chadwick 1974: 521) has stated: "the physical populations of Classic and Postclassic Cholula were so different that they warranted the status of two different ethnic populations." Finally, in a more daring statement, the physical anthropologist Zaid Lagunas R. stated the following in 1973 (pp. 47-48):

In view of the geographical distribution of the kind of trephination found at Cholula, and taking into account some other archaeological elements, in addition to the use of metals, shaft tombs elsewhere, we may infer that we are dealing with a possible South American intrusion.

With respect to the battle murals, John Paddock (1992-1993: 12) has stated: "Of course, the presence of one or more Maya painters in Tlaxcala does not indicate an invasion nor even a conquest, of which there is not a trace." Ellen Baird (1989: 119) thinks "the most likely place for such a battle and its denouement to have taken place is in southern Veracruz or Campeche. Based on the costume of the defeated warriors, the battle may have even taken place in the Usumacinta or Pasión region..." According to Coe and Koontz (2008: 133-134, citing Mary Miller), "art historian Mary Miller believes that such a battle had actually taken place, perhaps on the swampy plains of southwestern Campeche, but that it had been recast in supernatural terms, in that some of the contestants are improbably given the feet of eagles and jaguars."

And before returning to McCafferty, let us give full quotation to the remarks of John B. Carlson (1993: 245):

Groups such as the Cacaxtla merchant warriors, carrying a new manifestation of the Tlaloc-Venus cult of warfare [with its roots in Teotihuacan], began making military incursions into the Maya lowlands along the Usumacinta and Pasion river drainages and up into the Yucatan Peninsula, on the eve of the lowland Maya collapse. The results of such confrontation are exactly what is depicted in the Cacaxtla murals.

But now let us return to Cholula, where the Olmeca-Xicallanca lived after abandoning Cacaxtla. In a 2000 article, McCafferty has a section on the Olmeca-Xicallanca, eschewing, however, with the exception of Maya influence at Cholula, any mention of other linguistic and ethnic groups. He states that the legendary Olmeca-Xicallanca are particularly difficult to identify and suggests that they may have been related to the Chontal and/or Putun Maya and were associated with long-distance traders (2000: 352).

McCafferty also read a paper at a 2000 Dumbarton Oaks conference (pub. 2007) and did state that there was a multi-ethnic population at Cholula. Aside from Maya influence, he did not mention any other ethnic groups except perhaps Totonacs. Later on, McCafferty asks: "Did the Maya ever have a physical presence in Central

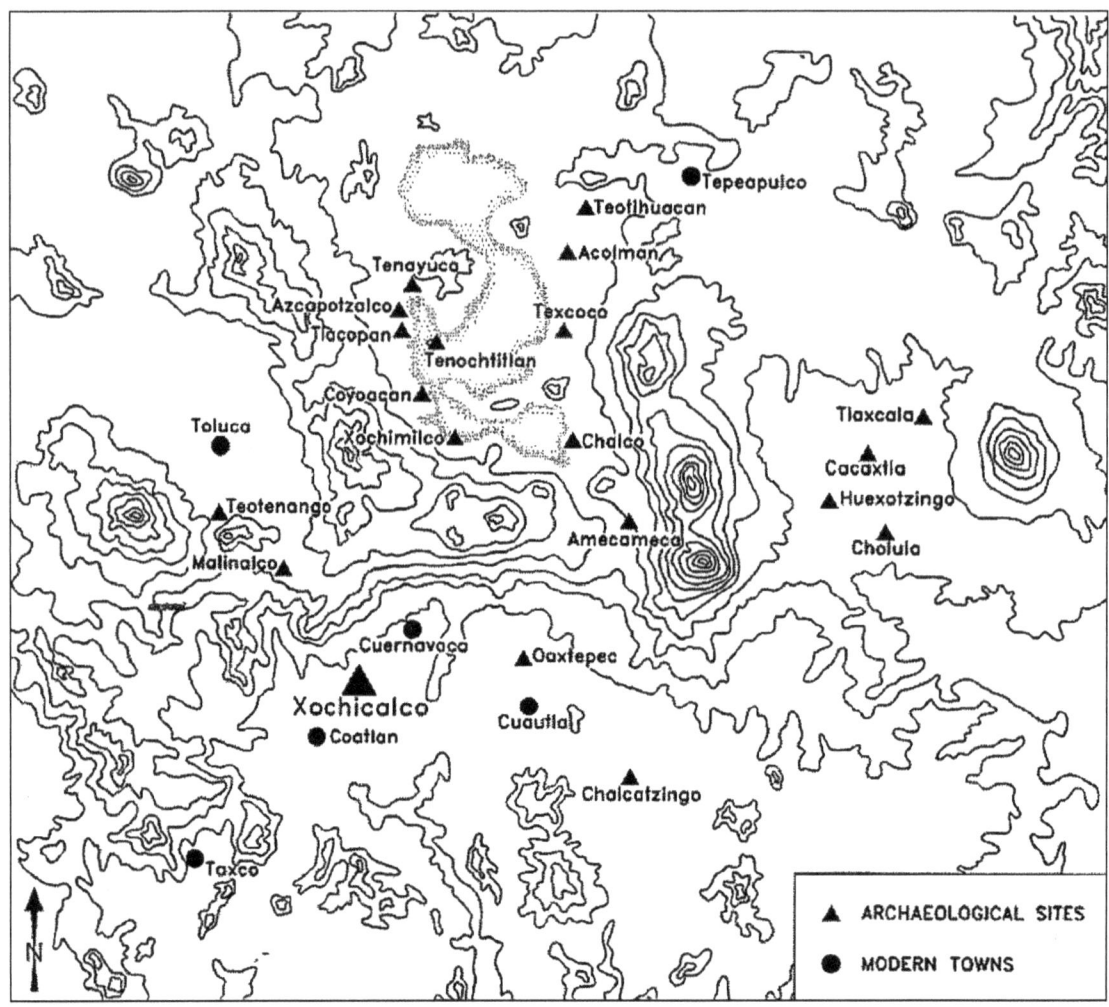

Fig. 2 – Map of Central Mexico

Mexico during their Late Classic, ca. A.D. 600-900?" Then he partially answers his own question: "At the time when the Olmeca-Xicallanca arrive on the ethnohistorical scene in Central Mexico, they were probably ethnic Maya" (2007) (Fig. 2).

McCafferty later grasps the nettle of the Mixtec codices. He discusses a scene in Codex Nuttall (Miller 1975: 75) in which the great Mixtec conqueror 8 Deer "Jaguar Claw" and his alliance partner 4 Jaguar "Face of the Night" (from Cholula's "Temple of the White Dots"; see Chadwick 1971b, n.d.; Jansen and Pérez Jiménez 2000) are shown standing in boats crossing a body of water to attack an island. David H. Kelley (personal communication to McCafferty 1999) has suggested that the site might be located on the Gulf Coast, perhaps the Laguna de Los Terminos. Jansen (Anders, Jansen, and Pérez Jiménez 1992: 228, n. 1; Jansen 1996, 1997) had made a similar suggestion earlier. In a remarkable statement (hypothesis?), McCafferty states that the Mixtecs in Codex Nuttall [4 Jaguar is a Nahua-speaker; see Chadwick n.d.] could be in conflict with the same Maya groups that constituted the Nonoalca or the Olmeca-Xicallanca. He adds that the above reconstruction may relate to the Mixtec conclave in La Mixtequilla. Such a statement needs supporting evidence,

but McCafferty may be close to the mark. I proposed years ago (1974: 356-357) that the Olmeca Uixtoti Mixteca were shown on pages 76-78 of the Codex Nuttall.

Jiménez Moreno probably first voiced the tri-ethnic hypothesis on Feb. 1, 1940 in his paper called *El problema de los olmecas* (Paddock 1992-1993: 7). This paper was published in 1942, and in it, as noted above, he spoke of a group of Olmecs who migrated to the central highlands from Potonchan where Chontal-Maya-speakers lived in the sixteenth century (Jiménez Moreno 1995: 88; Alva Ixtlilxochitl 1975-1977, I: 529-530). Jiménez Moreno cites other Ixtlilxochitl data to the effect that "in any event this would correspond to Teotihuacan IV-V and the Tula era; Ixtlilxochitl informs us also that the Olmecs lived in the margins of the Atoyac River, as is affirmed by other sources; in the sixteenth century, the occupants of this region were people who spoke Nahua or Chocho-Popoloca or Mixtec." McCafferty adds that "the most extensive treatment of this theory appeared in an article by his student Robert Chadwick in *Mesoamerican Notes* 7-8, entitled *The 'Olmeca-Xicallanca' of Teotihuacan* (McCafferty 2007; Chadwick 1966a). Although I incorrectly followed Jiménez Moreno's idea of an Olmeca-Xicallanca tri-ethnic group, the main gist of that essay was to attempt to prove that Mixtec was spoken in Teotihuacan (see Edmonson 1988: 170, 211; 2005).

Nor does McCafferty take into account linguist Otto Schumann's discovery that Chontal-Maya contains pre-Hispanic loanwords from some Otomangue language. There were no pre-hispanic loanwords in Chontal Maya from Nahuatl (Schumann 1975). As Paddock (1992-1993: 13) stated: "Mixtec is only one among many Otomangue languages, but it is the only language that is documented for the Chontal Maya region" (AGN, Ramo de Tierras, fols. 1r y 3r, exp. 1, tomo 70). Edmonson (1988: 148) sees Zapotec or Mixtec influence on Chol-Chontal at. 600 A.D. Although the following remounts to the Classic as well as the Epiclassic, Nick Hopkins (1984: 52) has stated that "pre-Chiapanec-Mangue occupied the Valley of Puebla [in the Classic].... Any remnant Chiapanec-Mangue which stayed behind in the Puebla area was later absorbed or eliminated by the intrusive Nahuatl speakers."

According to Kaufman (1974: 49), "linguistic evidence suggests that Choroteca-Mangue separated from Chiapanec-Mangue at about A.D. 600-700" (cited in Fowler 1989: 35). The Chorotega (Nicoyas) were descended from the Cholultecas (Torquemada 1969, 1, book 3., ch. 40, pp. 331-333).

Fowler (1989: 37) states "the 'mass migration' of the Pipil out of the Cholula region into the Gulf Coast and Xolotan (the Soconusco coast) was dated by Jiménez… to about A.D. 800." So there may have also been Nahuatl speakers in Late Classic and early Epiclassic Cholula.

There are linguistic data, according to Fowler (1989: 39), for an "early time of Nahua divergence represented by the splitting off of Pochutec, an extinct Nahua dialect of the Pacific coast of Oaxaca, at about A.D. 500-550…." And there is an active period of Nahua divergence to about A.D. 650-850, according to Fowler (ibid. citing Luckenbach and Levy 1980: 459).

To return to Mangue at Cholula, I note that Robert E. Longacre (1961: 21-22, 25; cited in Jiménez Moreno 1962) stated the following: "An excellent unpublished study by Maria Teresa Fernández de Miranda and Roberto Weitlaner demonstrates that Manguean can be related to Popolocan-Mixteca in the solid sense of the word "related." Apparently Manguean is approximately as close to Mixtecan as it is to Popolocan" (see Fernández de Miranda and Weitlaner 1961). And Herbert R. Harvey (1964: 525) adds "that the Otomangue linguistic base was further broadened in the past year [1961] through the publication of Weitlaner's and Fernández de Miranda's reconstruction of proto-Popoloca-Mangue, a comparison between three component branches of Otomangue-Popolocan, Mixtecan, and Chiapanec-Manguean."

Given the foregoing and as an educated speculation on my part, I believe that along with Chontal-Maya-speakers and perhaps Ch'ol-speakers, the Olmeca Uixtoti Mixteca and the Olmeca Uixtotin Nonoalca were part of the Olmeca-Xicallanca population (see below and Foncerrada de Molina 1980: 187). Diana López de Molina (1995: 169) specifically mentions the Nonoalcas and historical Olmecs of the Mixtequilla. I believe the following about the Olmeca Uixtoti Mixteca and the Olmeca Uixtotin Nonoalca (Sahagún identifies the Nonoalca as part of the Mixteca Alta population): the Olmeca in these two groups were the Chontal-Maya speakers; the Uixtotin are connected to the Totonacapan or the Huasteca (Davies 1977: 107); and the Mixteca/Nonoalca are Gulf Coast Mixtecs and are also from the Mixteca Alta.

Another scholar, Angel García Cook, places the Olmeca-Xicallanca in Tlaxcala as early as A.D. 300 (1981: 269). He prefers the rubric Cuauhtinchan-Mixtec, but he admits that Mixtecs were allied with the Olmeca-Xicallanca who were expelled from Tlaxcala ca. A.D. 850 (1981: 271). García Cook states that the Olmeca-Xicallanca pottery types were the following:

A highly polished red ware with Mixtec connections; a fine paste ware with southern Veracruz ties and a Coyotlatelco-related red-on-buff ware (personal communication to Debra Nagao, 1984; Nagao 1989: 86, n. 7).

Michael Lind (1994: 98) has an opinion similar to mine:

Historical sources record the appearance of the Olmeca and Xicallanca at Cholula prior to the arrival of the Toltecs from Tula. It is logical to assume that the Olmeca would have been groups from southern Veracruz, perhaps the Mixtequilla region around Cerro de las Mesas, and the Xicallanca groups from the ancient Chontal-Maya trading center of Xicallanco in Tabasco.

My advice to McCafferty is to reconsider the matter before throwing out the Mixtecs and discarding the Jiménez Moreno hypothesis completely. I concur with him that there was little or no interaction between Cholula and the Mixteca Alta during the Epiclassic, unless, of course, it turns out that the diagnostic transition type at Epiclassic Cholula, *Cocoyotla Black-on-Natural*, is closely related to Mixteca Alta Red-on-Cream and *Coyotlatelco Red-on-Cream*. If I read McCafferty correctly, he seems to connect Coyotlatelco to the Mixquic subtype of Cocoyotla Black-on-Natural.[4]

Although Diehl's opinion that Coyotlatelco is common at Cholula (1989: 14) may have been rendered moot by McCafferty's excavations there (see Cowgill 1992a: 330; McCafferty 1994, 1996a, 1996b, 2000, 2001, 2007), the apparent absence of Coyotlatelco, nevertheless, seems to be an anomaly (see García Cook and Trejo 1977; Muller

---

[4] Several other authors have attributed Coyotlatelco, proto-Coyotlatelco, and Coyotlatelco-related pottery to the Olmeca-Xicallanca of Teotihuacan and Puebla/Tlaxcala (including proto-Coyotlatelco at Cacaxtla itself) (García Cook 1984 personal communication to Debra Nagao; Nagao 1989, n. 4; Chadwick 1966a, 1995; Spranz 1973; McVicker 1985).

1970), especially in view of Sanders *et al.*'s suggestion (1979: 133-134) that the Coyotlatelco style originated at Cholula and subsequently diffused into the Basin of Mexico. According to Byland and Pohl (1994: 149):

> *There is archaeological evidence to relate the Mixteca Alta with central and southern Puebla at the critical period of the Classic to Postclassic transition. It is at this time that the characteristic Red-on-Buff pottery tradition began in the Toltec-related area of Central Mexico. In the Basin of Mexico, this development is represented by the appearance of Mazapan Red-on-Buff and Coyotlatelco Red-on-Cream. In southern Puebla, particularly in the Tehuacán Valley, it is represented by the appearance of Coxcatlán Red-on-Cream (MacNeish et al. 1970: 217-218). Richard S. MacNeish also observed that the Tehuacán type is similar to pottery from Cholula to the north; since some of the Cholula pottery is earlier, the Tehuacán type may be derived from that more northern region. In the Mixteca Alta, the 'Toltec' Red-on-Buff ceramic tradition is manifested in the appearance of Yanhuitlán Red-on-Cream....*

Elsewhere Pohl and Byland derive *Yanhuitlán Red-on-Cream* from Puebla (1994).

Byland and Pohl (1994: 149-150) date the first appearance of *Yanhuitlán Red-on-Cream* after A.D. 1000/1100 when the Classic Las Flores phase ends.[5] In my opinion, there are grave problems with the Mixteca Alta archaeological and codical chronologies (Smith 1983: 213; Winter 1989: 127, n. 2; Leon-Portilla 1997a, I: 37, 45; 1997b: 152; Spores 1983; Byland and Pohl 1994, Pohl and Byland 1994).

In his 2001 article, McCafferty notes that the taluds of the Great Pyramid at Cholula were decorated with a greca pattern of interlocked "T"s. He adds (2001: 295): "within the Mixtec tradition of symbolic notation, the greca frieze was interpreted as *Ñuu* signifying metropolis and was therefore synonymous with the Nahuatl Tollan (Smith 1973: 38-39)."

However, Smith says that McCafferty has misinterpreted her (Smith, personal communication to the author, April-May 2002; communications from the author to McCafferty 2002).[6]

Finally, McCafferty (personal communication, Sept. 2002) states that Cholula polychromes now date to at least A.D. 800. He adds that the earliest codex-style images of "skulls, cut shells (symbolic of the wind god Ehecatl)" on Epiclassic *fondo sellado* vessels "represent the earliest use of 'Mixteca-Puebla'-style imagery in Cholula and, in fact, the earliest I have been able to find anywhere in Mesoamerica." I note, however, that the Postclassic type (ca. 700 A.D.) called *Coxcatlán Gray* in the Tehuacán Valley had what I would call pseudo-codex-style designs on the tripod bowls with stamped bottoms (Chadwick 1971a: 242; Chadwick and MacNeish 1967: 119, 123; MacNeish *et al.* 1970). We did not, however, use this type in the seriation that dated the Mixtec Codex Borgia to the second half of the Venta Salada phase (cf. Robertson 1966).

SCENARIOS ABOUT THE OLMECA-XICALLANCA

Donald McVicker (1985: 98-99) proposed that a Teotihuacan elite may have gone to the Gulf Coast following the destruction of their city and may have participated in a strongly "International Style" culture in the Veracruz-Tabasco region, closely associated with the Olmeca-Xicallanca. McVicker hypothesizes that the Mayanized Teotihuacanos brought an eclectic style to Cacaxtla and that these two groups of people are depicted in the murals (Baird, synthesizing McVicker, 1989: 106; cf. Paddock 1992-1993: 13; 1994: 3). McVicker discussed a figure in the Cacaxtla murals, which is germane to this discussion because it has far-reaching Mayan linguistic implications.

The personage on the south doorjamb of Building A has two calendrical names, 3 Deer "Antler" and 7 Wind (i.e., the Teotihuacan "reptile eye" glyph). David H. Kelley (letter to the author dated June 13, 2000 and a partial manuscript) stated the following: "Chadwick [1970], like myself, accepted Caso's identification (1966b) of the 'reptile eye' glyph as the equivalent of the day named Wind."

---

[5] I have long wondered what was occurring in the Mixteca Alta in the A.D. 600-900 timeframe. According to Mary Elizabeth Smith (1983: 213), "at the present time [1975], it is impossible to discuss with any certainty Mixtec dynastic records of the period A.D. 600-900." The so-called Classic period Las Flores phase ends at 1000/1100, which makes no sense to me (see Byland and Pohl 1994a: 149-150). Spores said in 1975 (1983: 207) that Las Flores may have lasted until A.D. 900 "or even A.D. 1100 – that is, up to the time of Tula, Hildalgo."
Richard E.W. Adams has said it best about the Mixtec codical morass (2005: 343):

> *A group of revisionist scholars has made the claim to having accomplished a drastic overhaul of Caso's chronology and therefore his interpretations (Troike 1978), but nothing substantial has been heard of that revision since its initial announcement [32 years ago] so it will be assumed here that the majority of Caso's work is sound and that his interpretations stand substantially as published.*

As I mentioned before, the Jansen "explicaciones" of the Anders *et al.* Códices Mexicanos project have been soundly criticized by Miguel Léon-Portilla (1997a, 1997b). I personally find the "explicaciones" less than satisfactory, especially when compared to the work of Caso and Smith. However, the voluminous footnotes are great! Marcus C. Winter (1989: 127, n. 2; also 1991-1992; 1994), in an excellent and scholarly article, pointed out that "the Mixteca Alta has an undocumented period from approximately A.D. 600-1300".

[6] Ñuu in Mixtec is a geographical substantive and means "town" or "place where something exists" (Mary Elizabeth Smith 1973: 38-39, 70-75; personal communications, April-May 2002). According to Smith, she never said that Ñuu was a synonym for the Nahuatl Tollan, nor does she think so now. It is true, as Smith suggests, that the geographical substantive Ñuu is usually represented in the Mixtec manuscripts by a long rectangular frieze pattern, frequently arranged in a stepped type of pyramidal design. What is important here is that it is only when a stepped fret or greca-decorated frieze is combined with the qualifying determinative "tule" or "cattail" that the toponym means Tollan in the Nahuatl sense.

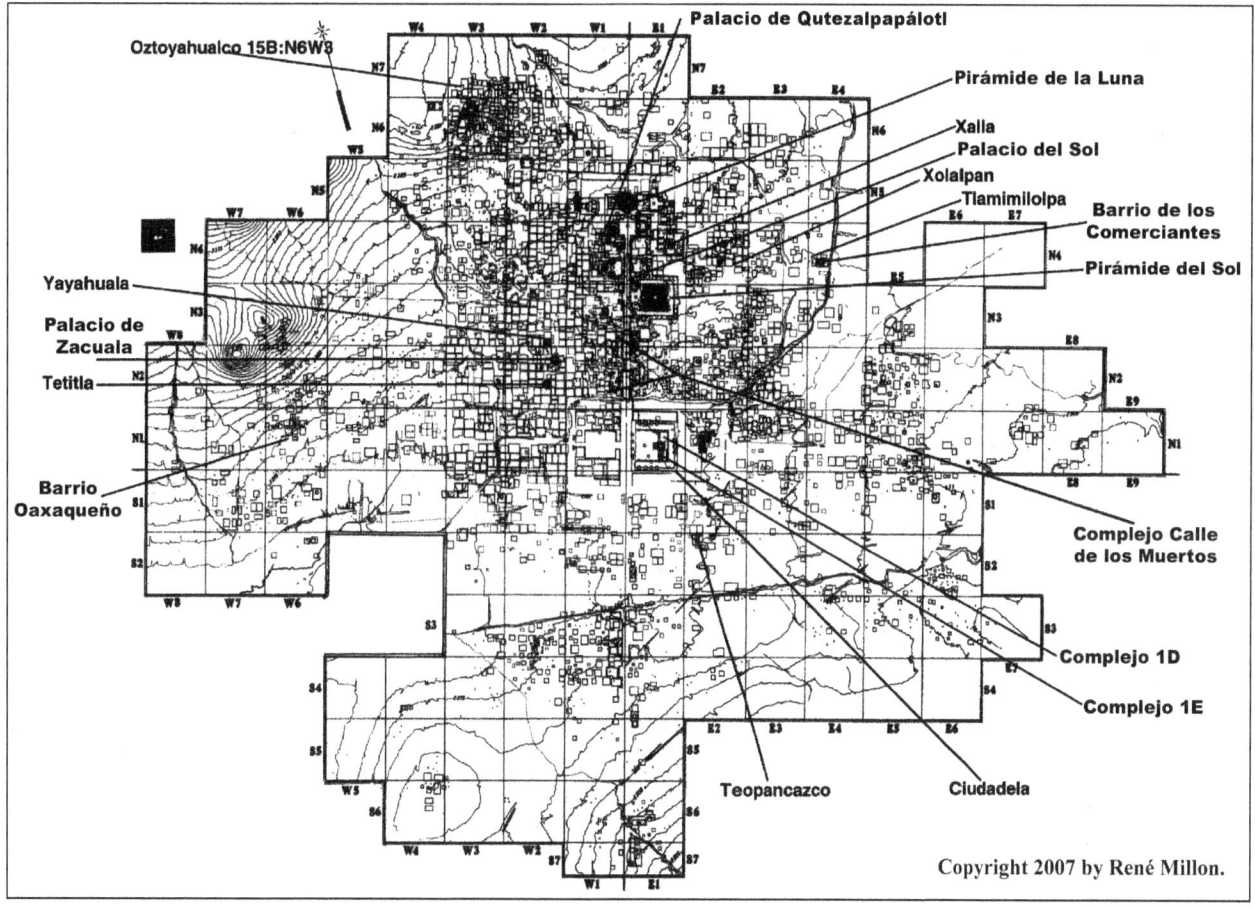

Fig. 3 – Map of Teotihuacan

The "*Bailarin*," as Foncerrada de Molina (1995a: 330) has named the dancing figure mentioned by McVicker (1985), has the coefficient "7" expressed in dots-only Mixtec style. Foncerrada de Molina noted that the headdress of the "*Bailarin*" of Structure A at Cacaxtla (1995a: 330) was characteristic of Maya cities in the area of the Usumacinta such as Bonampak and Palenque as well as Seibal on the Pasión.

David H. Kelley (personal communication, May 2002) has discussed the dancing figure as well as another figure called 2 Death with me. He believes 2 Death may have Palenque connections (Kelley 1989: 74). Kubler (1980, 1995) and Robertson (1985) also noted similarities between Palenque art and the Cacaxtla murals. If Kelley, Kubler, and Robertson are correct, then Ch'ol speakers may have been the mural painters that the Chontal-Maya-speakers (their linguistic sisters composing "Western Ch'olan") brought to Cacaxtla.

But according to Justeson *et al.* (1985: 69):

Although the diversification of Chol and Chontal at ca. 800 is indicative of cultural disruption, the role of the Chontal in this disruption was more likely as its products rather than as its leading participants. This is suggested by evidence for an earlier phase of this Gulf Coast interaction, prior to the diversification of Chol and Chontal.

This viewpoint may invalidate my hypothesis that the Cacaxtla mural painters were Ch'ol speakers brought along by their Chontal-Maya-speaking linguistic sisters (see note 1). And according to Ernesto Vargas Pacheco (1998: 261):

It is only toward the end of the Late Classic (A.D. 600-800) and above all during the Terminal Classic (A.D. 800-1000) [?], that it is possible to identify the Chontal groups as such, characterized by producing Fine Orange ceramics... and by dominating the land-sea-riverine communication.

The same author later adds (1998: 273) that "supported by archaeological data and linguists (Otto Schumann and García de León), we can postulate that the Chontal group diverged from the Western Ch'olan language at the end of the Late Classic (A.D. 600-800)." Obviously, this statement needs further clarification.

Stephen Houston, John Robertson and David Stuart (2000: 321-323, Fig. 1) have Chontal and Ch'ol descending from common Ch'olan, if I interpret their Figure 1 correctly. They add (2000: 322, n. 2) that "in some respects, Acalan Chontal (the Colonial-era form of Chontal) is closer to Ch'olti than to Ch'ol, with which it is usually grouped (as "Western"). Ch'ol appears to be highly innovative and, with respect to other Ch'olan languages, an outlier."

Finally, let me reiterate that David Stuart (personal communication to the author, Sept. 3, 2002) says that Ch'ol and Chontal became separate languages some 1000 to 1500 years ago. In any event, I believe that the Western Ch'olan group was the Maya component in the Olmeca-Xicallanca at Cacaxtla and Cholula.

ELLEN BAIRD'S STUDY OF CACAXTLA ART

Ellen T. Baird, an art historian, has written an article about the Cacaxtla murals (1989: 119; reprinted in Spanish in *Antología de Cacaxtla*, 1995). According to her, the people in the Cacaxtla battle scene "are in physiognomy, clothing, and accoutrements so thoroughly Maya as to be Maya... Based on the costume of the defeated warriors, the battle may have even taken place in the Usumacinta or Pasión region... I think the victors are proclaiming their alleged dual ancestry from both Teotihuacan and the Maya." Baird adds that the quantity of locally made Teotihuacan-derived ceramic types at Cacaxtla reinforces the Teotihuacan association of the victors. López de Molina and Molina Feal (1986: 69) mention a Red-on-Brown ware at Cacaxtla that was known also from Huejotzinco and Tula. They consider this type one of the most diagnostic for Olmeca-Xicallanca influence.

Before leaving Cacaxtla, it is important to mention the more recent find of a mural showing the Maya God L, Lord of Merchants. "Propped up beside him is a great carrying frame with his merchandise strapped to it. It is indeed probably no accident that the name of the site, Cacaxtla (or Cacaxtlan), means 'Place of the Carrying Frame'" (Coe and Koontz 2008: 134). He is given the non-Maya name, 4 Dog (Fig. 5).

Paddock notes that "only in Cacaxtla, Tlaxcala, was the carrying frame utilized as a toponym, with an interesting exception: in the historical Mixtec codices, it appears to indicate a part of the Mixteca Alta" (1992-1993: 11-12).

John Carlson (1993: 239) mentions the Lowland Maya deity, the Classic period God L "with *all* of his diagnostic attributes found in the Mexican Highlands in his merchant manifestation," and he states that "he is the *only* known representation of a purely Maya deity ever found in monumental form outside the Maya cultural area." According to Carlson, God L's name "may well have been Chan-Balam or Balam-Chan (Jaguar-Serpent)."

THE LATE DEAN OF PAN-MIXTEQUÍSMO

To round out these various opinions by archaeologists, art historians, and ethnohistorians, I note that John Paddock has put forth the hypothesis, on several occasions and in various forums, that at the collapse of Mixtec Teotihuacan, some of its inhabitants fled to the Gulf Coast (letter dated March 8, 1988; 1992-1993; 1994). Paddock suggested that they became Olmeca-Xicallanca. He said that the Palencanos opposed such flight, and after several generations, the Mixtec leaders returned to the highlands (1994: 3).

Paddock (1992-1993: 13) further states that "when they returned to the Valley of Puebla/Tlaxcala, the Mixtecs of Xicallanco not only brought Maya painters to decorate their palaces, they also began to make a polychrome ceramic that appeared to be like the Maya polychrome in technique although the designs that decorated it were radically distinct in the two cases" (Paddock 1992-1993: 13).

According to Coe and Koontz (2008: 138):

> *Both the stela format and the interlace scroll seen first at Cholula during this [Epiclassic] period were also found in the probable homeland of the Olmeca-Xicallanca, as was the colorful Maya-influenced ceramic style, for it was under this group that the potters of Cholula began to develop the fine polychrome wares that were to become the most coveted containers in all of ancient Mexico.*

To return to Paddock, he finalizes his hypothesis by stating that "in the Codex Nuttall... there is a reigning lineage, showing a mythological [?] origin, in a high valley, where on both sides there are snow-covered volcanoes" (Miller 1975: 14; Chadwick n.d.: 8, citing Anders, Jansen, and Pérez Jiménez 1992: 114, n. 8). Paddock adds that "in the entire Mixteca, there is no such place, nor in any part of Mexico. But the Valley of Puebla is high and has Popocatepetl at its western terminus. In the east, there is the Citlaltepetl or Orizaba snow-covered volcano" (Paddock 1992-1993: 13). Jansen and associates speculated that "this scene possibly deals with the high hills (*cerros*) in the valley Tlaloc Mountain and La Matlalcueye or La Malinche" (Anders, Jansen, and Pérez Jiménez 1992: 114, n. 8).

CONCLUSIONS

All of these differing opinions simply are variations on the same theme, and all are indebted to the work of Wigberto Jiménez Moreno, although Baird and some others fail to cite him. It is obvious to me that all these opinions and hypotheses are connected in some way, and this essay attempts to "connect the dots." Albeit differing in details, I believe that they represent a prime example of Jung's "Principle of Synchronicity" (Hopcke 1989). In conclusion, I have shown that "Western Ch'olan" linguistic groups and probably the Olmeca Uixtoti Mixteca and the Olmeca Uixtotin Nonoalca along with some Nahuas (Dakin and Wichmann 2000; Carlson 1993: 240; see Part II) composed the Olmeca-Xicallanca of Cacaxtla and Cholula. I believe that some Totonacs and Zapotecs along with a rump group of Mangue-speakers also lived in Epiclassic Cholula. I speculate that there may have been some people from the Ñuiñe at Cholula, but the empirical evidence to support this does not exist at this time (but see García Cook 1981; Winter 1991-1992, 1994, 1998) (Fig. 4).

Fig. 4 – Linguistic map of Mesoamerica. (After Peter Gerhard, 1972)

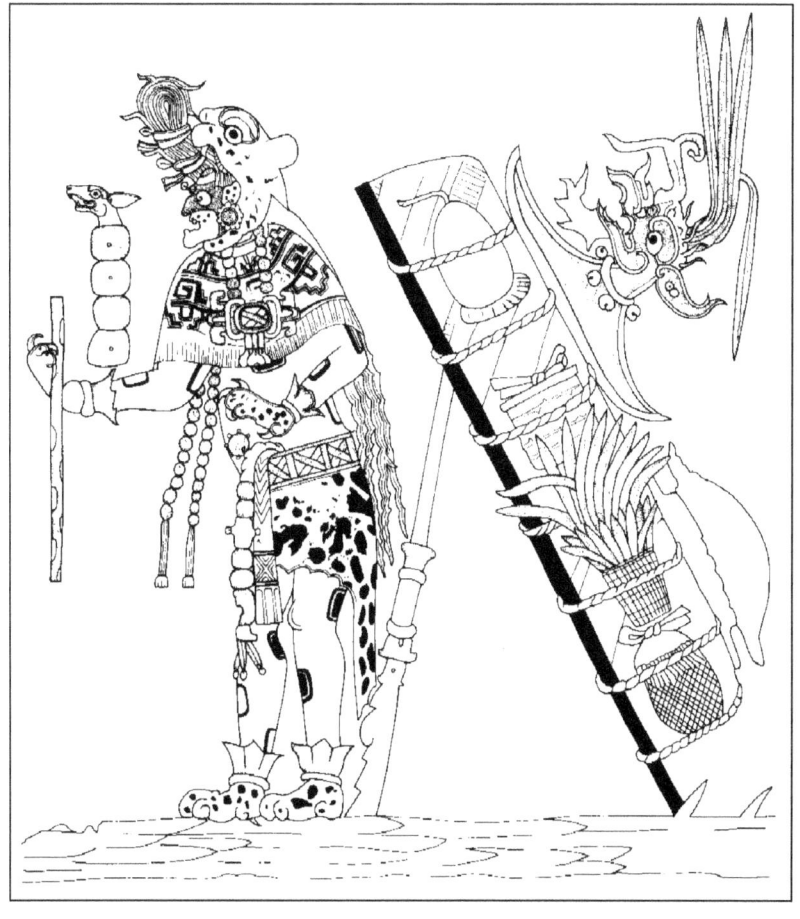

Fig. 5 – Man carrying *Cacaxtli*, Cacaxtla.
(After Coe and Koontz, 2008, p. 134, fig. 98)

"THE 'OLMECA-XICALLANCA' OF TEOTIHUACAN: A PRELIMINARY STUDY"

INTRODUCTION

I wrote this article in 1961, and it was presented to the Graduate Council of Mexico City College, in partial fulfillment of the requirements for the Maestría en Artes, Antropología, in February of 1962. As John Paddock wrote in his synthesis of the history of the Mixteca-Puebla concept (Paddock 1992-1993: 12):

En 1962, Robert Chadwick hizo una tesis de maestría en la que cita abundamente la obra de su maestro Jiménez Moreno, agregando datos que él mismo complementó después cuando trabajaba como arqueólogo en Teotihuacan (1966).

The University of the Americas published the thesis in 1966, with three other essays in honor of the XI Mesa Redonda on Teotihuacan of the Sociedad Mexicana de Antropología. It was reprinted in Spanish in 1995 by the Instituto Nacional de Antropología e Historia of Mexico. Since its first publication, the Teotihuacan- and Maya-influenced Cacaxtla murals were discovered, and the Olmeca-Xicallanca are in vogue again – at least they are often mentioned. Since it was first published, no one, with the notable exception of the late Dr. Marta Foncerrada de Molina, has grasped the nettle of exploring this (Foncerrada de Molina, 1978, 1980, 1993, 1995a, b, c, d, e – see *Antología de Cacaxtla*, Vols. 1 and 2). Like the misinterpretations of Jiménez Moreno's "El enigma," *The 'Olmeca-Xicallanca' of Teotihuacan* has suffered a similar fate. For example, Linda Manzanilla stated the following about the different reasons for the collapse of Teotihuacan:

Finally, Chadwick has pointed out that it is possible that groups like the Mixtecs, Olmeca-Xicallancas and Chocho-Popolocas (who were in contact with Teotihuacan during its final phases) may have taken advantage of the social problems that existed in the city in order to block the exchange routes and access to the city (2001: 227).

The foregoing is an interesting idea, but the problem here is that I never said it!

Many new archaeological and linguistic data have been reported on; new, critical editions of some of the primary sources (e.g. Ixtlilxochitl, Torquemada, etc.; see Nicholson 2001 bibliography) as well as affordable facsimile editions of some of the Mixtec codices have been published (e.g., Codex Nuttall 1975 [Miller intro.], Borgia 1993 [Byland intro.], Tulane [Smith and Parmenter 1991]. Jansen and Pérez Jiménez (2000) published a re-edition of the Codex Selden 3135 A. 2), the *Sicuañe*, and Codex Bodley (2005). Anders *et al.* have published a series called *Códices Mexicanos*, with "lyrical" interpretations by Jansen. The notes and studies of the editions I have had access to are excellent; however, Jansen's "explicaciones" have been roundly criticized by Miguel León-Portilla (1997a, 1997b; see note 5).

My thesis now is that there was an earlier group of Olmeca-Xicallanca at Teotihuacan, and I first make a survey of what languages have been proposed as having been spoken there. I do not refer to the language of Teotihuacan, but I do speculate in the conclusions about what language may have been spoken by the ruling dynasties at least in the earlier phases. I use ethnohistorical, linguistic, and archaeological data to make my case. I also have sections on the Oaxaca Barrio, the so-called "Merchant Barrio," Tetitla, La Ventilla B, the Nonoalca and the Tlailotlaque. Finally, I summarize the Foncerrada de Molina reconstruction of the Olmeca-Xicallanca of Teotihuacan and Cacaxtla/Cholula and the Chontal-Maya-speaking region.

THE LANGUAGES OF TEOTIHUACAN

Before beginning the survey of the different languages proposed for Teotihuacan, it is germane to recall the Justeson *et al.* admonition about the use of nonlinguistic information that has been brought forward to support hypotheses concerning the linguistic identification of Teotihuacan. Justeson *et al.* (1985: 68) stated that "this does not provide a sound basis for inferring the linguistic identification of Teotihuacan." (Fig. 3).

We now know that there were literate Mayas and Zapotecs at Teotihuacan, and we have linguistic information for early Totonac and Mixe-Zoquean as well as possible late Nahua-speakers ca. A.D. 500 at the Classic city (Kaufman 2001).

Linguists have supplied new information on Otomangue-speakers, especially Mixtecs and Otomies, who diverged, according to Edmonson (2005: 173), at ca. A.D. 450. That author states that Nahua dialects diverged at ca. A.D. 650. There were also groups from West Mexico, including Michoacán, Guanajuato, Guerrero, Jalisco, and Colima, but I will not speculate about their linguistic affiliations except to say that perhaps proto-Tarascan-speakers were in residence (Taube 2003).

Research on the languages spoken in Teotihuacan has usually dealt with the dominant language – sometimes called the state language – ignoring the fact that Teotihuacan, with a population between 125,000 and 200,000 souls, surely was a polyglot metropolis. Until the present time, Totonac-Tepehuan, Mixe-Zoque, Nahuat, Mixtec, Zapotec, Otomi, Mazatec, and Chocho-Popoloca have been cited. And David Brown (1988, cited in Pasztory 1992: 304) notes that "Mixe-Zoquean, Totonac, Nahuatl, and even Mayan have all been suggested."

THE JIMÉNEZ MORENO HYPOTHESIS

Most researchers have dealt with Nahuat or Nahuatl with Jiménez Moreno chief among them. Armillas (1950: 41) stated the Jiménez Moreno conclusion that the language of the builders of Teotihuacan was Totonac. However in 1974, Jiménez Moreno changed his mind and said that early Nahuas were dominant throughout the city's history.

George Cowgill (1992: 241) reports that linguistic evidence argues against the presence in Central Mexico of languages closely related to Nahuatl while Teotihuacan was the dominant power. Once again in 1990, as in 1950, Totonac was the weakly favorite candidate, although Nahua and languages such as Otomi are not to be ruled out.

According to Jiménez Moreno (1966: 43), the bearers of the first and second periods of Teotihuacan culture were Nahua-Totonacs, and in the third period, they were Popoloca-Mazatecs, existing side by side with Nahuas. Elsewhere (1958; cited in Litvak King 1978: 120), Jiménez Moreno said Otomies were important at Teotihuacan.

Paddock noted (1992-1993: 6), that in his lecture in 1940, Jiménez Moreno stated that Mixtecs were the dominant group in Teotihuacan. Edmonson later (1988, 2005) posited the same thing. In the published version, Jiménez Moreno left out the Mixtec proposal (cf. 1942; 1959: 1074; 1962; Paddock 1966b: 384, n. 73; 1992-1993: 6; 1994; Chadwick 1966a, 1995).

George L. Cowgill (1992: 240-241; 2000: 276-277) stated that a number of linguists doubt that any languages of the Nahua group were important in Central Mexico until post-Teotihuacan times (e.g. Porter Weaver 1981, 1993; Knab 1983; Justeson et al. 1985; Campbell 1988; Justeson and Broadwell 2007).

One reason is that some loanwords in Lowland Mayan languages from other Mesoamerican sources, especially Totonac and Mixe-Zoque (see below), show sound shifts that suggest that they were adopted by the Maya during, roughly, the time when Teotihuacan flourished, whereas loans into Mayan from Nahua languages appear to be later.

On the other hand, Luckenbach and Levy (1980), on lexicostatistical grounds, argue for Nahua languages in Central Mesoamerica as early as the sixth-century A.D. (Cowgill 1992: 240-241).

MIXE-ZOQUEAN

In the A.D. 300-600 period, Søren Wichmann "would prefer to place the speakers of the Early Zoquean language in Cerro de Las Mesas in southern Veracruz, described by Porter Weaver (1993: 229) as an important centre of Classic times...." (see Covarrubias 1957; Coe 1965; Adams 2005). Since Cerro de Las Mesas had close ties with Teotihuacan, a Mixe-Zoquean population would be a viable conjecture for the classic city.

During the A.D. 1-600 period, the military, religious, political, and mercantile forces perhaps spoke Mixe-Zoquean languages, whereas Nahua languages did not appear until A.D. 500 (Kaufman 2001/2006, cited in M.E. Smith 2007: 593). I note that Evelyn Childs Rattray (personal communication to the author, December 2009) thinks that A.D. 500 is much too early for the appearance of Nahua at Teotihuacan.

Wichmann has stated that Zoque appears to have had the upper hand in the development of writing. The responsibility for the invention of the Mesoamerican ritual calendar can be attributed to the Mixe (1998: 317; 1994: 202, citing Mann and Chadwick [1960]; Caso [1963]; Weitlaner Johnson and Weitlaner [1963]; and Lipp [1991]).

KAUFMAN'S HYPOTHESIS

Terrence Kaufman (1976: 114) suggested that:

The vocabularies of Otomi, Mazahua, Matlazinca, Ociltec, Popoloca and Mixtec, should be searched for common words that reflect borrowing, as should Nahua since it has much non-Uto-Aztecan vocabulary, which it must have picked up in Mesoamerica from the survivors of the Teotihuacan culture. Nahua has some clear Mixe-Zoque borrowing: petate, cacao, metal, sandals.

For these and other reasons, Kaufman has asked the following questions:

Is it possible that there were Mixe-Zoque in Central Mexico in A.D. 600? Is it possible that the Teotihuacanos spoke a Mixe-Zoque language?

Many years later Kaufman (2001: 29) asked:

Is it possible that there was a Mixe-Zoque colony in the Valley of Mexico in A.D. 500? If Totonacs were at Teotihuacan, this might explain some of the very striking lexico- and grammatical resemblances between Totonac and Mixe-Zoquean.

Fig. 6 – Oraculo de Monteçuma. The Pyramids of the Sun and the Moon surround the sacred enclosure referred to as the "Oracle of Montezuma" in the *Relación geográfica de Teotihuacan*, 1580. Redrawn from Bazan 1986, in *Relaciones Geográficas del siglo XVI, México*. VII: 214. (After Heyden, 2000, p. 173, fig. 5.7)

NAHUAS AT TEOTIHUACAN

René Millon, one of the world's foremost authorities on Teotihuacan, has stated that the principal language at Teotihuacan was Nahua (1981: 232; citing Jiménez Moreno 1974; Nicholson 1976: 170-171; Caso 1966, 1967). In his fine synthesis on the collapse of Teotihuacan (1988), Millon did not mention the Nahua hypothesis anymore. However in 1992, he found it hard to believe that Nahua appeared at Teotihuacan as late as A.D. 500.

Esther Pasztory (1988) followed Justeson *et al.* (1985) in agreeing that Totonac may have been the principal language spoken in Teotihuacan. She added a postscript as the final paragraph of her 1997 book and stated (1997: 352): "a Nahuatl language is suggested on the basis of the fact that no place-names survive in other languages in the Valley of Mexico." On December 11, 2009, Pasztory said the matter is still undecided (personal communication to the author).

Janet C. Berlo also believed that Nahua might have been spoken at Teotihuacan (1989: 22-23, n. 7). In discussing the murals from the Techinantitla compound, which she believes show toponyms, Berlo states that linguistic opinion is sharply divided on whether or not Nahua was spoken there. She said: "admittedly, my hypothesis that the Techinantitla botanical emblems function as locatives is based on circumstantial evidence and analogical reasoning."

Karl A. Taube says that even though Berlo compares the Techinantitla glyphs to place-names in the Aztec *Codex Mendoza*, the Teotihuacan examples lack any sort of locative affix such as are commonly depicted with Aztec toponyms (2000: 8-9).

Taube believes the prominent twisted roots of the flowering trees in the Techinantitla murals may have a locative function. Later, Taube (2000: 53-54, n. 5) voiced his opinion that "an ancestral form of Nahuatl may have been spoken at Teotihuacan; that is, if the Teotihuacan root motif has toponymic significance."

George Cowgill (1992: 240-241) cites Luckenbach and Levy (1980) who, on lexico-statistical grounds (a method about which Cowgill has misgivings), "argue for Nahua languages as early as the sixth century A.D."

A number of linguists agree that any languages of the Nahua groups did not appear until post-Teotihuacan times, so the Luckenbach and Levy findings, if correct, change that. Luckenbach and Levy (1980: 459) date the Nahuat-Pipil migrations roughly at A.D. 700-850. According to William R. Fowler (1989: 41), Luckenbach and Levy found a divergence node of A.D. 801 to date the earliest Nahua-Pipil separations. Luckenbach and Levy (1980: 459) cite the date of A.D. 543 for Nahua in Central Mexico:

> *This earliest date... could be taken as an indication that unknown disruptions, which culminated in the Teotihuacan diaspora around A.D. 600-700, might have initially affected mercantile or religious colonists in the southwestern regions where the two communilects are located.*

I stated before that a number of linguists believe that Nahua only appeared in post-Teotihuacan times. One of the reasons, Cowgill says (1992: 241), "is that some loanwords in Lowland Mayan languages from other Mesoamerican sources, especially Totonac, show sound shifts that suggest they were adopted by the Maya during roughly the time when Teotihuacan flourished, whereas loans into Mayan from Nahua languages appear to be later." Justeson *et al.* (1985: 68) suggested that the situation did not change until after A.D. 900.

Cowgill cites Lyle Campbell's mention to him in a May 1989 personal communication that Nahua "may have been around longer than we think" (Cowgill 1992: 242). Campbell himself favored Totonac as the most likely language for Teotihuacan.

THE DAKIN-WICHMANN HYPOTHESIS

Karen Dakin and Søren Wichmann (2000: 55, 66-69) have attempted to change many of the post-Teotihuacan Nahua opinions. In an iconoclastic article, they try to prove the Nahuatl origin of the words for "cacao" and "chocolate." They refute the 1976 Campbell and Kaufman hypothesis that the word "cacao" probably originated from Mixe-Zoquean languages, and they provide linguistic evidence that "cacao," like "chocolate," may be a Uto-Aztecan word. They state in the abstract of their article:

> *[e]tymological evidence verifies the use of the Mayan term [kakaw] as early as the Classic period (fourth century A.D.). This early appearance of the term in Mayan, and the later diffusion of the Nahua term*

through all of Mesoamerica correlate with additional data to support the conclusion that the Teotihuacanos spoke Nahuatl.

They also state that the Justeson, Norman, Campbell, and Kaufman hypothesis (1985; see below) that Totonacan was more likely to have been the principal language of Teotihuacan is weak (Dakin and Wichmann 2000: 67). Thus, in one fell swoop, Dakin and Wichmann attack the received wisdom! They state: "[their] historical reasoning is speculative, however, whereas the linguistic reasoning is principled and based on precise and ample data" (2000: 69).

Now for my thoughts on the Dakin-Wichmann historical scenario, which, they admit, is speculative. In the resumen, Dakin and Wichmann (2000: 69) claim that the Classic Maya knew the word *KAKAW* (cacao) from the mid-fourth century A.D. On page 66, these linguists state that the "word *KAKAW* was already used by the Mayas as early as the mid-*fifth* century" (emphasis mine). This is not a typo, because they also say on page 66, twice, that the Maya knew the word *KAKAW* from as early as the mid-fifth century A.D. Elsewhere (pp. 66-67), they state "the word was probably in use among the Mixe-Zoqueans even earlier, perhaps as early as the first century A.D. If the pan-Mesoamerican word for "cacao" is Nahuatl, an early form of this language must have been spoken in Mesoamerica quite early, the most conservative estimate possible being around A.D. 400." I believe A.D. 500 is the more likely. M. Coe (letter to the author dated August 14, 2009) stated that cacao and chocolate appeared on the Gulf Coast as early as 1500 B.C! It appeared on the Pacific coast and in Honduras at ca. 1800 B.C. calibrated.

Dakin and Wichmann state that the most widely considered alternative identification for Teotihuacan is Totonac (Justeson *et al.* 1985). They believe the Justeson *et al.* hypothesis is weak (2000: 67). Dakin and Wichmann claim the Totonacan hypothesis (1985: 28, 68) is based on supposed borrowing of five words from Totonacan to other Mesoamerican languages.

In fact, only one of these words ("heart") may, in our opinion (Wichmann 1998), convincingly be interpreted as a loanword, and it does not have nearly the same radius of diffusion as "cacao."

There is no doubt that the Maya knew the word for cacao (*KAKAW*) as early as A.D. 420 when it is found in Burial 10 at Tikal, which is the final resting place of Nun Yax Ayin (aka "Curl Nose") who appears to have been the son of a Teotihuacan ruler nicknamed "Spearthrower Owl" (Stuart 2000). Two locally produced, Teotihuacan-style cylindrical tripods with dedicatory texts containing the word "cacao" – in this case *KA-WA* – were found in this burial (Dakin and Wichmann 2000: 66).

David Stuart has found further evidence for a possible Nahua link between Teotihuacan and Tikal (Stuart, personal communication to the author, August. 9, 2002).

Stuart has deciphered the Nahuat word *COZ-CA* (Coz-ca[t]), that is, "Jewel," on Stela 31, which he dates to the mid-fifth century A.D. Stela 31 is one of the most important Maya monuments for the history of "Spearthrower Owl" and his son, Nun Yax Ayin, both of whom may have come from Teotihuacan (see Stuart 2000). The word "coz-ca" is written phonetically, has syllables, and is an adjective.

Dakin and Wichmann (2000: 68) conclude their article by saying the following:

We have indicated that the ancestors of today's Pipils could have been responsible for the words [cacao and chocolate] and these people were from Teotihuacan. It would strengthen our case if we had independent evidence that Nahuatl was an important language at Teotihuacan.

To their credit, Dakin and Wichmann state that, as noted, the "historical [scenario] reasoning is speculative, whereas the linguistic reasoning is principled and based on precise and ample data." They note also that the Uto-Aztecan etymologies for "cacao" and "chocolate," which they propose, are the strongest new evidence they are providing.

"FLOWER-WORLD" COMPLEX

Jane Hill (2001) and George Cowgill (1992) have also given evidence that Nahuatl may have been spoken much earlier in Central Mexico than was previously supposed, and also may have been spoken at Teotihuacan. We shall take up only the Teotihuacan evidence. Indeed, as we shall see, the pendulum is not only swinging – has it swung?

According to Hill (2001: 925):

Several recently developed lines of research suggest that Aztecan peoples were important throughout the Classic period. Research on Uto-Aztecan religious ideologies ... reconstructs a very early stage of a Uto-Azteca "flower world" complex, where flower metaphors and imagery were central symbols of the sacred.

Clear expression of flower-world ideology is found in various murals at Teotihuacan (Taube 2000: 7-10), particularly in the Techinantitla murals. Cowgill (1992: 234-238) notes that two of the glyphic compounds at Techinantitla contain a four-petalled flower sign, one affixed to a banded flint blade and the other a red bone. Cowgill notes that the flower and red-bone compound clearly corresponds to a Nahuatl flower name *tlapalomixochitl* meaning "red-bone flower". According to Taube (2000: 10), Cowgill also believes that another Techinantitla plant glyph, "resembling an inverted, loosely woven basket, may refer to the flower known in Nahuatl as *tlapaluacalxochitl*, or red-basket flower." (1992: 238-240).

Fig. 7 – Great Pyramid Tlachihualtepetl, showing location of the palace of Aquiach, Toponym with Olmeca-Xicallanca palace, Cholula. From *Historia Tolteca-Chichimeca*. (After McCafferty, 2000, fig. 11.7)

The close correspondence between the Techinantitla signs and the sixteenth-century Colonial sources suggests that the inhabitants of Teotihuacan may have spoken an ancestral form of Nahuatl (Cowgill 1992: 241). I agree in part, but I believe that Nahua was at Teotihuacan only after, say A.D. 500, as Kaufman has recently proposed, and that other languages obviously were spoken earlier in the polyglot metropolis (cf. M.E. Smith 2007: 593).

CONCLUSION

I believe therefore that it is possible that Nahua was spoken very late in the history of Teotihuacan. I also believe that these later Nahuas may have been a component of my proposed Olmeca-Xicallanca of Teotihuacan.

I conclude the Nahua section by citing Coe and Koontz (2008: 119-120) who mention Totonac, Otomí, and Popoloca as having been proposed for Teotihuacan.

> But in view of the strong continuities between Teotihuacan on the one hand and Toltecs and Aztecs on the other, in both sacred and secular features, the Nahua affinities of this civilization would appear to be the most probable. On this question, we are little wiser than were the native peoples who thought that Teotihuacan had been built by giants or gods.

THE RELICT LANGUAGES OF THE SIXTEENTH CENTURY: POPOLUCA/POPOLOCA

The Nahuatl term "popoluca" means "foreigners," "barbarians," "unintelligible," and was applied to peoples who spoke languages "foreign" to that of the Mexican, or Nahuatl, people of Central Mexico (Scholes and Warren 1965: 780). Modern students of the native languages of Mexico differentiate two distinct "popoluca" language groups: (a) the Popoluca of Puebla and adjacent areas, whose tongue is classified as part of a Popoloca-Chocho-Mazatec language family and (b) the Popoluca of southern Veracruz, who speak tongues affiliated with Mixe-Zoquean languages.

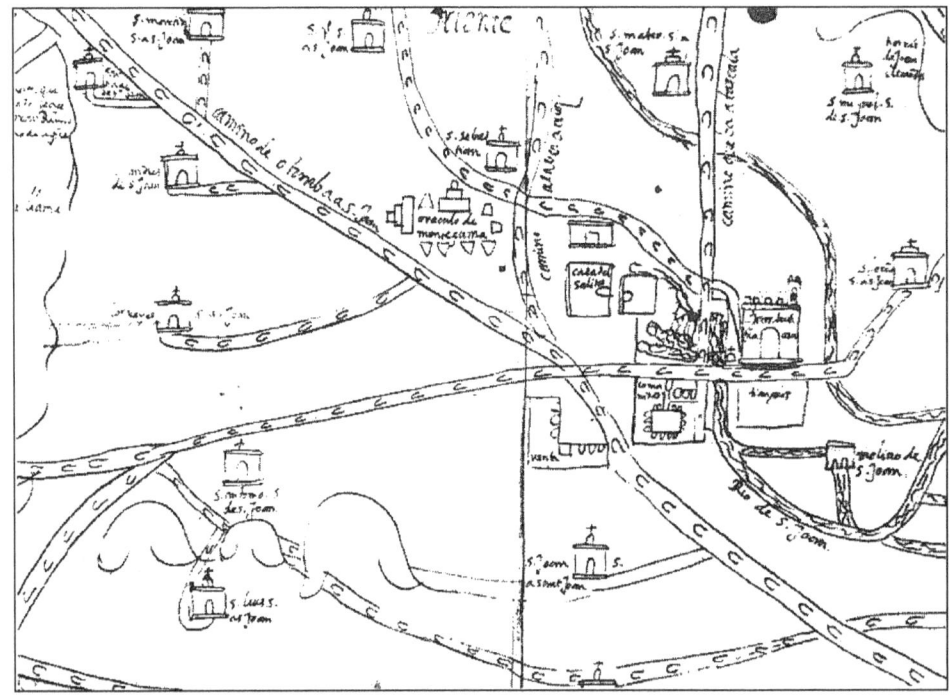

Fig. 8 – Detail of the map accompanying the *Relación Geográfica de San Juan Teotihuacan*, 1580, showing the plan of the ancient ceremonial precinct. (After Gamio 1922, lam. 140)

Popoluca

There is evidence that Popoluca, of the Mixe-Zoque family, was spoken in San Juan Teotihuacan in 1580. In the 1580 *Relación geográfica*, it is stated that the natives of San Juan Teotihuacan speak Nahuatl generally, but a very few of them speak the Otomi and Popoluca tongues (Chadwick 1963: 265; 1995: 130; Jiménez Moreno 1995: 100). (Fig. 8)

Popoloca

Jiménez Moreno (1995: 100) believed that in the sixteenth century, Popoloca was spoken in San Juan Teotihuacan and Chuchon [Chuchume] in Tacuba, one league from Mexico City. Jiménez Moreno remarked that, with respect to the first name, there could be some doubt that it referred to Chocho-Popoloca or if it was meant to indicate a non-Nahua language. The first hypothesis is the most probable, he said. In the case of Chuchon, Jiménez Moreno believed that there is no doubt that the language referred to is Chocho-Popoloca (ibid.).

There were six languages spoken in Tacuba – Mexicano [Nahuatl], Otomi, Guata [*sic*], Mazahua, Chuchume [Chochon] and Chichimeca (Chichimeca Jonaz?) (Cervantés de Salazar 1914: 38). It is known that words such as "chochon," "tenime," "popoloca," and "pinome" are used to indicate speakers of non-Nahua languages (Chadwick 1995: 130). Nevertheless, in the case of "chuchume," mentioned by Cervantés, it would appear that the language refers to Chocho-Popoloca because three of the languages are mentioned that belong to the linguistic division that Swadesh (1960: 83) has called "Macro-Mixteca," that is Otomi, Mazahua, and Chichimeca (Chadwick ibid.).

This long clarification has been necessary because Jiménez Moreno and others, including the present author, have always assumed that the "popoluca" referred to in the *Relacion* was Chocho-Popoloca. However, given the evidence outlined above, we hypothesize that the language was Popoluca of the Mixe-Zoque family and that it remounts to the Classic period. To the best of my knowledge, I am the first author to make this distinction (see del Paso y Troncoso 1905: VI, p. 220; Nuttall 1905: 56, Miller 1975).

Today, a number of scholars doubt that any language of the Nahua group was important in Central Mexico until Postclassic times. Adams (2005: 236) states the following:

An assumption was widely accepted that Nahuatl, or an early form of it, was spoken in Teotihuacan. Now, there seems to be a consensus that the language, whatever it was, was not Nahuatl.

And, according to Susan Toby Evans (2008: 438):

... The language spoken at Teotihuacan has not been determined... Analysis of lexical diversity within the [Nahua] language group indicates that the Coyotlatelco culture was associated with the spread of Nahua-type languages into the Basin of Mexico and adjacent areas (Kaufman 1976, but see Kaufman 2001, where he places Nahuatl at ca. A.D. 500; Luckenbach and Levy 1980). Many scholars believe that the Toltecs were the first great Nahuatl-speaking power in the region (Cowgill 1992: 241-243; 2000).

Cowgill (2000: 295-296) asserts that the Corral phase at Tula is characterized by the Coyotlatelco complex, perhaps dated at A.D. 800 – 900, but more probably as early as A.D. 600 – 800 to judge from recent calibrated radiocarbon dates for related ceramics in the Basin of Mexico.

This dating of Coyotlatelco, as stated, is germane to the dating of Nahuas in the areas of Tula and the Valley of Mexico. Smith (2007: 593, citing Kaufman 2001) states that recent linguistic research pushes the initial arrival of Nahuatl in the Valley of Mexico to ca. A.D. 500.

According to Cowgill (1992: 241):

... The people who occupied Teotihuacan soon after the destruction of its principal temples and palaces (at the end of the Metepec phase) made pottery related to the broad complex called Coyotlatelco. Admittedly, there are some continuities with Metepec ceramics, but I am more impressed by resemblances to ceramics from as far northwest as the states of Durango and Zacatecas (for a similar view see Mastache and Cobean 1989). It is tempting to equate rapid change in central Mexican ceramics after the end of Teotihuacan dominance with the arrival of Nahua speakers from the Northwest.

Cowgill (1992: 241) adds "this argument is consistent with linguistic hints that Nahua-speakers may have first entered central Mexico in significant numbers long after Teotihuacan was founded, but somewhat before its decline." That is my opinion also, based on the findings of Luckenbach and Levy (1980) and Kaufman (2001).

Charlton (2000: 502; cf. Parsons, Brumfiel, and Hodge 1996) states:

... [r]ecent radiocarbon dates suggest the possibility of some contemporaneity between ceramic complexes treated here as sequential. The epi-Teotihuacan period -defining Coyotlatelco ceramics may have coexisted with the final Teotihuacan period – defining Coyotlatelco ceramic complex (A.D. 650 – 750)....

But, according to Fournier and Bolaños (2007: 511):

Radiocarbon dates from Epiclassic sites in the southern Basin of Mexico indicate the development of the Coyotlatelco tradition around A.D. 600 or even earlier [emphasis added] (Parsons et al. 1996). Dates for Tula Chico and La Mesa (Mastache n.d.) are approximately coeval with those from the Basin of Mexico.

Porter Weaver (1981: 13; 1993) believed that "the Toltecs probably spoke Nahuatl, but not the Teotihuacanos." Knab (1983: 145) strongly indicates that a Nahua language was not that of Teotihuacan. According to Justeson and Broadwell (2007: 433), it is not plausible that Nahuas played any significant role at Teotihuacan.

To sum up, as stated previously, Luckenbach and Levy (1980: 459) cited the date of A.D. 543 for Nahua's being spoken in central Mexico, whereas Kaufman (cited in Smith 2007: 593) said Nahuatl arrived on the scene ca. A.D. 500. Furthermore, it appears that the year A.D. 500 seems to have been very important in Mexican history.

THE TIMESPAN A.D. 500 – 600

For example, Tim Knab (1983: 154), in an unusual paper, dates the divergence of Pochuteco, a small and isolated group of Nahua-speakers in Guerrero at A.D. 500 – 600. Knab dates the separation of Pipiles from its parent group between A.D. 700 – 800. He ends his article by stating that the dominant language of Teotihuacan was not Nahuatl.

René Millon (1992: 367, citing Martha L. Sempowski's 1971 dissertation), stated that she believed that people from Teotihuacan began to migrate north after A.D. 500. And, as noted previously, Edmonson (2005) dates the divergence of the Nahua groups, ca. A.D. 600.

Elsewhere in Mesoamerica, during the A.D. 500 – 600 time span, turmoil was king. The Mixteca Alta city-states moved from their Classic period hilltop locations, and Monte Alban itself was wracked with war (Jansen 2007; cf. Caso 1977: 51; Caso, letter to the author dated August 19, 1969; Chadwick 1971b: 500-503).

Caso thought that such Teotihuacan-controlled cities as Acatlán, Tehuacán, Coxcatlán, and Teotitlán del Camino participated in what Caso termed "The War That Comes from Heaven" and "The War of the Stone Men" who invaded the Mixteca Alta, fleeing from Monte Alban itself. Following this, the first dynasty of Tilantongo was established (Byland and Pohl 1994: 119-124; Jansen and Pérez Jiménez 2005, 2007). Caso (1977: 51) believed the immigrants who invaded the Mixteca Alta and Monte Alban were from the aforementioned cities in the Mixteca Baja (Acatlán) and the Tehuacán Valley (Tehuacán, Coxcatlán, and Teotitlán del Camino). He later stated they were from Teotihuacan.

Adams (2005: 248) has proposed that Teotihuacan seems to have pulled back from its contacts ca. A.D. 500. He suggests that perhaps political, economic, and military matters had undergone drastic changes over time. It appears that matters at home were unsettled.

In my opinion, Evans (2008: 276) has come close to the mark in providing an answer to the A.D. 500 – 600 time span. For example, she has voiced the opinion that the fierce, iconoclastic burning of the ceremonial center took place at ca. A.D. 500. Evans speculates that, aside from certain environmental and demographic trends,

... Teotihuacan's problems may have been part of a much larger pattern, a period of worldwide cold around A.D. 530 – 590 (Gill 2000: 293). This was probably anticipated by the eruption on about A.D. 535 of the volcano preceding the present one known as Krakatoa, which plunged the world into a kind of "nuclear winter" for years (Keys 2000).

Evelyn Rattray has described the end of Teotihuacan as follows (2001: 269):

The large number of carry-overs from the late Xolalpan phase indicates continuity in the techniques of pottery making. Although quality declines, ceramic making, albeit somewhat impoverished, continues up to Teotihuacan's final decline beginning around A.D. 550 or earlier. Metepec ceramics are not common at the ethnic barrios; the merchant's barrio and Oaxaca barrio are partially abandoned by this time. Late Classic Gulf Coast and Maya sherds are rare at Teotihuacan. As far as we can determine, little building activity was undertaken in the last 100 years of Teotihuacan's existence. Recent excavations have modified our ideas on the chronology of Teotihuacan and the scenario of sudden catastrophic fall...

MICHAEL COE REFUTES DAKIN-WICHMANN

According to M. Coe, there is firm evidence for the use of cacao and chocolate in the Olmec heartland by about 1500 B.C. carbon-14 calibrated (Coe, letters to the author dated Aug. 14, 2009 and Nov. 10, 2009). This was determined from the presence of theobromine in several potsherds. Theobromine is the signature alkaloid in chocolate, providing firm proof that the complex for producing the drink was already known by the Olmecs at El Manatí in the Ojochi Phase and by their predecessors (Coe and Koontz 2008: 71-72).

Coe (letter to the author dated February 18, 2010) says that he is extremely doubtful about Dakin and Wichmann's claim that the word for "cacao" is Nahua in origin. He states that "cacao" and "chocolate" were developed in the Mesoamerican lowlands by at least 1800 B.C., carbon-14 calibrated, according to the latest chemical evidence from Paso de la Amada in Soconusco. He thinks that Campbell and Kaufman (1976) are right about proto-Mixe-Zoquean being the donor of the word "*kakaw*" to the rest of Mesoamerica. Coe states (in the same letter) that whoever first cultivated this plant, had to live in a frost-free, high-rainfall, lowland area. He says: "This removes the Nahuas from consideration."

According to that authority, the Nahua didn't arrive in the Olmec area until A.D. 800. Coe states that Oswaldo Chinchilla has informed him that the Pipil are definitely post-Cotzumalhuapa, i.e., Postclassic.

MIXE-ZOQUEAN

According to Evans (2008: 202):

Chocolate is derived from seeds borne by the Theobroma cacao tree. Its Linnaean name combining a Greek-derived word meaning "food of the Gods," with a Nahuatl-derived term (pronounced kahCOW). The Nahuatl word was a loanword from Maya and perhaps ultimately from Mixe-Zoque (Kaufman and Justeson 2006). These word derivations point to the cacao tree's long-term cultivation in the tropics of Mesoamerica, though it may have originated in South America (McNeil 2006: 45). Scholars believe that its earliest cultivation in Mesoamerica may have taken place along the southern Pacific coast in the Formative period. Cacao was an important trade item, and the Maya merchant god, Chuaj, was a patron of cacao.

John S. Justeson, William Norman, Lyle Campbell, and Terrence Kaufman (1985: 68) believed at the time that "Nahua cannot be considered as a plausible candidate for the language of Teotihuacan and Mixe-Zoquean and Totonacan are the only two Mesoamerican language groups that are viable candidates for the language of Teotihuacan." These linguists prefer Totonacan. Of the lexical innovation characterizing the greater Lowland Maya area, Mixe-Zoquean loans account for at least six percent and Totonacan another two percent.

Norman MacQuown (cited in Jiménez Moreno 1995: 103) has found strong relations between Totonacan-Tepehua and Mixe-Zoquean. Jiménez Moreno referred to the Totonaca-Zoqueanos of Teotihuacan II-III (his proto-Olmecas) (1995: 105, 107 Fig.) as the carriers of the high culture of those phases at Teotihuacan.

KAUFMAN'S HYPOTHESIS REDUX

In 1976, Terrence Kaufman offered a stimulating hypothesis about the languages spoken at Teotihuacan. He said that the area in which Teotihuacan is located contains Otomangue languages of the Oto-Pamean family: Matlatzinca-Ocuiltec and Otomí-Mazahua. To the north of the area in which Teotihuacan is situated, other Oto-Pamean languages, including North Pame, South Pame, and Jonaz (Chichimec), "have always been spoken in the area in question" (1976: 113).

Likely languages for Teotihuacan are then: Matlatzinca-Ocuilteca, Otomí-Mazahua, Totonac, Tepehua, possibly even Chochoan or Mixtec.

Kaufman's hypothesis is partly corroborated by Francisco Cervantés de Salazar (1914: 38, cited in Chadwick 1966a: 8; 1995: 129-130). According to him, as already mentioned, in the sixteenth century:

in a town that is called Tacuba, which was one league from Mexico, there are six different languages. These are Mexican [Nahuatl] although corrupt because it is hilly where it is spoken; Otomí, Guata [sic], Mazahua, Chuchume, and Chichimec.

In the case of the "Chuchume", Cervantés de Salazar is referring, as established above, to Chocho-Popoloca, since he also mentions three other languages which obviously belong to the language division Morris Swadesh (1960: 83) has called "Macro-Mixtecan," i.e., Otomí, Mazahua, and Chichimeca Jonaz. Thus, since we now know that Nahuatl may have been spoken at Teotihuacan, all but one of the languages spoken in Tacuba, near Teotihuacan, are included among the languages mentioned by Kaufman as being spoken in the area. Guata is an unknown tongue.

Kaufman (1976: 114) has proposed that "it is also possible that Kaminaljuyú was not occupied by Mayan speakers in the Arenales phase; if so, that language is extinct – unless it was Xinca, which seems unlikely." However, Edmonson (1988: 189), speaking of a calendrical inscription, says that it "makes it clear that the writing system of Kaminaljuyú was that of Teotihuacan. Other considerations suggest that the Kaminaljuyú calendar was that of the Zoquean-speaking Xinca...."

TOTONACS

Torquemada records that the Totonacs affirm they were the builders of the great pyramids of Teotihuacan (Jiménez Moreno 1995: 104). Jiménez Moreno also saw resemblances between the religion of the Totonacs and the early "offering" fresco in the Temple of Agriculture (Fig. 9). Millon (1988: 131), speaking of the ubiquitous El Tajín "Lustrous Ware," which is found throughout the city and is not just limited to the so-called "Merchant Barrio," says that it appeared at Teotihuacan roughly a century before elements of the El Tajín art style are found at the polyglot metropolis.

El Tajín is usually conceived of today as an Epiclassic phenomenon, but both the ethnic identity of the builders of the city and the chronology are currently debated (Sarro 2001: 232). The city's builders, once thought to have been the ancestors of the Totonacs, who today inhabit the area, "are now believed by most scholars to have been the Huastecs" (but see Brüggemann 1991 and Stresser-Péan 1971). Jiménez Moreno (1966: 58) says that the bearers of the El Tajín culture "were Totonacs... and perhaps some Huastecs were incorporated with them." José García Payon, S. Jeffrey K. Wilkerson, and Paula and Ramon Krotser (cited in Sarro ibid.) concluded that El Tajín began as a village in the first century A.D. and flourished until the twelfth century. Jurgen Brüggemann and associates believed that the lifespan of El Tajín was between A.D. 850-1150 and that Totonacs

Fig. 9 – "Totonac" offering scene, Temple of Agriculture, Teotihuacan.
(After Miller 1973, p. 63, fig. 68)

were dominant. The late Román Piña Chan and Patricia Castillo Peña (1999: 91) voiced the opinion that Totonacs were the builders of El Tajín, and they stated that its time span was from A.D. 1-500. They also mention that the first merchants from El Tajín reached Teotihuacan during the A.D. 250-350 period.

Rattray (1989: 111) dated the "Merchant Barrio" at Teotihuacan to ca. A.D. 400-550 [probably A.D. 300-450] or Early Xolalpan, the period contemporaneous with the "Huastec" round structures. The finding of the circular buildings led Rattray to believe and state, in 1990, that the earliest foreign ceramics to appear there are from the Huasteca region, and are found in Late Tlamimilolpa deposits (1990: 126; but see below where Rattray states that Formative period Maya ceramics were the first to appear in the "Merchant Barrio"). It appears, then, that Totonacan may have been one of the principal languages spoken throughout much of Teotihuacan's history, although, it is probable that Mixtecs, Chocho-Popolocas, Zapotecs, Mazatecs, Mixe-Zoqueans, Popolucas, and Nahuas may have supplanted Totonac in the Xolalpan phase or much earlier. Karl A. Taube dates Maya hieroglyphic writing at Teotihuacan to the mid-fifth and sixth centuries A.D., say from A.D. 488-573 (see below), and I now believe that Maya may have been an important elite language at Teotihuacan (see *Dallas Morning News*, "Jade find may link cultures," Nov. 25, 2002, p. 4C). Covarrubias (1954: 129) has made the interesting statement that "the builders of the cities of El Tajín and Teotihuacan ... were the Paleo-Olmecs of Jiménez Moreno, a people of Mixtec stock (Macro-

Otomangue) who had, in turn, split the linguistic continuity of the Totonac-Zoquean Proto-Olmecs...."

TERRENCE KAUFMAN'S RECONSTRUCTION: ABOUT MIXE, ZOQUEANS, TOTONACS, NAHUAS (2001). (SYNTHESIS BY CHADWICK)

[p. 1] Abstract: Nahua was influenced by Mixe-Zoquean, Huastec, and Totonac before beginning to show regional variation. Linguistic facts preclude the presence of Nahuat in the Valley of Mexico before A.D. 500. Subsequent to the arrival of Nahuat in central Mexico, Totonac, Mixe-Zoquean, and other languages influenced regional variants of that language.

[p. 2] In various Mesoamerican languages, we can recognize Mixe-Zoquean loans that go back to 500 B.C. and earlier.

[p. 4] Ca. 535/536, there was a blowup of Krakatoa, and in the aftermath, there was climatic degradation worldwide ca. 535/536 – 541/542. There was a 50-year drought from ca. 535-585 at Teotihuacan. During the sixth century, there was a significant increase of juvenile skeletons with evidence of nutritional deficiency; elite dwellings were wrecked, and temples were burnt. There was an Olmec-looking presence in northern and western Mesoamerica in Olmec times, from about 1000 to 400 B.C. (cf. Chalcatzingo). From 400 B.C. until A.D. 500 Nahuat received a small number of Mixe-Zoquean loans and a greater number of Huastec loans.

[p. 6] Who was living in the Valley of Mexico in A.D. 500? More than one historical source reports that Totonacs were supposed to have built Teotihuacan. The presence of apparent Totonac loans (but few of them) (cf. Justeson *et al.* 1985) in other Mesoamerican languages suggests that, indeed, Teotihuacan civilization was partly borne by Totonaco speakers.

[p. 7] Among groups known to have been in the vicinity of the Valley of Mexico, Totonaco is in fact the best candidate for the language of the most important group of Teotihuacanos, no matter how "important" it is defined. But perhaps Mixe-Zoquean is a better bet since the degree of Mixe-Zoquean influence on Nahuat is probably even greater than that from Totonaco. There was no Mixe-Zoquean-speaking population in central Mexico at the arrival of the Spanish. But the Mixe-Zoquean loans found in all types of Nahua indicate that there existed a Mixe-Zoquean population in or near the Valley of Mexico some time in the period 400 B.C. to A.D. 500, and, of course, possibly later.

[Since there was a possible proto-Mixe-Zoquean "Olmec" population at Chalcatzingo from 1000 – 400 B.C. (cf. Campbell and Kaufman 1976) and from 400 B.C. to A.D. 500, and possibly later, this means that logically speaking, if not linguistically proven, there was a Mixe-Zoquean population in the Valley of Mexico, or nearby (i.e. Morelos) for at least 1100 years.]

[p. 12] Pre-Nahua also borrowed some lexical items of Mixe-Zoquean origin, possibly as a result of the presence of Olmec outposts in central and western Mexico in the period 1000 – 400 B.C.

[p. 24] In Totonac and Mixe-Zoquean languages, pluralization of nouns is morphological, marked by suffixes. One of these languages could have served as the model for Nahua.

[p. 28] It seems clear that both Totonac and Mixe-Zoquean languages were crucial in the Mesoamericanization of Nahua. In fact, as far as structural patterns are concerned, a Mixe-Zoquean language could have done it. Only Mixe-Zoquean languages have all the structural traits that Nahua adopted.

[p. 29] Chalcatzingo, Morelos, flourishing 1200 – 900 B.C., seems to be a likely time and place for the establishment of an Olmecoid "northern" Mixe-Zoquean population in Central Mexico. The northern Olmecoid Mixe-Zoquean culture engendered/inspired the Tlatilco and Cuicuilco phases of the Valley of Mexico. Whether Mixe-Zoqueans spread into the Valley of Mexico or remained at the periphery remains unclear. Chacatzingo may have persisted into the Classic.

[p. 29] The major sites in Central Mexico from the Middle Preclassic through the Epiclassic were Chalcatzingo, Teotihuacan, Xochicalco, Cacaxtla, and Cholula (Fig. 2). Candidates for the builders or rulers of these sites are Mixe-Zoqueans, Totonacs, Nahuas (after A.D. 500) and Cholans after (A.D 700). Is it possible that there was a Mixe-Zoquean colony in the Valley of Mexico in A.D. 500? If Totonacs were at Teotihuacan, this might explain some of the striking lexical and grammatical resemblances between Totonaco and Mixe-Zoquean. Kaufman has shown how the influence of Mixe-Zoquean was a paramount (though not unique) influence in the Mesoamericanization of Nahua.

LINGUISTIC DIFFUSION OF MIXE-ZOQUEAN (FROM KAUFMAN AND JUSTESON 2006)

About 100 Mixe-Zoquean words were borrowed into southern Mesoamerica – Mayan, Zapotec, Huave – and more southerly Central American languages like Xincan and Tol, the vast majority were probably adopted from Zoquean. Especially Totonacans, Nahuas, Tarascans, and Matlatzincans borrowed in and around the Basin of Mexico, about 90 Mixe-Zoquean words. Most of this borrowing in both regions occurred during the Preclassic era, and most of the rest during the Early Classic.

In both areas, the borrowed vocabulary comes from all semantic domains, but most commonly borrowed were words for cultigens, especially those of lowland origin (for example, cacao, papaya, guava, manioc, sweet potato, and gourds), and words relating to the ritual calendar (for example, names for animals and plants were names of the days in the ritual calendar, and words for numbers and systems of numeration). Some of the borrowings in the south are attributable to Olmecs, others to epi-Olmecs.

A northern group of Mixe-Zoquean loans may seem surprising, given the Gulf Coast homeland of this family and their association with the Olmec civilization; but there were small settlements of Olmec immigrants in the Basin of Mexico around 1200 B.C. Kaufman has shown that the geographic distribution of the northern loans puts their source in the eastern half of the Basin of Mexico; they were probably associated with the influence of Teotihuacan in Central Mexico.

MIXTEC

I will now take up the cudgel of Mixtec once again (cf. Chadwick 1966a, 1995) and tackle the elusive Mixtec evidence for Teotihuacan. There are some new linguistic data, but most of what we have is still indirect, circumstantial, and speculative. On the plus side, however, it is eminently logical (see Arana Osanya 1960;

Arana Osanya and Swadesh 1965; Edmonson 1988: 211; 2005; Fernández de Miranda and Weitlaner 1961; Harvey 1964; Josserand 1983; Longacre 1961; Longacre and Millon 1961; Swadesh 1967). The notion of a Mixtec or Olmeca-Xicallanca Teotihuacan has been around for a long time, and such influential scholars as Eric Wolf (1959: 95) and Stephen F. de Borhegyi have lent their voices affirmatively to the fray (cf. Davies 1977: 111, 113 *passim*). More recently, Munro S. Edmonson has proposed that Mixtec is a strong candidate for the language of Teotihuacan (1988: 170, 211; 2005: 170-173). His remarks bear full quotation:

The Teotihuacan script is found in Central Mexico and in Southern Guatemala in the Preclassic and continuing into the Classic period. It may have been used primarily by speakers of a proto-Otomanguean language in its northern range, but if the language of Teotihuacan is problematic, that of Kaminaljuyú is more so (p. 170). Historically, the Mixtec have used at least two distinctive calendars, Yucuñudahui and Tilantongo, and two corresponding writing systems, and Mixtec is a strong candidate for having been the language of Teotihuacan as well (p. 211).

The Mixtec hypothesis was first expressed to the author in a letter from John Paddock dated March 1, 1988 (see Paddock 1964, 1966b):

New synthesis: The early Mixtec capital was Teotihuacan. When its commercial enterprise failed, one considerable gang of Mixtecs migrated to Xicallanco. But the Palencanos didn't like that and founded Comalcalco to outflank them. They returned to the highlands then, after only a generation or two. In the highlands they founded Cacaxtla; at that time the Mangues of Cholula fled to Chiapas and Central America... but after a while at Cacaxtla, the Mixtecs repopulated Cholula and then went on into the Mixteca, where, in A.D. 990, the First Dynasty of Tilantongo was established. Apparently one group of Mixtecs attempted a return to the Valley of Mexico by participation in early times at Tula, but the Nahuas ran them out.

Paddock's most comprehensive outline of this hypothesis was published in Spanish in the almost unobtainable *Notas Mesoamericanas* 14 (1992-1993), and I quoted it liberally in Part 1 of this essay.

Weitlaner, citing Jiménez Moreno and Kirchoff, in a paper read at the first Mesa Redonda of the Sociedad Mexicana de Antropología in 1940, proposed that the populations of the Valleys of Mexico and Puebla had been Mixtecs and Mazatecs before the late arrival of the Nahuas (Weitlaner 1941; cf. Dakin and Wichmann 2000; Hill 2001). Nick Hopkins stated that (1984: 31) Otomangues must have occupied the Valleys of Puebla and Tehuacán before the arrival of the Nahuas, adding that Otomangues are strong candidates for the basic population of Teotihuacan (see also Schumann 1975).

In a memorandum entitled *Mixtec Teotihuacan without Linguistics*, dated Oct. 27, 1987, and circulated to "Believers, Skeptics, Unbelievers," John Paddock wrote that before the founding of the First Dynasty of Tilantongo in A.D. 990, there was a series of wars (Paddock was using Rabin's unpublished chronology, in which she does not date the early, so-called "mythological" parts). Paddock went on to say that these wars may be what Antonio de los Reyes tells. The Mixtecs came in and brought their laws ("imposed their culture") and imposed them on earlier inhabitants who may have also been Mixtecs. These were wars of conquest. Paddock adds : "it is conspicuous that nobody has been able to trace codex-period culture to earlier times in the Mixteca. However, for decades scholars have been pointing out probable antecedents of late Mixtec culture in Teotihuacan."

Many Mixtec-codex scholars have tentatively accepted the still-unpublished Emily Rabin chronology without seeing a draft of the manuscript. I am not one of them. As Mary Elizabeth Smith wrote in 1975 (pub. 1983):

At the present time, it is impossible to discuss with any certainty the Mixtec dynastic record of the period A.D. 600-900. Although Alfonso Caso (1949, 1950, 1960, 1964) proposed correlations between the specific year-dates in the Mixtec manuscripts and Christian year-dates, these correlations are currently being re-evaluated and will undoubtedly be revised (Smith 1983: 213).

It is now 25 years since Smith wrote that, and even in 2008, a popular text states (Coe and Koontz 2008: 176) that "analysis of this material by Emily Rabin has established that it covers a 600-year time span beginning about A.D. 940." The results of Rabin's unpublished research have become a *fait accompli*. To their credit, Bruce E. Byland and John M.D. Pohl, in their important anthropologically oriented text published in 1994, did include a portion of the elusive chronology, which Rabin provided them (1994a: 236-245).

Caso (1977: 51) placed these wars in the A.D. 500-600 timeframe, and I am certain that was his final opinion on the matter (Caso 1960: 29; 1977: 51; letter to the author dated August 19, 1969; see Chadwick 1971b: 475). Dr. Caso died in 1970. Caso voiced the opinion that the invaders of the Mixteca in the Stone Men wars, also called the "War that Comes from Heaven," were Teotihuacan people not from the metropolis, however, but from such Teotihuacan-controlled cities as Acatlán, Tehuacán, and Teotitlán del Camino (Anders *et al.* 1992: 90; Byland and Pohl 1994: 119-124; Chadwick 1971b: 500-503; Ringle *et al.* 1998: 185-187).[7]

---

[7] It is interesting to note that the name Siyaj K'ak' (aka "Smoking Frog") appears on a seventh-century panel from the Palenque Palace. Siyaj K'ak' was a personage in the A.D. 378 Teotihuacan *entrada* at Tikal (Martin and Grube 2000: 156; Stuart 2000). I believe that the seventh-century Battle Murals at Cacaxtla are in some way connected to this mention of "Smoking Frog" and that they are also related to the seventh-century "Star Wars" that wracked the Lowland Maya region (Harrison 1999; Martin and Grube 2000; Schele and Friedel 1990;

Fig. 10 – Glyphs from La Ventilla. (After Cabrera Castro 2000a, pp. 212-13, fig. 7.14, 7.15)

Jiménez Moreno (1966: 44) stated the following which is germane to the present discussion: "It seems to me that some earlier codex, perhaps from Teotihuacan, must have inspired the first Mixtec attempts at writing at the close of the seventh century and the beginning of the eighth...."

Such a codex has now been found. The recent discovery of the Plaza de los Glifos at La Ventilla has transformed our understanding of the nature and extent of Teotihuacan writing (Taube 2000: 13). "The plaza contains some 42 hieroglyphs appearing as individual signs on adjoining walls. The red-painted glyphs occur in the central patio in a quadrangle delineated by red lines." (Fig. 10).

According to Ruben Cabrera Castro (1996: 39; 2000: 213), the glyphs date to Late Tlamimilopa or Early Xolalpan, approximately A.D. 300-450. Coe and Koontz (2008: 118) stated that the La Ventilla plaza has clear Maya [?] and "Teotihuacan signs [that] fill the floor in a regular grid pattern." One of the glyphs is the ubiquitous "reptile eye" sign.

Finally, we know that there were strong links between the Ñuiñe culture of the Mixteca Baja, which flourished from A.D. 300-800, and Teotihuacan (Winter 1989, 1991-1992, 1994, 1998; Paddock 1966a). Winter, Margarita Gaxiola G. and Gilberto Hernandez E. (1984: 89) stated: "some communities in the Mixteca Baja seem to have had relatively direct contact with Teotihuacan." And, according to Winter (1991-1992: 158), the urban centers of the Mixteca Baja appear to have had closer relations with Teotihuacan than with the Zapotecs in the Valley of Oaxaca. Also, he says that Ñuiñe *urnas* have decorative colors like Teotihuacan braziers and that the Ñuiñe god possible derives from the Huehueteotl of Teotihuacan. Winter adds that central Mexican ceramics (1994: 214) may resemble Ñuiñe ceramics because Teotihuacan received pottery from the Ñuiñe region. In speaking of the obscure origins of the Late Postclassic in the Mixteca

---

Schele and Mathews 1998). According to Carlson (1993: 245), the "Cacaxtla merchant warriors... began making military incursions into the Maya Lowlands along the Usumacinta and Pasión River Drainages, and up into the Yucatan Peninsula, on the eve of the Lowland Maya collapse." They carried a new manifestation of the Tlaloc-Venus cult of warfare. And Ringle *et al.* (1998: 226) voiced their opinion that the "so-called 'Star Wars' or Venus-Tlaloc wars at the end of the Late Classic are direct references to the cult" [of Quetzalcoatl]. Another possible seventh-century event connected to the massive migrations of the Epiclassic is the "War of Heaven" or "War Against the Stone Men" in the Mixtec codices. In this war, Monte Alban is nearly abandoned (Jansen 1998: 117-119), and through a series of marriage alliances, the kingdoms of Tilantongo and others rise to power [I am following the Caso chronology] (Caso 1960; 1977: 51; Chadwick 1971b; Byland and Pohl 1994; Pohl and Byland 1994). Corona Nuñez (1967: 76, 82, 84, 108, 142) gave an almost identical interpretation to the obverse of Codex Vindobonensis. Nicholson (1978: genealogical chart) indicated that the parents of the "mythical" founder of Solar Hill-Battlement Wall, 4 Alligator "Bloody Eagle," may have come from Cholula originally – the places called "Staircase" and "Temple of White Dots" (Chadwick 1971b: 495, 500, n. 19; 502, n. 19; n.d.). His wife, 1 Death "Sun Headdress," was the daughter of a ruling Monte Alban couple (Jansen 1998: 114; Jansen and Pérez Jiménez 2000: 75, n. 43; 2005; 2007). A daughter of 1 Death married Lord 9 Wind "Stone Skull," one of the main protagonists in the "Stone Men War."

Fig. 11 – Jaguar with speech scroll, Atetelco, Teotihuacan. Early Classic.
(After Coe and Koontz, 2008, p. 113, fig. 79)

Fig. 12 – Yacatecuhtli, God of merchants with speech scroll. Zacuala Palace. Early Classic.
(After Miller 1973, p. 112, fig. 206)

(1991-1992: 171), Winter has observed that it is possible there was a fusion between the carriers of the Ñuiñe culture and groups in the area of Cholula and Cacaxtla that led to the formation of the late Mixteca Alta culture.

Bernd Fahmel Beyer (1998: 203) says that it is curious that the combination of Zapotec and Teotihuacan elements that appear in the Ñuiñe culture are not in evidence in the Mixteca Alta. And Nick Hopkins (1984: 53) adds that if one assumes that both the Mixteca Alta and Baja were at least partially Mixtec-speaking in the Classic, "such differential spheres should be reflected within Mixtec [and] there are isoglosses which divide Mixtec along the Baja/Alta boundary."[8]

To conclude, as I have proposed since 1961, I believe there was a Mixtec-speaking barrio at Teotihuacan whose population was a component of my proposed Olmeca-Xicallanca (Chadwick 1966a, 1995; see Covarrubias 1957). But more linguistic and archaeological work is needed to support or refute this hypothesis.

MAYA

Evelyn Rattray (1987: 261) who excavated the so-called "Merchant Barrio" notes that members of the Teotihuacan Mapping Project found about 500 fragments

---

[8] There is also linguistic evidence about Zapotec, Mixtec, and Teotihuacan year-bearer signs that is perhaps germane to mention here. Justeson *et al.* (1985: 38) note that Caso ... proposed that the Zapotec year-bearer sign on a stela from Yaguila "is a form transitional toward the Mixtec in its use of nestled brackets... Although these forms do not interlace as in the Mixtec examples, neither do they interlace in iconographic instances from Teotihuacan which approximate closely the Mixtec forms." Winter (1991-1992: 154) says that the Ñuiñe A-O year sign is like Teotihuacan but unlike the Zapotec.

of Tzakol and Tepeu ceramics from the northern Maya region in the barrio. Among the ceramics were *Petén Gloss* and *Dos Arroyos Orange Polychrome* (Rattray 1989: 123).

At Xocotitla, in the "Merchant Barrio", Rattray found Maya sherds in the lowest levels that belonged to the Maya Formative. The formative Maya sherds were identified by Ruz Lhuillier (Rattray 1987: 261). [I cannot reconcile this statement with her 1990 opinion that the earliest foreign ceramics to appear at the "Merchant Barrio" are from the Huasteca region (1989: 111; 1990: 126). See above].

This is not the only example of early Maya pottery at Teotihuacan. According to Taube (2000: 5): "Excavations in the Pyramid of the Sun revealed lowland Maya Chicanel phase sherds (Smith 1987: 67)." Taube states that George Cowgill believes those sherds can be contextually dated to the first century A.D. The present author found a "Mayoid" *escudilla* in the rubble of the Patio del Sol (1963-1964 INAH excavations, Zona 5-B; Muller 1978: 33-34, 70; Chadwick 1964), but I am uncertain as to its age, although Muller compares it to Holmul I ceramics.[9]

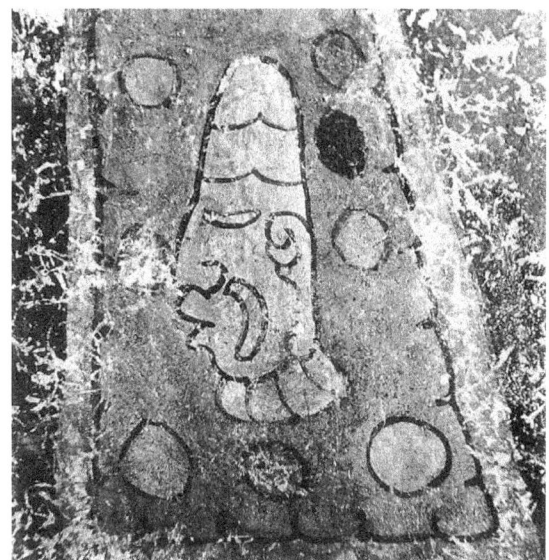

Fig. 13 – "Olmec" appearance. Tetitla, corridor 12a, Mural 2 detail of north figure. (After Miller 1973, p. 154, fig. 325)

PHONETIC WRITING AT TETITLA

Karl A. Taube (2000: 14-16; 2003) has identified individual Maya glyphs and compounds in the so-called "Realistic Paintings" at the Teotihuacan compound named Tetitla (Fig. 14, 15). One mural fragment is composed of two glyphic compounds and appears to mark the beginning of the text. Taube dates the Tetitla texts to the mid-fifth and sixth centuries A.D. This dating is based on the fact that the *Yax* sign (meaning "green" or "first" in Mayan) has duration at Tikal of A.D. 488-573. Taube concludes that the "Realistic Paintings" contain texts written phonetically in Mayan. He believes the specific language was Classic Ch'olti'an (personal communication to the author, Aug. 15, 2002). I will not speculate on what specific Mayan language was spoken by Formative period Mayas in the "Merchant Barrio."

Fig. 14 – Olmeca-Xicallanca at Tetitla. "Pinturas Realistas". (After García Cook, Merino Carrión y Mirambell 1995, p. 228, fig. 23)

THE ARRIVAL OF TEOTIHUACAN STRANGERS AT TIKAL

David Stuart (2000: 465-513), in an elegant tour de force, used his own hieroglyphic decipherments to make a convincing case that there was a Teotihuacan *entrada* at

---

[9] It is interesting to note that the Lápida de Bazan found at Monte Alban shows Teotihuacan figures. According to Taube (2000: 39): "The Teotihuacan elements in the Lápida de Bazan text should best be viewed as a direct borrowing of Teotihuacan symbolism, rather than simply local Zapotec references to Teotihuacan art.... Still another Teotihuacan-style sign is the second glyph in the upper right corner, a human hand holding a spear thrower. At Early Classic Tikal, the hand-held spear thrower often appears in texts containing clear references to Teotihuacan..." I suggest that the human hand-held spear thrower could be the imperial emblem of Teotihuacan. Carlson (1993: 227) speaks of the Owl War Emblem, and I have mentioned Stuart's "Spearthrower Owl" on Stela 31 and the Tikal marcador at Tikal earlier in this essay.

Fig. 15 – Maya. "Pinturas Realistas". (After García Cook, Merino Carrión y Mirambell 1995, p. 221, fig. 14)

Fig. 16 – Copan, "bilingual text" "translation". (After Stuart 2000, p. 495)

Tikal in A.D. 378. During this event, the line of succession was disrupted, and a probable Teotihuacan ruler nicknamed "Spearthrower Owl" had his son, Nun Yax Ayin (aka "Curl Nose"), placed on the Tikal throne under the "supervision" of a mysterious figure named Siyaj K'ak' (aka "Smoking Frog"). Whether or not this individual was from Teotihuacan cannot be determined at this time (Martin and Grube 2000: 30).

There are accompanying hieroglyphic references to this event on Stela 31 (which contains the Nahuat word *cozca*) and on the ballcourt marker at Tikal. Stuart also found glyphs on Stela 31 that refer to a place called *Puh* or "Tule Place," which he believes is the Maya name for Teotihuacan in the Classic. "Tule Place" means Tollan in Nahuatl. Stuart (2005) also believes that the *Puh* glyph can be associated with the "reptile eye" glyph at Teotihuacan, and he has suggested that this glyph represents "cattail" reeds for other traditions in Mesoamerica (cited in Schele and Mathews 1998: 361, n. 17).

Aside from the Plaza de los Glifos at the La Ventilla compound at Teotihuacan, perhaps the next, nearest example of Maya-Teotihuacan writing may appear at Copán (see Taube 2000, 2003; Stuart 2000). Stuart notes that the temple superstructure of Structure 10L-26 at Copán contains a parallel text – one written in a Teotihuacan-style "font," as Stuart puts it, but nevertheless Mayan script; the other text contains more conventional Mayan full-figure glyphs (Fig. 16). Fash (2001: 145) states that the so-called Teotihuacan font was the interpretation by a Maya scribe of what Teotihuacan writing would have looked like.

In conclusion, I have shown that the Maya presence at Teotihuacan remounts to the Formative and is in evidence throughout much of the polyglot city's life. Thus, we have the seeds of the Maya Olmeca-Xicallanca influence later seen at Cacaxtla and Cholula in the Epiclassic. Foncerrada de Molina believes the Maya influence at Cacaxtla came from Teotihuacan and not by direct penetration from the Maya region (Foncerrada de Molina 1995a).

ZAPOTEC

In 1966 and 1967, René Millon and John Paddock found and partially excavated a barrio in San Juan Teotihuacan, which was called San Juan Evangelista Tlailotlacan in the sixteenth century (Millon 1967, 1973, 1981, 1988; Paddock 1967, 1983; Rattray 1993; Spence 1989, 1992). Most of the ceramics were from Monte Alban II, which may have been a Mixtec city. Caso and Bernal did not identify Monte Alban as Zapotec until Monte Alban IIIa.

E. Arana Osanya thought that the populations of Monte Negro in the Mixteca Alta were Mixtecs proper and that Monte Alban I was Amusgo-controlled (1960: 265).

Caso queried if Monte Alban I possibly represented "an ancient population of Mixtecs or their 'Olmec' ancestors" (Caso 1942: 183; cited in Chadwick 1966b: 254). And Paddock (1966b: 379-380) mentioned the possibility of Mixtecs in Monte Alban I and II. Is it not possible that Mixtecs first lived in the Oaxaca Barrio and later, it was controlled by Zapotecs? The name Tlailotlacan suggests that this may have been the case. Tlailotlaque means "the returned ones" and is usually associated with Mixtecs (see below).

Along with ceramics diagnostic of Monte Alban II and a Oaxaca-type urn of Monte Alban II-IIIa, a Monte Alban-style tomb with a Zapotec hieroglyph on the doorjamb was located (Paddock 1983: 170). But Paddock explains why he cannot "discard completely the possibility of a Monte Alban II occupation." Paddock mentions G-12 pottery in the barrio, "which is especially important because it turns up in the Mixteca Alta and Baja as well" (ibid. 174).

Spence (1989: 94, 97) states: "there were fragments of human figurines and animals. The human figurines are very similar to those of Monte Alban I and II…. Some of the Oaxacan elements in the barrio could be anachronisms. The figures, zoomorphic *cajetes* and [other] G.12 and G.21 vessels, are more characteristic of Monte Alban II and the Transition II-IIIa period… from A.D. 200-300."

According to Millon, the tomb with the Zapotec glyph belonged to the Metepec Period, now dated to A.D. 550-650 (Cowgill 1996). Paddock disputed the Metepec dating (1983). Paddock also proposed that the Oaxaca Barrio was occupied as early as A.D. 100-200. Fortunately, I have had the opportunity of consulting Rattray's important monograph (1993) on the Oaxaca Barrio, and she concurs with the Monte Alban II ceramics designation.

The Zapotec influence at Teotihuacan was quite large. Rattray (1987) made a surface survey and found Zapotec ceramics as far north as Cerro Gordo. I note that Linné (1934), in his Mazapan excavations, found two figurines whose headdress was the same as that worn by women today in Yalalag, Oaxaca (compare Linné 1934: fig. 112, with Paddock 1966a: fig. 126; Chadwick 1974: 316-317).

Sue Scott (1998) sees a continuing relationship between Teotihuacan and Monte Alban up to A.D. 800, and Winter has proposed that Zapotecs were at Teotihuacan, perhaps as late as A.D. 1000 (1998). What is most important is that we now know there were literate Zapotecs at Teotihuacan and that some of them were skilled astronomers, mathematicians, and surveyors.

My second purpose in this section is to discuss the toponym "Tlailotlacan" because it refers to Otomangues

Fig. 17 – Metepec Thin Orange vase with molded appliqué decoration. Atetelco Apartment compound. (After Rattray 2001, p. 603, fig. 211)

other than Zapotecs-Mixtecs. Both the Mestizo chroniclers, Fernando de Alva Ixtlilxochitl (1975-77) y Domingo de San Antón Muñón Chimalpahin Cuauhtlehuanitzin (1997) speak of Tlailotlaques who lived in the area of Chalco-Amecameca and in Tetzcoco during the reign of Quinantzin (see Nicholson 2001). Ixtlilxóchitl (1952, I: 123-124) states the Tlailotlaque came from beyond the Mixteca or from toward the Mixteca. In a later, critical edition, Ixtlilxóchitl (1975-1977, II: 32) claims that the Tlailotlaque originally migrated from "las provincias de la Mixteca" or (1975, I: 315, 402) "de adelante de la Mixteca." They are described as being artisans, astrologers, painters, and historians, i.e., codex scribes, and so on (Chadwick 1966a: 5, 18; Robertson 1994: 13). Caso believed that the Tlailotlaques were one of the groups who introduced metallurgy from Central America or South American to Mesoamerica (cited in Chadwick 1971c). Nicholson (1982) suggested they might be Nahuas. Jiménez Moreno (1956: 48) observed of the Tlailotlaque or "returned ones" that they probably were Mixtecs, perhaps related to the Olmecoid groups who lived in Amecameca. Aside from the Oaxaca barrio in San Juan Teotihuacan, other Tlailotlacans were located in Amecameca and Tetzcoco. Chimalpahin even refers to Tlailotlac-Tehuacan (Acosta Saignes 1945: 32; Chadwick 1966a: 18-21; 1995: 145-146).

I believe there was cultural continuity in Mesoamerica, and that the Otomangue language survivals in the sixteenth century, which I mentioned before, as well as the barrio names of Tlailotlacan and Nonoalco, are indicative of that continuity.[10]

---

[10] According to Pedro Carrasco (1951: 14; Chadwick 1963: 268), the present-day village of San Antonio Tepetitlan, a part of a larger settlement called San Andres Chiauhtla near Tetzcoco, was formerly called Purificación Tlailotlacan. Of interest also is the fact that another of the barrios of San Andres Chiauhtla is known today as Concepción Nonoalco. Barrios called Nonoalco still exist in Tlatelolco, Tacubaya,

In this regard, I note that, in the eighteenth century, a language called Olmeca-Mexicano existed (Jiménez Moreno 1995: 89), and that at contact the Spaniards reported a language called Mexicana-Nonoalca (Davies 1977: 169, citing Kirchoff 1947).

MAZATEC AND THE NONOALCAS

To the best of my knowledge, there is no direct evidence of Mazatec having been spoken in Teotihuacan. Yet Jiménez Moreno (1966) mentions it (Mazateca-Popoloca) as being one of the carriers of Teotihuacan cultures (1966). The Jiménez Moreno hypothesis about the Mazatecs is, I am certain, related to the fact that the Nonoalcas of Teotihuacan and Tula fled the latter place and returned (?) to the Mazatec and Chocho-Popoloca-speaking Tehuacán Valley, where Nahuas and Mixtecs also lived in the sixteenth century (*Ponce's relación*, 1873; Chadwick and MacNeish n.d., ms. in the Robert Chadwick Papers Collection, Latin American Library, Tulane University, *The Ethnohistory of Postclassic Tehuacán*, 1966, 109 pages). Jiménez Moreno, citing Kirchhoff, proposed that the latest Nonoalcas could be identified with Mazatecs who were more or less nahualized (1995: 99). Nigel Davies (1977: 169) claimed that the Nonoalcas were survivors of Teotihuacan and had an admixture of Mixtec, Mazatec, and Maya elements. Schele and Mathews (1998: 383, n. 4) stated that some sources associate the Olmeca-Xicallanca with a region called *Nonowal* and with a group of displaced Toltecs called the *Nonowalca*. They suspect that the Olmeca-Xicallanca and the Nonoalca were one and the same.[11] I doubt that: to try to achieve simplicity out of complexity is naïve and wrong-headed, according to "the new kind of science" proposed by Steven Wolfram (2002).

According to the traditional interpretation, the Teotihuacan Nonoalca went to the Gulf Coast and then returned to the highlands where they participated in the first phase of Tula culture. After a battle with the Tolteca-Chichimeca, the Nonoalca left Tula and migrated to the Tehuacán Valley where Mazatec, Mixtec, Chocho-Popololal, and Nahuatl were spoken in the sixteenth century, as noted above (*Ponce's relación* 1873; he visited Tehuacán in the 1580s; see the *Relaciones geográficas* of Coxcatlán and Teotitlán del Camino; Chadwick and MacNeish n.d.).[12]

Sahagún states the following (*Florentine Codex*, Dibble and Anderson 1963: 256; ed. note in Chadwick 1966a: 7):

> *Mixtecatlalli. This is the land of the Mixteca – all the Pinome, the Chontals [chochon in the Nahuatl], the Nonoalca.*

The basis for the Nonoalcas having their roots in Teotihuacan rests on slim evidence. Jiménez Moreno bases his hypothesis partly on the fact that a Nonoalca prince named Timal who was defeated in A.D. 1290 called his father "The White Butterfly of Tonatiuhcan" (Jiménez Moreno 1995: 100). Jiménez Moreno also sees similarities between the way Sahagún described the Toltec hairstyle and certain figurine heads found at Teotihuacan (Jiménez Moreno 1995: 94, fig. 7). According to Sahagún (*Florentine Codex*, Dibble and Anderson 1961: 167, 169-170):

> *These Toltecs, it is said, were Nahua; they did not speak a barbarous tongue. However, their language they called Nonoalca. And their hairstyle was cut after the manner of the Nonoalca; they fashioned their hairstyle after the Nonoalca; they shaved their hair over their foreheads.*

There is better evidence for Chocho-Popolocas at Teotihuacan to which we will next turn. I also note that there are other Nonoalcas in the chronicles, such as the Nonohualca Poyauhtecas and the Teotlixca-Tlacochalca-Nonoalca (see note in Chadwick 1966a: 12; 1995: 134, n. 7; Davies 1980: 272). And there were even Nonoalcas in Michoacán (Chadwick 1971c: 691). In any event the Nonoalca were closely associated with the Olmeca-Xicallanca.

CHOCHO-POPOLOCA

Both Jiménez Moreno and I have given evidence that Chocho-Popoloca was spoken at Teotihuacan (Jiménez Moreno 1995; Chadwick 1966a: 3-5, 8).[13]

Coatlinchan, and Mixcoac, and one has been reported from near Coxcatlán in the Tehuacán Valley. Another Nonoalco was in Atlacuihuayan in the Tepanec region (Chadwick and MacNeish n.d.; Carrasco 1971: 467). McCafferty reports that descendants of the Olmeca-Xicallanca are possibly living today in San Andrés Cholula (2000: 358). Mercedes Olivera de V. and Cayetano Reyes (1969: 248) gathered ethnographic data from informants in San Andrés Cholula, one of whom, relating a historical account of San Andrés, spoke of people leaving with the *Ohuala* or "los que llegaron." They correlate the Ohuala with the Olmeca-Xicallanca.

[11] Schele and Mathews (1998: 293) stated the following about the Olmeca-Xicallanca and the Nonoalca. Speaking of the Kaqchikels, they say that "after leaving their Tulan... they encountered peoples called the Nonowalicat and Tepew-Oloman.... These Oloman may have been the Olmeca-Xicallanca who conquered Cholula in the eighth century, built Cacaxtla as their capital, and perhaps Xochicalco as well.... Nonoalco was a term for the southern Gulf Coast region of Tabasco, while *Anahuac Xicalango* was an Aztec name for the same region."

[12] Alfredo López Austín and Leonardo López Luján (2000: 46-47) have cast doubt on the traditional interpretation. In analyzing the 1976 edition of the *Historia-Tolteca-Chichimeca* (Kirchoff *et al.* 1976), they state that the Nonoalca-Chichimeca left Tollan or "The Place of Reeds" after a stay of only two years, taking with them the "riches of Quetzalcoatl." They add that the Tolteca-Chichimeca left "The Place of Reeds" after a stay of only 15 years and migrated to Cholula. The authors note that this new interpretation seems "to correspond to an auroral time that begins in Tollan and ends in Cholula, suggesting that these Tolteca-Chichimeca were not necessarily those of Tula, Hidalgo." Alba Guadalupe Mastache and Robert H. Cobean tentatively place the Tula battle between the Tolteca-Chichimeca (Tezcatlipoca-Huémac forces) and the Nonoalca (Quetzalcoatl forces) in Tula Chico between A.D. 700-800 (1989: 56, 64-65). I situated the battle in Tollan Teotihuacan (Chadwick 1971b: 496-502; see López Austín 1973: 42; 1990: 615; 1993: 317; Paddock 1973).

[13] Carmen Cook de Leonard (1953: 436) believed that she had found the place of manufacture of Thin Orange in San Juan Ixcaquixtla in the

The *Relaciones geográficas de la diócesis de Mexico* (del Paso y Troncoso 1905, VI: 220) state that, in sixteenth-century San Juan Teotihuacan, Nahuatl, Otomí, and Popoluca were spoken there, and Jiménez Moreno has stated that Popolocas from the Mixteca were living in the vicinity in the twelfth and thirteenth centuries (Chadwick 1963: 264-265; Jiménez Moreno 1942: 39; see Coe and Koontz 2008: 119-120, but see sections on popoloca and popoluca). According to the *Histoyre du Mechique* (Jonge E. de 1905):

> In this province of Tetzcoco lived another type of people called Popoloca from the area of the Mixteca.... (unpublished English translation by Fernando Horcasitas 1950; quoted in Chadwick 1963: 264).

Let us recall that six languages were spoken in Tacuba in the sixteenth century: Mexican [Nahuatl]; Otomí; Guata; Mazahua; Chuchume; and Chichimec [Chichimeca Jonaz?] (Cervantés de Salazar, *Crónica de la Nueva España* 1914, I: 38). I believe that this linguistic situation remounts to a more ancient time (Chadwick 1995: 129-130; also Kaufman 1976).

I proposed a Chocho-Popoloca-speaking barrio at Teotihuacan that may have been connected with the manufacture and possible distribution of Thin Orange (Cook de Leonard 1953; Chadwick 1966a; 1995: 123-125). Spence (1992: 80) has stated that "Evelyn Rattray has suggested that the Tlailotlacans might have been in control of the flow of Thin Orange into Teotihuacan."

THE "MERCHANT BARRIO"

I have mentioned this barrio several times in this essay, but Rattray's reports on the excavations immediately south of the Tlamimilopa compound in the areas known as Mezquitla and Xocotitla in the contemporary community of San Francisco Mazapan are somewhat contradictory. The ethnic identities that have been proposed are Maya, Totonac, and Huastec, in that order. Linné, in his Mazapan excavations, found a Zapotec (Monte Alban IIIb-IV) Xipe figurine (1934: 84); in addition he discovered eight Mixtec-type incense burners in fragments and one complete vessel (Linné 1934: 314-315, figs. 101, 111, 148; Chadwick 1974). Linné also found a Maya vessel as well as other alien types. Thus we have complete Maya cultural continuity at Teotihuacan, beginning with Chicanel and ending with Tzakol and Tepeu, at least insofar as ceramic chronology is concerned.

Mixteca Baja of southern Puebla. Now, Evelyn Childs Rattray has established through archaeological, petrographic, and chemical means that the center of manufacture of Thin Orange was the Chocho-Popolocan speaking region called Rio Carnero, about 8 km. south of Tepexi de Ródriguez in the state of Puebla (cited in López Luján, Neff, and Sugiyama 2000: 229). Among other things, the excavations in the residential units at the site of Pedernal, Puebla, revealed that the people of this region manufactured enormous amounts of this ceramic with Teotihuacan shapes and motifs during the Classic. This production of export Thin Orange almost ceased at the end of Metepec at A.D. 650 (Cowgill 1996; Rattray 1990, 1998).

Rattray has stated that the "Merchant Barrio" has the highest concentration of foreign pottery for Teotihuacan, the majority of which derives from the Gulf Coast, and secondly, from the Lowland Maya region (1989: 123; see also 1987, 1988, 1990).

Millon dates the importation of El Tajín "Lustrous Ware" to the Early Tlamimilolpa phase (A.D. 200-300), and he contends that it continued to be imported until the sixth century. He adds that "Lustrous Ware" is not limited to the "Merchant Barrio" but was widely distributed throughout the city. In her 1987 article, Rattray appears to link "Lustrous Ware" with Totonacs (1987: 267). In her later (1990: 126) article, she states: "the earliest foreign ceramics at the 'Merchant Barrio' are from the Gulf Coast Huasteca region, found in late Tlamimilolpa deposits (A.D. 300-400)." The southern Gulf Coast Tuxtlas wares are most abundant in the Early Xolalpan phase. She thus correlates El Tajín "Lustrous Ware" with Huastecs instead of with Totonacs as she did earlier (1990: 126: Chadwick 1971a; Justeson *et al.* 1985). Also in 1987, she stated that Formative Maya ceramics were found. According to Rattray (1989: 111), the strongest foreign influence occurred during the Early Xolalpan phase (ca. A.D. 400-500), the period associated with the so-called "Huastec" round structures. The confusion between ethnic groups and dates (all of which should be earlier [see Cowgill 1996]), I believe, is due to hasty publication and the fact that publication dates do not necessarily reflect the time of writing. Important to note is that fine paste types, predecessors of Fine Orange, which might be attributed to a "Western Ch'olan" group – the Chontals – also appear (see Vargas Pacheco 1998: 261).

LA VENTILLA B

Rattray has also raised the possibility of merchants being at La Ventilla B – the group I called the *tertium quid* and prospector culture in my dissertation (Rattray 1992: 23; Chadwick 1974: 1-629). Rattray states:

> *a clustering of interesting characteristics, the patojo, florero, and green obsidian pertaining to the mortuary offerings (Early Tlamimilopa Burials 87 and 110)... and one transitional burial (Burial 10) were distributed in different parts of the compound. Chadwick, in his study (1974) of New World merchants, says that this combination of traits is representative of groups of foreign merchants related to the ancient 'Q Complex' proposed by Vaillant (1941). The attributes of this complex are usually the above-named items and Thin Orange. Chadwick thinks that the appearance of this merchandise at La Ventilla B is indicative of the presence of such individuals at Teotihuacan.*

I traced the *tertium quid* throughout Mesoamerica and Central and South America to the southwestern and southeastern United States (1974; see also Chadwick, "Toward a Theory of Trans-Atlantic Diffusion," 1975,

Fig. 18 – Early Tlamimilolpa shoe vessel (*patojo*). Polished brown ware. Burial 110, La Ventilla B. (After Rattray 2001, p. 498, fig. 69)

82-page monograph with critiques by Robert Wauchope, Cyrus Gordon, Betty Meggers, Clifford Evans, David Browman, Arden King, Keith Dixon, and John Sorenson (all affirmative) and David Grove (negative), ms. with critiques in the Robert Chadwick Papers Collection, Latin American Library, Tulane University). I connected the *tertium quid* with the European Bell Beaker cultures.

TARASCAN

As mentioned before, we now know that there were groups from the present-day states of Michoacán, Guerrero, Colima, Guanajuato, and Jalisco in Teotihuacan (Taube 2000: 1; 2003). Ruben Cabrera Castro (1998: 70) has pointed out that *tumbas de tapa*, deriving probably from West Mexico, undoubtedly Michoacán and/or Jalisco, are now known at Teotihuacan. Although I am not certain that Tarascan was spoken in Teotihuacan times, Hill (2001: 916) points out that Proto-Uto-Aztecans "experienced rapid population growth, but could not move to the south or west, the way being blocked by Oto-Manguean and Tarascan-speakers, and, further east and south, by speakers of Mixe-Zoquean and Mayan, who presumably also became cultivators at a very early date." Therefore I speculate that Tarascan, or an early form of it, was spoken in Teotihuacan times. There are Tarascan place-names in Michoacán, Guanajuato, Guerrero, San Luis Potosi, Jalisco, and Colima (Chadwick 1971c: 657).

There is documentary evidence that aids in discussing a late Maya intrusion in the Tarascan region. The sixteenth-century codex called the *Lienzo de Jucatacato*, found near Uruapan, shows definite Hispanic influence (Porter Weaver 1972: 269). There is general agreement, among students of Michoacán archaeology, that the document depicts persons who came to the Tarascan area in search of mines. Jiménez Moreno identified these people with Mazatec Nonoalca. I believe they were residual Olmeca-Xicallanca or Maya-speaking Nonoalca. They are shown landing on a beach in southern Veracruz after having crossed a waterway on the backs of turtles, a mode of travel that is identical to that of the Nonoalca Teotilxca Tlacochalca who originated in Huehuetlapallan Nonoalco, and who crossed the sea (Carrasco 1971: 469; Chadwick 1971c: 691; 1974: 453-454). Carrasco believed these people landed in Veracruz from Campeche. Many linguistic identifications have been proposed: Tarascan, Nahua, Teco, and Teco-Tarascan. I now believe they may have been Teco or Chontal-Maya-speakers, a residual Olmeca-Xicallanca or Nonoalco group.

THE MARTA FONCERRADA DE MOLINA RECONSTRUCTION: TEOTIHUACAN-CACAXTLA-CHONTAL MAYA*

The inhabitants of Teotihuacan are intimately related to the Olmeca-Xicallanca dominance in the Puebla/Tlaxcala area and to the conquest of Cholula. During the second and third periods of Teotihuacan, the Mixtecs constituted a significant element in the cultural development of the city, and the Mixtecan cultural influence revealed itself mainly in the fields of art and organized trade. They appeared in Teotihuacan as a formative agent in the artistic tradition of the city. Sahagún groups the Olmecs, Uixtotins, and Mixtecs in one single section. He locates them in the east and states that they had great craft skills. Cholula appears as a Mixtecan center in the central plateau that promoted an active relationship between the Puebla/Tlaxcalan area and the Gulf Coast, Oaxaca, and, of course, Teotihuacan.[14]

The emigration of a significant number of Teotihuacan inhabitants occurred as the metropolis came to a crisis. This determined the encounter at Cacaxtla of groups with a Maya tradition and their related Olmeca-Xicallanca or Mixtec "relatives" who also lived in the Classic metropolis. The Cacaxtla wall paintings depict the arrival in Cacaxtla of Teotihuacan groups, and the Maya influence reached Cacaxtla through Teotihuacan – not by direct penetration. One of the reasons for this assumption is the total absence of symbols belonging to the Mayan hieroglyphic writing system and other motifs distinctive to the Maya artistic repertoire in the Cacaxtla wall paintings.

From a historical point of view, the Cacaxtla paintings depict a period of social and political unrest expressed in the confrontation between the contending groups of Building B. The figures bearing jaguar emblems clearly represent the victors; the defeated group bird-shaped helmets. As far as the figure of Quetzalcoatl (the "feathered serpent") is concerned, it had an aquatic connotation in Teotihuacan and possibly maintains this connotation in the wall paintings depicting the birdman in Cacaxtla (Fig. 19). The ceremonial bar with a serpent-like top piece, worn by the birdman, and the mask headdress with a long nasal appendage on the character in a jaguar costume were deliberately selected by the artist who merged them together with the human figure as crucial motifs in the iconography of power in a distant culture, from a geographical point of view, but related to it through ethnic affinity or through the information line produced by traders.

The foregoing considerations partly explain the presence of Maya physical traits in the Birdman of Building B and in the figures of the defeated warriors in the talus depicting war (Fig. 20). These elements as well as garments and the elaborate hairdressing of the Dancing Figure on the southern doorjamb of Building A are features that are ubiquitous in Maya cities in the Usumacinta area – Palenque and Bonampak – up to its junction with the Pasión River where Seibal was influential. The Putuns, or Chontals, a Mexicanized Maya group of traders, may have contributed to this contact. Xicalango, which was located on the Gulf Coast in the delta formed by the Usumacinta and Grijalva Rivers in Tabasco, was one of the main Putun centers, and it is possible that a nexus existed between the builders of Cacaxtla and Chontal-Maya speakers: they may have been one and the same.

THE MAYA MERCHANT GOD AT CACAXTLA

There is now empirical evidence that the Olmeca-Xicallanca were merchants. According to Carlson (1993: 239), a central standing figure with a merchant's carrying frame has been found in the Templo Rojo east-fresco panel (Fig. 5). "Here was the first depiction of a purely Lowland Maya deity, the Classic period God L, with all his diagnostic attributes, found in the Mexican Highlands in his merchant manifestation." Before his face is the calendrical name 4 Dog expressed in the distinctive highland Cacaxtla-style glyphic tradition." Carlson believes that God L's name may have been Chan-Balam or Balam-Chan (serpent – jaguar).

> *In the Templo Rojo, we see for the first time... an armed elite pochtecatl merchant complete with his wickerwork backpack that is called a "cacaxtli" in Nahuatl (Carlson 1993: 240).*

According to Coe and Koontz, "Cacaxtla (or Cacaxtlan) means "Place of the Carrying Frame" (2008: 134). Paddock (1992-1993) has stated that the *cacaxtli* (Nahuatl; in Mixtec *yutnudzidzo*) was a wood apparatus to carry things on the back of a person (p. 11). And, as stated in Part I, "only in Cacaxtla, Tlaxcala, was it used as a toponym, with an interesting exception: in the Mixtec codices, the *cacaxtli* appears to indicate a part of the Mixteca Alta" (p. 12). According to Anders, Jansen, and Pérez Jiménez (1992: 164, n. 21), the place called

---

* According to Foncerrada de Molina (1978; 1980: 186-188, 192-194; 1993: 89, 95-97, 100-101, 106-108, 121, 123, 136, 162; 1995a: 305-339; 1995b: 375-395; 1995c: 225; the synthesis and all translations by the author).

[14] I no longer agree with Covarrubias that Cholula was the Mixtec capital in the Classic.

Fig. 19 – South mural at Cacaxtla, Tlaxcala.
(After Coe and Koontz, 2008, p. 135, fig. 99)

Fig. 20 – Battle scene. Mural, east talud, Cacaxtla, Tlaxcala.
(After García Cook, Merino Carrión y Mirambell 1995, p. 199, fig. 11)

Llano de Cacaxtli in Codex Nuttall means "escalerillas de tablar para llevar algo a cuestas."[15]

CONCLUSIONS

I have shown in this essay that probably Chontal Mayas, Mixtecs, and late Nahuas constituted the Olmeca-Xicallanca of Teotihuacan. Also, it is quite apparent that Teotihuacan was truly a polyglot metropolis. If I may be allowed to speculate, I have the nagging suspicion that the ruling dynasties of the Classic city may have been Mixe-Zoqueans (see below), just as they probably were in the Olmec and Greater Izapan civilizations (see Campbell and Kaufman 1976, Justeson et al. 1985; Justeson and Broadwell 2007, Justeson and Kaufman 1993; Kaufman 1976; Kaufman and Justeson, 2006, 2008; Wichmann 1994, 1998; Mann and Chadwick 1960; [see Houston and Coe (2003)]). This idea is not originally mine, nor does it lack support from others. Kaufman said the following in 1976 (page 114):

The vocabularies of Otomí, Mazahua, Matlatzinca, Ocuiltec, Tepehua, Totonac, maybe Popoloc and Mixtec should be searched for common words that reflect borrowing, as should Nahua, since it has much non-Uto-Aztecan vocabulary which it must have picked up in Meso-America from the survivors of Teotihuacan culture. Nahua has some clear Mixe-Zoque borrowings: petate, cacao, metal, sandals. Is it possible that there were Mixe-Zoque speakers in Central Mexico in A.D. 600? Is it possible that the Teotihuacanos spoke a Mixe-Zoque language?[16]

---

[15] Coe and Koontz (2008: 134) state that Cacaxtla (or Cacaxtlan) means "Place of the Carrying Frame." Yet Dakin and Wichmann (2000: 68) state the following:

A revision of the vocabulary of many Mesoamerican languages indicates that there are other loanwords of cultural importance that fit into Nahuatl derivational classes that go back to Uto-Aztecan although previous studies indicate languages such as Totonac and Mixe-Zoquean (cf. Justeson et al. 1985: 27). Among these are 'saka-tl', meaning 'dry corn stalks, grass', borrowed into Totonac and Mixe-Zoquean; 'wah-kal-li', meaning 'carrying frame,' from 'wah'-, or 'plank,' and 'kal'-, or 'box;' as well as 'solo:tl', or 'cork tree,' Mecayapan Nahuatl 'solo:cin', Gulf Zoquean 'sunu-t', and 'sih-kal-li', meaning 'drinking gourd.'

According to Justeson et al. (1985: 27, Table 14), the Totonac word "wahkat" meaning, "gourd bowl" was borrowed in Nahua as 'wa'kal-li', meaning 'gourd bowl." I believe that Dakin and Wichmann should have clarified the similarity between the Justeson et al. 'wa'kal-li' "gourd bowl" and their translation of 'wah-kal-li' as "carrying frame." I assume that the substitution of the Dakin and Wichmann "h" for the glottal-stop symbol of Justeson et al., if that is what it is, changes the meaning, but it needs to be clarified for the nonlinguist, especially in view of the Coe-Koontz and Jansen translations of "cacaxtli" as "Place of the Carrying Frame" and "escalerillas de tablas para llevar algo a cuestas," respectively.

[16] Arnold and Pool (2008: 14-15) say "Kaufman and Justeson add their own wrinkle to the discussion with the possibility of a linguistic branch related to the ancestral Mixe-Zoque at Teotihuacan. They propose that the Northern Mixe-Zoque derived from a migration of Gulf lowland people to the highlands some time during the Early Formative. Moreover, their analysis of loanwords borrowed into other central Mexican languages leads them to suggest that Totonac speakers formed a "base population" at Teotihuacan (serving as soldiers and farmers), while the Northern Mixe-Zoque language was spoken by elite members of that society."

Kaufman and Justeson (2008: 73) say "there has been persistent controversy in Mesoamerican studies over the timing and role of Nawas

Kaufman and Justeson (2008: 78) later said the following:

Analysis of the semantic differences between the Mije-Sokean and Totonakan loans into Nawa, which are about equally numerous, and which Nawa probably borrowed on moving into the Basin of Mexico around AD 500, suggests that there was both a Mije-Sokean and a Totonakan presence at Teotihuacan, with a Totonakan base population (serving as soldiers and farmers) and a Northern Mije-Sokean elite.

Jiménez Moreno actually said it first. In 1942 (reprint ed. 1995: 103, 105, 107, Fig.), in a section entitled "Los Totonaca-Zoqueanos," Jiménez Moreno states: "We have proposed the name Proto-Olmecs for the authors of cultures more or less related – Teotihuacan II-III, Ranchito de las Animas and Upper Tres Zapotes I – considering that the probable authors were Totonac-Zoqueans" (see Jiménez Moreno 1995: 107, Fig.).

And Søren Wichmann, in an excellent article (1998: 318-319), says that, in the period A.D. 300-600, he would "prefer to place the speakers of the Early Zoquean language relatively close to the Central Mexican area.... One candidate for a specific site that could have been inhabited by Early Zoquean speakers is Cerro de las Mesas in southern Veracruz, described by Porter Weaver (1993: 229) as an important centre of Classic times..." (see Covarrubias 1957; Coe 1965). Since Cerro de las Mesas had close ties with Teotihuacan, a Mixe-Zoquean population in Teotihuacan is a viable conjecture.

As I wrote fifty years ago (Chadwick 1966a: 23; 1995: 149): "Science does not advance without hypotheses, and one may suspect that conjecture plays a greater role in scholarly endeavors than most scientists care to admit."

Bibliography

ACOSTA SAIGNES, Miguel, 1945 – Los pochteca: ubicación de los mercaderes en la estructura social tenochca. *Acta Antropológica* 1: 1-54. México.

ADAMS, Richard E.W., 1996 – *Prehistoric Mesoamerica.* Paperback revised edition. University of Oklahoma Press, Norman. (Paperback revised edition, 2005).

ALVA IXTLILXÓCHITL, Fray Francisco de, 1952 – *Obras históricas [de Don Fernando Alva Ixtlilxóchitl].* Ed. y notas de Alfredo Chavero; prólogo de J.I. Dávila Garibi.

ALVA IXTLILXÓCHITL, Fray Francisco de, 1975-77 – *Obras Históricas.* 2 vols. Edited by Edmundo

---

in Mesoamerica, and particularly over the notion that they might have been prominent at Teotihuacan. Nonetheless, the evidence of linguistic diffusion is unequivocal in showing that Nawas had no cultural importance in Mesoamerica before the Epi-Classic Period." On page 76, they say: "While they could have been present in some social roles, Nawa, Otomian, and Oto-Pamean are simply impossible as candidates for a language of power at Teotihuacan."

O'Gorman. Universidad Nacional Autónoma de México, México.

ANDERS, Ferdinand, MAARTEN JANSEN y GABINA AURORA PÉREZ JIMÉNEZ, 1992 – *Crónica Mixteca: Libro Explicativo del llamado Códice Zouche-Nuttall. Códices Mexicanos* no. 2. Akademische Druck- und Verlagsanstält, Graz, and Fondo de Cultura Económica, Mexico.

ARANA OSNAYA, Evangelina, 1960 – Relaciones internas del Mixteco-Trique. *Anales del Instituto Nacional de Antropología e Historia* 12: 219-273.

ARANA OSNAYA, Evangelina and Mauricio SWADESH, 1965 – *Los elementos del Mixteco antiguo*. Instituto Nacional de Antropología e Historia and Instituto Nacional Indigenista, México.

Archivo General de la Nación, n.d. – Ramo de Tierras, fols.1r y 3r, exp.1, tomo 70. México.

ARMILLAS, Pedro, 1950 – Teotihuacan, Tula, y los Toltecas. *Runa* 3(1): 37-70. Buenos Aires.

ARNOLD, Philip J. and Christopher A. POOL, 2008 – Charting Classic Veracruz. In *Classic Period Cultural Currents in Southern and Central Veracruz*, edited by Phillip J. Arnold and Christopher A. Pool, pp. 1-22. Dumbarton Oaks, Washington, D.C.

BAIRD, Ellen T., 1989 – Stars and Wars at Cacaxtla. In *Mesoamerica after the Decline of Teotihuacan, A.D. 700-900*, edited by R.A. Diehl and J.C. Berlo, pp. 105-122. Dumbarton Oaks Research Library and Collection, Washington, D.C.

BAIRD, Ellen T., 1995 – Stars and Wars at Cacaxtla (In Spanish). In *Antología de Cacaxtla*, 1995 compiled and coordinated by A. García Cook, B.L. Merino Carrión and L. Mirambell S., I, pp. 305-338. Instituto Nacional de Antropología e Historia, México.

BALL, Joseph and Jennifer TASCHEK, 1989 – Teotihuacan's Fall and the Rise of the Itza: Realignments and Changes in the Terminal Classic Maya Lowlands, in: *Mesoamerica after the Decline of Teotihuacan, AD 700-900*, ed. Janet Berlo and Richard Diehl, pp. 187-198, Dumbarton Oaks, Washington

BERLO, Janet Catherine, 1989 – Early Writing in Central Mexico: *In Tlilli, In Tlapalli* before A.D. 1000. In *Mesoamerica after the Decline of Teotihuacan, A.D. 700-900*, edited by R.A. Diehl and J.C. Berlo, pp. 19-48. Dumbarton Oaks Research Library and Collection, Washington, D.C.

BEYER, Hermann, 1927 – Review of Walter Krickeberg: Die Totonaken. *El México Antiguo* 2(11-12): 318-321. México.

BROWN, David, 1988 – The Linguistic Affiliation and Phoneticism of Teotihuacan Iconography. Unpublished Doctoral Dissertation, Department of Art and Art history, University of New Mexico, Albuquerque.

BRÜGGERMANN, Jürgen K., 1991 – Otra vez la cuestión totonaca. *Informes Proyecto Tajín*. Vol. I. Archivos Técnicos, Instituto Nacional de Antropología e Historia, México.

BYLAND, Bruce E. and John M.D. POHL, 1994 – *In the Realm of 8 Deer. The Archaeology of the Mixtec Codices*. University of Oklahoma Press, Norman.

CABRERA CASTRO, Rubén, 1996 – Figuras glíficas de La Ventilla, Teotihuacan. *Arqueología* 15: 27-40. I.N.A.H, México.

CABRERA CASTRO, Rubén, 1998 – El urbanismo y la arquitectura en La Ventilla; un barrio en la Ciudad de Teotihuacan. In R. Brambila (ed). *Antropología e Historia del Occidente de México*. XXIV Mesa Redonda, SMA, vol .3: 1523-1547. México.

CABRERA CASTRO, Rubén, 2000a – Teotihuacan Cultural Traditions Transmitted into the Postclassic According to Recent Excavations. In *Mesoamerica's Classic Heritage: From Teotihuacan to the Aztecs*, edited by D. Carrasco, L. Jones, and S. Sessions, pp. 195-218. University Press of Colorado, Boulder.

CABRERA CASTRO, Rubén, 2000b – Teotihuacan. Nuevos datos para el estudio de las rutas de communicación. In *Rutas de Intercambio en Mesoamerica*, edited by E. Childs Rattray, pp. 57-76. Universidad Nacional Autónoma de México.

CAMPBELL, Lyle, 1988 – *The Linguistics of Southeast Chiapas*. Papers of the New World Archaeological Foundation, 51. Provo, Utah.

CAMPBELL, Lyle, and Terrence KAUFMAN, 1976 – A Linguistic Look at the Olmecs. *American Antiquity* 41 (1): 80-89.

CARLSON, John B., 1993 – Venus Regulated Warfare and Ritual Sacrifice in Mesoamerica: Teotihuacan and the Cacaxtla "Star Wars" Connection. In *Astronomies and Cultures*. Third Oxford International Symposium on Archaeo-Astronomy. St. Andrews, United Kingdom, Sept. 1990. University Press of Colorado, Boulder.

CARRASCO, Pedro, 1950 – *Los Otomies*. Universidad Nacional Autónoma de México, México.

CARRASCO, Pedro, 1971 – The Peoples of Central Mexico and Their Historical Traditions. In *Archaeology of Northern Mesoamerica*, pt. 2, edited by G.F. Ekholm and I. Bernal, pp. 459-473. Handbook of Middle American Indians, vol. 11, Robert Wauchope, general editor. University of Texas Press, Austin.

CASO, Alfonso, 1942 – Resumen del informe de las exploraciones en Oaxaca, durante la 7ª y la 8ª temporadas, 1937-1938 y 1938-1939. In *Actas y Memorias*, 27th CIA (México 1939), II, pp. 159-187.

CASO, Alfonso, 1960 – *Interpretation of the Codex Bodley 2858*. Sociedad Mexicana de Antropología, México.

CASO, Alfonso, 1964 – *Interpretation of the Codex Selden 3135 (A.2)*. Sociedad Mexicana de Antropología, México.

CASO, Alfonso, 1966a – *Interpretation of the Codex Colombino*. Sociedad Mexicana de Antropología, México.

CASO, Alfonso, 1966b – Dioses y signos Teotihuacanos. *El Valle de Teotihuacan y su contorno*. Sociedad Mexicana de Antropología, México.

CASO, Alfonso, 1967 – *Los calendarios prehispánicos*. Universidad Nacional Autónoma de México. México.

CASO, Alfonso, 1977-79 – *Reyes y Reinos de La Mixteca*. Fondo de Cultura Económica, México.

CERVANTÉS de SALAZAR, Francisco, 1914 – *Crónica de la Nueva España*. Est. Fot. De Hauser y Menet, Madrid.

CHADWICK, Robert, 1963 – The God Malteutl in the "Histoire du Mechique," *Tlalocan* 4(3): 264-270. México.

CHADWICK, Robert, 1964 – Exploración y Recconstrución de La Plaza de la Pirámide del Sol, Teotihuacan, 2 Vols: Final Report of 1963-1964 Excavaciones of Proyecto Teotihuacan, INAH-SEP.

CHADWICK, Robert, 1966a – The "Olmeca-Xicallanca" of Teotihuacan. A Preliminary Study. *Mesoamerican Notes 7-8*. University of the Americas, Mexico (Reprint in Spanish, 1995).

CHADWICK, Robert, 1966b – The Tombs of Monte Alban Style I at Yagul. In *Ancient Oaxaca*, edited by J. Paddock, pp. 245-255. Stanford University Press, Stanford, CA. (2nd ed. 1970).

CHADWICK, Robert, 1967 – Un possible glifo de Teotihuacan en el Códice Nuttall. *Revista Mexicana de Estudios Antropológicos* 21: 17-41. Sociedad Mexicana de Antropología, México.

CHADWICK, Robert, 1970 – Un possible glifo de Xochicalco en los Códices Mixtecos. *Tlalocan* 6(3): 216-228. México.

CHADWICK, Robert, 1971a – Postclassic Pottery of the Central Valleys. In *Archaeology of Northern Mesoamerica*, pt. 1, edited by G.F. Ekholm and I. Bernal, pp. 228-257. *Handbook of Middle American Indians*, vol. 10, Robert Wauchope, general editor. University of Texas Press, Austin (see Paddock 1973).

CHADWICK, Robert, 1971b – Native Pre-Aztec History of Central Mexico. In *Archaeology of Northern Mesoamerica*, pt. 2, edited by G.F. Ekholm and I. Bernal, pp. 474-504. *Handbook of Middle American Indians*, vol. 11, Robert Wauchope, general editor. University of Texas Press, Austin (see Paddock 1973).

CHADWICK, Robert, 1971c – Archaeological Synthesis of Michoacán and Adjacent Regions. In *Archaeology of Northern Mesoamerica*, pt. 2, edited by G.F. Ekholm and I. Bernal, pp. 657-693.*Handbook of Middle American Indians*, vol. 11, Robert Wauchope, general editor. University of Texas Press, Austin (see Paddock 1973).

CHADWICK, Robert, 1974 – *The Archaeology of a New World "Merchant" Culture*. Unpublished Ph.D. dissertation, Dept. of Anthropology, Tulane University, New Orleans. (University Microfilms International Order No. 7420751).

CHADWICK, Robert, 1982 – An Explanation of the Textual Changes in Codex Nuttall. In *Aspects of the Mixteca-Puebla Style and Mixtec and Central Mexican Culture in Southern Mesoamerica*, symposium organized by Doris Stone, pp. 27-31. Middle American Research Institute, Occasional Paper 4, Tulane University.

CHADWICK, Robert, 1993 – Robert Chadwick Papers 1964-2009. Unedited papers in the manuscript collection, Latin American Library, Tulane University.

CHADWICK, Robert, 1995 – Los "olmeca-xicalancas" de Teotihuacan: un estudio preliminar. In *Antología de Cacaxtla*, compiled by A. García Cook, L. Merino Carrion, and L. Mirambell S.I., pp. 120-149. Instituto Nacional de Antropología e Historia, México (originally published in English, 1966a).

CHADWICK, Robert, n.d.. – Lord 4 Jaguar of Cholula in the Mixtec Codices. Ms.in possession of the author.

CHADWICK, Robert and Richard S. MACNEISH, 1966 – The Ethnohistory of the Tehuacán Valley, 106 pages.

CHADWICK, Robert, and Richard S. MACNEISH, 1967 – Codex Borgia and the Venta Salada Phase. In *The Prehistory of the Tehuacán Valley: Environment and Subsistence*, edited by D.S. Byers, pp. 114-131. University of Texas Press, Austin.

CHARLTON, Thomas H., 2000 – The Aztecs and Their Contempories: The Central and Eastern Mexican Highlands. In *The Cambridge History of the Native Peoples of the Americas*, Vol. 2. *Mesoamerica*. Part 1 (Richard E.W. Adams and Murdo J. MacLeod, eds.): 500 – 557. Cambridge University Press, New York.

CLAVIJERO, Francisco Javier, 1945 – *Historia antigua de México*. 2 vols. Editorial Porrúa, Mexico.

Codex Borgia, 1993 – *The Codex Borgia: A Full-Color Restoration of the Ancient Mexican Manuscript*. Artwork by G. Diaz and A. Rogers and Introduction and Commentary by B. Byland. Dover Publications, New York.

Codex Chimalpahin, 1997 – *Society and Politics in Mexico: Tenochtitlan, Tlatelolco, Texcoco, Culhuacan, and Other Nahua Altepetl in Central Mexico*. The Nahuatl and Spanish Annals and Accounts Collected and Recorded by Don Domingo de San Antón Muñón Chimalpahin Quauhtlehuanitzin. Edited and translated by Arthur J.O. Anderson and Susan Schroeder. 2 Vols. University of Oklahoma Press, Norman.

COE, Michael D., 1965 – Archaeological Synthesis of Southern Veracruz and Tabasco. In *Archaeology of Southern Mesoamerica*, pt. 2, edited by G.R. Willey, pp. 679-715. *Handbook of Middle American Indians*, vol. 3, Robert Wauchope, general editor. University of Texas Press, Austin.

COE, Michael D., and Rex KOONTZ, 2008 – *Mexico: From the Olmecs to the Aztecs*. 6ʰ ed, revised and expanded. Thames and Hudson, London and New York.

COGGINS, Clemency C., 2002 – Toltec. *RES: Anthropology and Aesthetics* 42: 34-85.

COOK de LEONARD, Carmen, 1953 – Los Popolocas de Puebla: ensayo de una identificación etno-demográfico e histórico-arqueológico. *Revista Mexicana de Estudios Antropológicos* 13 (2,3): 423-45. México.

CORONA NUÑEZ, José, 1967 – Códice Vaticano Latino 3738, o Códice Vaticanus Ríos. In *Antigüedades de México basadas en la recopilación de Lord Kingsborough*, vol. 3: 7-313. Secretaría de Hacienda y Crédito Público. México.

COVARRUBIAS, Miguel, 1954 – *Mexico South: The Isthmus of Tehuantepec*. Knoff, New York.

COVARRUBIAS, Miguel, 1957 – *Indian Art of Mexico and Central America*. Knoff, New York.

COWGILL, George, 1992 – Teotihuacan Glyphs and Imagery in the Light of Some Early Colonial Texts. In *Art, Ideology, and the City of Teotihuacan*, edited by J.C. Berlo, pp. 231-246. Dumbarton Oaks Research Library and Collection, Washington, D.C.

COWGILL, George, 1996 – "Discussion." *Ancient Mesoamerica* 7: 325-331.

COWGILL, George, 2000 – The Central Mexican Highlands from the Rise of Teotihuacan to the Decline of Tula. In *The Cambridge History of the Native Peoples of the Americas*, Vol. 2. *Mesoamerica*. Part 1 (Richard E.W. Adams and Murdo J. MacLeod, eds.): 250 – 317. Cambridge University Press, New York.

DAKIN, Karen, and Søren WICHMANN, 2000 – Cacao and Chocolate: A Uto-Aztecan Perspective. *Ancient Mesoamerica* 11: 55-75. Cambridge.

DAVIES, Nigel, 1977 – *The Toltecs: Until the Fall of Tula*. University of Oklahoma Press, Norman.

Del PASO y TRONCOSO, Francisco (Editor), 1905 – *Papeles de Nueva España*. Segunda serie: Vols. V, VI. Sucesores de Rivadeneyra, Madrid.

DIEHL, Richard A., 1989 – A Shadow of Its Former Self: Teotihuacan during the Coyotlatelco Period. In *Mesoamerica after the Decline of Teotihuacan, A.D. 700-900*, edited by R.A Diehl and J.C. Berlo, pp. 9-18. Dumbarton Oaks Research Library and Collection, Washington, D.C.

DUMOND, Don E. and Florencia MULLER, 1972 – Classic to postclassic in highland central Mexico. *Science*, vol. 175, n°4027, pp. 1208-1215.

EDMONSON, Munro S., 1988 – *The Book of the Year: Middle American Calendrical Systems*. University of Utah Press, Salt Lake City.

EDMONSON, Munro S., 2005 – The Toltec Countdown. In *Painted Books and Indigenous Knowledge in Mesoamerica: Manuscript Studies in Honor of Mary Elizabeth Smith*, edited by E. Hill Boone, pp. 161-174. Middle American Research Institute, Pub. 69, Tulane University, New Orleans.

EVANS, Susan Toby, 2008 – *Ancient Mexico and Central America: Archaeology and Culture History* (2d ed.). Thames and Hudson, New York.

FAHMEL BEYER, Bernd, 1998 – Monte Albán IIIB-IV y su red de interracción en el altiplano. In *Rutas de Intercambio en Mesoamérica*, edited by E. Childs Rattray, pp. 201-214. Universidad Nacional Autónoma de México, México.

FASH, William, 2001 – *Scribes, Warriors, and Kings: The City of Copan and the Ancient Maya*. 2d ed. rev. Thames and Hudson, London and New York.

FENTON, William N., 1987 – *The False Faces of the Iroquois*. Edited by Robert L. Chadwick, pp. xiii-xxi, 1-522. University of Oklahoma Press, Norman and London.

FERNÁNDEZ de MIRANDA, María Teresa, and Roberto WEITLANER, 1961 – Sobre algunas relaciones de la familia mangue. *Anthropological Linguistics* 3(7).

Florentine Codex: General History of the Things of New Spain, 1950-82 – By Fray Bernardino de Sahagún. Translated from the Aztec into English and annotated by C.E. Dibble and A.J.O. Anderson. 13 vols. The School of American Research, Santa Fe, and the University of Utah, Salt Lake City.

FONCERRADA de MOLINA, Marta, 1978 – The Cacaxtla Murals. An Example of Cultural Contact? *Ibero-Amerikanisches Archiv* 4: 141-160. Berlin.

FONCERRADA de MOLINA, Marta, 1980 – Mural Painting in Cacaxtla and Teotihuacan Cosmopolitanism. In *Third Palenque Round Table, 1978*, pt. 2, edited by M. Greene Robertson, pp. 183-192. University of Texas Press, Austin.

FONCERRADA de MOLINA, Marta, 1993 – *Cacaxtla: La iconografía de los olmeca-xicalancas*. Universidad Nacional Autónoma de México, México.

FONCERRADA de MOLINA, Marta, 1995a – Pintura mural en Cacaxtla y cosmopolitismo Teotihuacano. In *Antología de Cacaxtla*, compiled and coordinated by A. García Cook, B.L. Merino Carrión, and L. Mirambell S., I, pp. 305-338. Instituto Nacional de Antropología e Historia, México.

FONCERRADA de MOLINA, Marta, 1995b – Signos glíficos relacionados con Tlaloc en los murales de La Batalla de Cacaxtla. In *Antología de Cacaxtla*, compiled and coordinated by A. García Cook, B.L. Merino Carrión, and L. Mirambell S., I, pp. 375-401. Instituto Nacional de Antropología e Historia, México.

FONCERRADA de MOLINA, Marta, 1995c – Los murales de Cacaxtla: muerte en la guerra. In *Antología de Cacaxtla*, compiled and coordinated by

A. García Cook, B.L. Merino Carrión, and L. Mirambell S., II, pp. 30-55. Instituto Nacional de Antropología e Historia, México.

FONCERRADA de MOLINA, Marta, 1995d – La pintura mural de Cacaxtla, Tlaxcala. In *Antología de Cacaxtla*, compiled and coordinated by A. García Cook, B.L. Merino Carrión, and L. Mirambell S., I, pp. 180-207. Instituto Nacional de Antropología e Historia, México.

FONCERRADA de MOLINA, Marta, 1995e – Reflexiones en torna a la pintura mural de Cacaxtla. In *Antología de Cacaxtla*, compiled and coordinated by A. García Cook, B.L. Merino Carrión, and L. Mirambell S., I, pp. 208-247. Instituto Nacional de Antropología e Historia, México.

FONCERRADA de MOLINA, Marta, 1995f – La pintural de Cacaxtla. In *Antologia de Cacaxtla*, compiled and coordinated by A. García Cook, B.L. Merino Carrión, and L. Mirambell S., I, pp. 285-304. Instituto Nacional de Antropología e Historia, México.

FOURNIER, Patricia, and Victor H. BOLAÑOS, 2007 – The Epiclassic in the Tula Region beyond Tula Chico. In *Twin Tollans Chichen Itzá, Tula, and the Epiclassic to Early Postclassic Mesoamerican World*. K. Kowalski and C. Kristan-Graham (eds.): 481-530. Dumbarton Oaks Research Library and Collection, Washington, D.C.

FOWLER, William R., Jr., 1989 – *The Pipil-Nicarao of Central America*. University of Oklahoma Press, Norman.

GAMIO, Manuel, 1922 – La población del valle de Teotihuacan, México, Dirección de Talleres Gráficos-SEP, México.

GARCÍA COOK, Angel, 1981 – The Historical Importance of Tlaxcala in the Cultural development of the Central Highlands. In *Archaeology Handbook of Middle American Indians, Supplement I,* edited by Victoria R. Bricker and Jeremy A. Sabloff, pp. 244-276. Austin and London: University of Texas Press.

GARCÍA COOK, Angel, and Elia Del CARMEN TREJO, 1977 – Lo Teotihuacano en Tlaxcala. *Comunicaciones* 14: 57-70. Fundación Alemana para la Investigación Científica, Puebla.

GARCÍA COOK, Angel, Beatríz Leonor MERINO CARRIÓN y Lorena MIRAMBELL coord., 1995 – *Antología de Cacaxtla*. 2 vols. Instituto Nacional de Antropología e Historia, México.

GERHARD, Peter, 1972 – A Guide to the Historical Geography of New Spain. Cambridge University Press.

GOMEZ CHÁVEZ, Sergio and Julie GAZZOLA, 2007 – Análisis de las relaciones entre Teotihuacan y el Occidente de México. In B. Faugère (ed): *Dinámicas culturales entre el Occidente, el Centro-Norte y la cuenca de México, del Preclásico al Postclásico*, pp. 113-135. El Colegio de Michoacán, CEMCA, México.

GUTIÉRREZ Morales, S., 1998 – Préstamos reciprocados entre el Náhuatl y el Chontal del golfo. *Estudios de Cultura Náhuatl* 28: 399-410. México.

HARRISON, Peter, 2000 – *The Lords of Tikal: Rulers of an Ancient Maya City.* Thames and Hudson, New York and London.

HARVEY, Herbert R., 1964 – Cultural Continuity in Central Mexico: A Case for Otomangue. In *Actas y Memorias*, 35th ICA (Mexico, 1962), II, pp. 525-532. México.

HEYDEN, Doris, 2000 – From Teotihuacan to Tenochtitlan: City Planning, Caves and Streams of Red and Blue Waters. In *Mesoamerica's Classic Heritage: From Teotihuacan to the Aztecs,* edited by D. Carrasco, L. Jones, and S. Sessions, pp. 165-184. University Press of Colorado, Boulder.

HILL, Jane H., 2001 – Proto-Uto-Aztecan. A Community of Cultivators in Central Mexico. *American Anthropologist,* 103(4): 913-934.

HOPCKE, Robert H., 1989 – *A Guided Tour of the Collected Works of C.G. Jung.* Shambhala, Boston and Shaftsbury.

HOPKINS, Nicholas A., 1984 – Otomanguean Linguistic Prehistory. In *Essays in Otomanguean Culture History*, edited by K.J. Josserand, M.C. Winter, and N.A. Hopkins, pp. 25-64. Vanderbilt University Publications in Anthropology 31. Nashville.

HOUSTON, Stephens D. and Michael D. COE, 2003 – Has Isthmian Writing Been Deciphered? *Mexicon* 25 (December): 151-161.

HOUSTON, Stephen, John ROBERSTON, and David STUART, 2000 – The Language of Classic Maya Inscriptions. *Current Anthropology* 41 (1): 321-350.

JANSEN, Maarten, 1992 – Mixtec Pictography: Conventions and Contents. In *Handbook of Middle American Indians, Supplement 5, Epigraphy*, edited by Victoria R. Bricker, pp. 20-32. University of Texas Press, Austin.

JANSEN, Maarten, 1996 – Lord 8 Deer and Nacxitl Topiltzin. *Mexicon* 18(2): 25-29. Berlin.

JANSEN, Maarten, 1997 – Un viaje a la Casa del Sol. *Arqueología Mexicana* 4 (23): 44-49. Ed Raices, México.

JANSEN, Maarten, 1998 – Monte Alban y Zaachila en los Códices Mixtecos. In *The Shadow of Monte Albán: Politics and Historiography in Postclassic Oaxaca,* edited by M. Jansen, P. Kröfges, and M.R. Oudijic, pp. 67-122. Research School, CNWS, University of Leiden, Leiden, The Netherlands.

JANSEN, Maarten, and Gabina Aurora PÉREZ JIMÉNEZ, 2000 – *La Dinastía de Anute: Historia, literatura e ideología de un Reino Mixteco.* Research School, CNWS, University of Leiden, Leiden, The Netherlands.

JANSEN, Maarten, and Gabina Aurora PÉREZ JIMÉNEZ, 2005 – *The Codex Bodley.* University of Oxford, England.

JANSEN, Maarten, and Gabina Aurora PÉREZ JIMÉNEZ, 2007 – *Encounter with the Plumed Serpent, Drama and Power in the Heart of Mesoamerica*. University Press of Colorado, Boulder.

JIMÉNEZ MORENO, Wigberto, 1942 – El enigma de los olmecas. *Cuadernos Americanos* 49 (5): 113-145 (reprinted 1976, 1995). México.

JIMÉNEZ MORENO, Wigberto, 1948 – Historia antigua de la zona tarasca. In *El Occidente de Mexico*. Sociedad Mexicana de Antropología, México.

JIMÉNEZ MORENO, Wigberto, 1959 – Síntesis de la historia pretolteca de Mesoamérica. In *Esplendor del México Antiguo*, edited by R. Noriega and C. Cook de Leonard, 2: 1019-1096. CIAM, México.

JIMÉNEZ MORENO, Wigberto, 1962 – Diversidad interna del Mixteco y su afiliación Macro-Otomangue. In *Vocabulario en Lengua Mixteco por Fray Francisco de los Reyes* (1593), edited by W. Jiménez Moreno. Instituto Nacional Indigenísta and Instituto Nacional de Antropología e Historia, México.

JIMÉNEZ MORENO, Wigberto, 1966 – Mesoamerica before the Toltecs. In *Ancient Oaxaca*, edited by John Paddock, pp. 1-82. Stanford University Press, Stanford, CA.

JIMÉNEZ MORENO, Wigberto, 1974 – Los portadores de la cultura Teotihuacana. *Historia Mexicana* 24 (1): 1-12. El Colegio de México.

JIMÉNEZ MORENO, Wigberto, 1995 – El enigma de los olmecas. In *Antología de Cacaxtla*, compiled by A. García Cook, B.L. Merino Carrión, and L. Mirambell Silva, I, pp. 73-109. INAH, México.

JONGE, Eduard de, 1905 – "Histoyre du Mechique." *Journal de la Société des Américanistes de Paris*, Nlle Série II: 1-41. Unpublished English translation by Fernando Horcasitas, 1950.

JOSSERAND, J. Kathryn, 1983 – *Mixtec Dialect History (Proto-Mixtec and Modern Mixtec Texts)*. Unpublished Ph.D. dissertation, Tulane University, New Orleans.

JUSTESON, John, and George A. BROADWELL, 2007 – Language and Languages in Mesoamerica, in R.M. Carmack, J. Gasco and G.H. Gossen, *Legacy of Mesoamerica: The History and Culture of a Native American Civilization*. Prentice Hall Englewood Cliffs, N.J.

JUSTESON, John, and Terrence KAUFMAN, 1993 – A Decipherment of Epi-Olmec Writing. *Science* 259: 1703-1711.

JUSTESON, John S., William M. NORMAN, Lyle CAMPBELL, and Terrence KAUFMAN, 1985 – *The Foreign Impact on Lowland Mayan Language and Script*. Middle American Research Institute, Publication 53, Tulane University, New Orleans.

KAUFMAN, Terrence, 1974 – *Idiomas de Mesoamérica*. Seminario de Integración Social. Ministerio de Educación, Guatemala Ciudad.

KAUFMAN, Terrence, 1976 – Archaeological and Linguistic Correlations in Mayaland and Associated Areas of Meso-America. *World Archaeology* 8(1): 101-118.

KAUFMAN, Terrence, 2001 – The History of the Nawa Language Group from the Earliest Times to the Sixteenth Century: Some Initial Results. Paper posted online at : *www.Albany.edu/anthro/Malop/Nawa*. Last accessed 2006.

KAUFMAN, Terrence, and John S. JUSTESON, 2006 – The History of the Word for "Cacao" and Related Terms in Ancient Meso-America. In *The Origin of Chocolate: Cacao in the Americas*, edited by Cameron L. McNeill, pp. 117-139. University Press of Florida, Gainesville.

KAUFMAN, Terrence, and John S. JUSTESON, 2008 – The Epi-Olmec Language and its Neighbors. In *Classic Period Cultural Currents in Southern and Central Veracruz*, edited by Philip J. Arnold and Christopher A. Pool, pp. 55-84. Dumbarton Oaks, Washington, D.C.

KELLEY, David H., 1983 – The Maya Calendar Correlation Problem. In *Civilization in the Ancient Americas: Essays in Honor of Gordon R. Willey*, edited by R.M. Leventhal and A.L. Kolata, pp. 157-208. Harvard University Press and University of New Mexico Press. Cambridge and Albuquerque.

KELLEY, David H., 1989 – Mesoamerican Astronomy and the Maya Calendar Correlation Problem. In *Memorias del Segundo Coloquio Internacional de Mayistas* I: 65-95. Centro de Estudios Maya, Universidad Nacional Autónoma de México. México.

KING, Timothy and Sergio GÓMEZ CHÁVEZ, 2004 – Avances en el desciframiento de la escritura jeroglífica de Teotihuacan. M.E. Ruiz y A. Pascuel eds. *La Costa del golfo en tiempos teotihuacanos: propuestas y perspectives*, pp. 201-244. Memoria de la Segunda Mesa redonda de Teotihuacan. INAH. México.

KIRCHOFF, Paul, Odena GUEMES, and Luis REYES GARCIA (Editors), 1976 – *Historia Tolteca-Chichimeca*. Instituto Nacional de Antropología e Historia, México.

KNAB, Timothy J., 1983 – En que lengua hablaban los tepalcates teotihuacanos? *Revista Mexicana de Estudios Antropológicos* 29: 145-158.

KOWALSKI, Jeff K., 1989 – Who am I among the Itza? Links between Northern Yucatan and the Western Maya Lowlands and Highlands. In *Mesoamerica after the Decline of Teotihuacan. A.D. 700-900*, edited by R.A. Diehl and J.C. Berlo, pp. 173-185. Dumbarton Oaks Research Library and Collection, Washington, D.C.

KOWALSKI, J. Karl, and Cynthia KRISTAN-GRAHAM eds., 2007 – *Twin Tollans: Chichen Itzá, Tula, and the Epiclassic to Early Postclassic Mesoamerican World*. Dumbarton Oaks Research Library and Collection. Washington, D.C.

KREMER, Jürgen, 1999 – The Putun Hypothesis Reconsidered. In *Hidden Among the Hills*, edited by Hanns J. Prem, pp. 281-296. Acta Mesoamericana 7. Verlag von Flemming, Möchmühl.

KUBLER, George, 1980 – Eclecticism at Cacaxtla. In *Third Palenque Roundtable*, 1978, Part II, edited by Merle Greene Robertson, pp. 163-172. University of Texas Press, Austin.

KUBLER, George, 1995 – Eclecticismo en Cacaxtla. In *Antología de Cacaxtla*, compiled and coordinated by A. García Cook, B.L. Merino Carrión, and L. Mirambell S., I, pp. 339-359. Instituto Nacional de Antropología e Historia, México.

LAGUNAS R., Zaid, 1973 – La trepanación suprainiana en cráneos de Cholula. In *Comunicaciones* 8: 47-48. Fundación Alemana para la Investicación Científica, México.

LEÓN-PORTILLA, Miguel, 1997a – Los códices mesoamericanos. Grandes momentos en su investigacíon. In *Códices y Documentos sobre Mexico*, Segundo symposium, edited by S. Rueda Smithers, C. Vega Sosa, y R. Martínez Baracs, Vol. I, pp. 35, 45. INAH, México.

LEÓN-PORTILLA, Miguel, 1997b – El binomico oralidad y codices in Mesoamerica. *Estudios de Cultura Nahuatl* 27: 135-154. México.

LIND, Michael D., 1994 – Cholula and Mixteca Polychromes: Two Mixteca-Puebla Regional Substyles. In *Mixteca-Puebla: Discoveries and Research in Mesoamerican Art and Archaeology*, edited by H.B. Nicholson and E. Quiñones Keber, pp. 79-99. Labyrinthos, Culver City, CA.

LINNÉ, Sigvald, 1934 – *Archaeological Researches at Teotihuacan, Mexico*. Ethnographical Museum of Sweden, n.s., Pub. 1, Stockholm.

LITVAK KING, Jaime, 1978 – Central Mexico as a Part of the General Mesoamerican Communications System. In *Mesoamerican Communication Routes and Cultural Contacts*, edited by T.A. Lee Jr. and C. Navarrete, pp. 115-122. New World Archaeological Foundation, Brigham Young University, Provo, Utah.

LONGACRE, Robert E., 1961 – Swadesh's Macro-Mixtecan Hypothesis. *International Journal of American Linguistics* I (Jan. 1961): 19, 21-22, 25.

LONGACRE, Robert E., and René MILLON, 1961 – Proto-Mixtecan and Proto-Amusgo-Mixtecan Vocabularies: A Preliminary Cultural Analysis. *Anthropological Linguistics* 3(4): 1-44.

LÓPEZ A. Sergio, Zaid LAGUNAS R., and Carlos SERRANO S., 1970 – Sección de antropología. In *Proyecto Cholula*, coordinated by Ignacio Marquina. Instituto Nacional de Antropología e Historia, México.

LÓPEZ AUSTIN, Alfredo, 1973 – *Hombre-Dios: religión y política en el mundo Nahuatl*. Universidad Nacional Autónoma de México, México.

LÓPEZ AUSTIN, Alfredo, 1990 – Del origen de los Mexicas: ¿Nomadísmo o migración? *Historia Mexicana* 39(3): 663-676. México.

LÓPEZ AUSTIN, Alfredo, 1993 – *The Myths of the Opossum. Pathways of Mesoamerican Mythology*. University of New Mexico Press, Albuquerque.

LÓPEZ AUSTIN, Alfredo, and Leonardo LÓPEZ LUJÁN, 2000 – The Myth and Reality of Zuyua: The Feathered Serpent and Mesoamerican Transformations from the Classic to the Postclassic. In *Mesoamerica's Classic Heritage: From Teotihuacan to the Aztecs*, edited by D. Carrasco, L. Jones, and S. Sessions, pp. 21-86. University Press of Colorado, Boulder.

LÓPEZ de MOLINA, Diana, 1995 – Cacaxtla y su relación con otras areas mesoamericanos. In *Antología de Cacaxtla*, compiled and coordinated by A. García Cook, B.L. Merino Carrión, and L. Mirambell S., I, pp. 167-173. Instituto Nacional de Antropología e Historia, México.

LÓPEZ de MOLINA, Diana, and Daniel MOLINA FEAL, 1986 – "Arqueología". En S. Lombardo de Ruiz, D. López de Molina y D. Molina Feal (Ed.). *Cacaxtla. El lugar donde muere la lluvia en la tierra*, pp. 13-208. INAH-SEP, Instituto Tlaxcalteca de la Cultura, Gobierno del Estado de Tlaxcala, México.

LÓPEZ de MOLINA, Diana, and Daniel MOLINA FEAL, 1995 – Los murales de Cacaxtla. In *Antología de Cacaxtla*, compiled and coordinated by A. García Cook, B.L. Merino Carrión, and L. Mirambell S., I, pp. 159-166. Instituto Nacional de Antropología e Historia, México.

LÓPEZ LUJÁN, L., Hector NEFF, and Saburo SUGIYAMA, 2000 – The 9-Xi Vase: A Classic Thin Orange Vessel found at Tenochtitlan. In *Mesoamerica's Classic Heritage: From Teotihuacan to the Aztecs*, edited by D. Carrasco, L. Jones, and S. Sessions, pp. 219-249. University Press of Colorado, Boulder.

LUCKENBACH, Alvin, and Richard G. LEVY, 1980 – The Implications of Nahua (Aztecan) Lexical Diversity for Mesoamerican Culture History. *American Antiquity* 45: 455-461.

MacNEISH, Richard S., Frederick A. PETERSON, and Kent V. FLANNERY, 1970 – Ceramics. *The Prehistory of the Tehuacán Valley*, Vol. 3. University of Texas Press, Austin.

MANN, Charles E., and Robert CHADWICK, 1960 – Present Day Use of Ancient Calendars among the Lowland Mixe. *Boletín de Estudios Oaxaqueños* No. 19. Museo Frissell de Arte Zapoteca, Mitla.

MANZANILLA, Linda, 2001 – La zona del altiplano central de Mexico. In *Historia Antigua de México*, II, pp. 209, 227, 234, edited by L. Manzanilla and L. López Lúján. Universidad Nacional Autónoma de México, México.

MARTIN, Simon, and Nikolaï GRUBE, 2000 – *Chronicle of the Maya Kings and Queens:*

Deciphering the Dynasties of the Ancient Maya. Thames and Hudson, London and New York.

MASTACHE, Alba Guadalupe, and Robert H. COBEAN, 1989 – The Coyotlatelco Culture and the Origin of the Toltec State. In *Mesoamerica after the Decline of Teotihuacan, A.D. 700-900*, edited by R.A. Diehl and J.C. Berlo, pp. 49-68. Dumbarton Oaks Research Library and Collection, Washington, D.C.

McCAFFERTY, Geoffrey G., 1994 – The Mixteca-Puebla stylistic Tradition at Early Postclassic Cholula. In H.B. Nicholson and E. Quiñones Keber eds. *Mixteca-Puebla: Discoveries and Research in Mesoamerican Art and archaeology*, pp. 53-78. Labyrinthos Press, Culver City.

McCAFFERTY, Geoffrey G., 1996a – Reinterpreting the Great Pyramid of Cholula. *Ancient Mesoamerica* 7: 1-17.

McCAFFERTY, Geoffrey G., 1996b – The Ceramics and Chronology of Cholula. *Ancient Mesoamerica* 7: 299-323.

McCAFFERTY, Geoffrey G., 2000 – Tollan Cholollan and the Legacy of Legitimacy during the Classic-Postclassic Transition. In *Mesoamerica's Classic Heritage: From Teotihuacan to the Aztecs*, edited by D. Carrasco, L. Jones, and S. Sessions, pp. 369-431. University Press of Colorado, Boulder.

McCAFFERTY, Geoffrey G., 2001 – Mountain of Heaven, Mountain of Earth: The Great Pyramid of Cholula as Sacred Landscape. In *Landscape and Power in Ancient Mesoamerica*, edited by R.Koontz, K. Reese-Taylor, and A. Headrick, pp. 279-316. Westview Press, Boulder.

McCAFFERTY, Geoffrey G., 2007 – So What Else Is New? A Cholula-centric Perspective on Lowland/Highland Interaction during the Classic/Postclassic Transition." In *Twin Tollans: Chichén Itzá, Tula, and the Epiclassic to Early Postclassic Mesoamerican World*, edited by Jeff Karl Kowalski and Cynthia Kristan-Graham: 447-479. Dumbarton Oaks Research Library and Collection, Washington, D.C. (originally papers presented at a two-day colloquium, "Rethinking Chichén Itzá, Tula and Tollan," held at Dumbarton Oaks, Feb. 19-20, 2000).

McCAFFERTY, Geoffrey G., n.d.b. – Cholula and the Case of Mixtecan Identity. Paper presented at the symposium, The Appropriation of Style in the Art of the Americas, organized by Cristin L. Cash, at the 2001 meeting of the American Anthropological Association, Washington, D.C., pp. 1-8.

McVICKER, Donald, 1985 – The "Mayanized" Mexicans. *American Antiquity* 50: 82-101.

MILLER, Arthur (Editor), 1973 – *The Mural Paintings of Teotihuacan.* Dumbarton Oaks. Washington, D.C.

MILLER, Arthur (Editor), 1975 – *The Codex Nuttall: A Picture Manuscript from Ancient Mexico*, edited by Zelia Nuttall, with New Introductory Text by Arthur G. Miller. Dover Publications, New York.

MILLON, René, 1967 – Urna de Monte Albán IIIa encontrada en Teotihuacan. *Boletín del INAH* 29: 42-44.

MILLON, René, 1973 – *Urbanization at Teotihuacan, Mexico*, vol. 1, The Teotihuacan Map, Text. University of Texas Press, Austin.

MILLON, René, 1981 – Teotihuacan: City, State and Civilization. In *Handbook of Middle American Indians, Supplement 1: Archaeology*, edited by Victoria R. Bricker and Jeremy A. Sabloff, pp. 198-243. University of Texas Press, Austin.

MILLON, René, 1988 – The Last Years of Teotihuacan Dominance. In *The Collapse of Ancient States and Civilizations*, edited by N. Yoffee and G.L. Cowgill, pp. 102-164. University of Arizona Press, Tucson.

MILLON, René, 1992 – Teotihuacan Studies: From 1950 to 1990 and Beyond. In *Art, Ideology, and the City of Teotihuacan*, ed. Janet Catherine Berlo: 339 – 431. Dumbarton Oaks Research Library and Collection, Washington, D.C.

MULLER, Florencia, 1970 – La cerámica de Cholula. In *Proyecto Cholula*, edited by I. Marquina, pp. 129-142. Instituto Nacional de Antropología e Historia, México.

MULLER, Florencia, 1978 – *La cerámica arqueológica del centro ceremonial de Teotihuacan.* Instituto Nacional de Antropología e Historia, México.

MUÑOZ CAMARGO, Diego, 1892 – *Historia de Tlaxcala*, Alfredo Chavero (éd.), México.

NAGAO, Debra, 1989 – Public Proclamation and the Art of Cacaxtla and Xochicalco. In *Mesoamerica after the Decline of Teotihuacan, A.D. 700-900*, edited by R.A. Diehl and J.C. Berlo, pp. 81-104. Dumbarton Oaks Research Library and Collection, Washington, D.C.

NICHOLSON, Henry B., 1978 – The Deity 9 Wind "Ehecatl-Quetzalcoatl" and the Mixtec Pictorials. *Journal of Latin American Lore* 4: 61-92.

NICHOLSON, Henry B., 1982 – The Mixteca-Puebla Concept Revisited. In *The Art and Iconography of Late Post-Classic Central Mexico*, organized and edited by E.P. Benson and E. Hill Boone, pp.216-228, 227-254, 263-269. Dumbarton Oaks Research Library and Collection, Washington, D.C.

NICHOLSON, Henry B., 2001 – *Topiltzin Quetzalcoatl: The Once and Future King of the Toltecs.* University Press of Colorado, Boulder.

NICHOLSON, Henry B., 2005 – Ce Acatl Nacxitl Topiltzin Quetzalcoatl of Tollan = 4 Jaguar of "Cattail Frieze" and Military Ally of 8 Deer "Jaguar Claw"? In *Painted Books and Indigenous Knowledge in Mesoamerica. Manuscript Studies in Honor of Mary Elizabeth Smith*, edited by E. Hill Boone, pp. 143-160. Pub. No.69. Middle American Research Institute, Tulane University, New Orleans.

NICHOLSON, Henry B., and Eloise QUIÑONES KEBER (Editors), 1994 – *Mixteca-Puebla:*

Discoveries and Research in Mesoamerican Art and Archaeology. Labyrinthos, Culver City, CA.

NORMAN, V. Garth, 1976 – Izapa Sculpture (pt 2: Text). *Papers of the New World Archaeological Foundation* 30. New World Archaeological Foundation, Brigham Young University, Provo.

OCHOA, Lorenzo, and Thomas A. LEE (Editors), 1983 – *Antropología e Historia de los Mixe-Zoque y Mayas: Homenaje a Frans Blom*. Universidad Nacional Autónoma de México and Brigham Young University.

OCHOA, Lorenzo, and Ernesto VARGAS PACHECO, 1979 – El colapso Maya, Los Chontales y Xicalango. *Estudios de Cultura Maya* 12: 61-91. UNAM, México.

OLIVERA de V., Mercedes, and Cayetano REYES, 1969 – Los choloques y los cholultecas: Apuntes sobre las relaciones de Cholula hasta el siglo XVI, *Anales del INAH* I: 147-274.

PADDOCK, John, 1966a – Oaxaca in Ancient Mesoamerica. In *Ancient Oaxaca*, edited by John Paddock, pp. 83-242. Stanford University Press, Stanford.

PADDOCK, John, 1966b – Mixtec Ethnohistory and Monte Alban V. In *Ancient Oaxaca*, edited by John Paddock, pp. 367-386. Stanford University Press, Stanford.

PADDOCK, John, 1973 – Review of *Archaeology of Northern Mesoamerica*. *American Anthropologist* 75: 1131-1136.

PADDOCK, John, 1983 – The Oaxaca Barrio at Teotihuacan. In *The Cloud People: Divergent Evolutions of the Zapotec and Mixtec Civilizations*, edited by K.V. Flannery and J. Marcus, pp. 170-174. Academic Press, New York.

PADDOCK, John, 1992-93 – Cholula de Varias Vidas. *Notas Mesoamericanas* 14: 3-18. Universidad de las Américas, Cholula.

PADDOCK, John, 1994 – Mixteca-Puebla in its Times. In *Mixteca-Puebla: Discoveries in Mesoamerican Art and Archaeology*, edited by H.B. Nicholson and E. Quiñones Keber, pp. 1-6. Labyrinthos, Culver City, CA.

PARSONS, Jeffrey R., Elizabeth BRUMFIEL and Mary HODGE, 1996 – Developmental Implications of Earlier Dates for Early Aztec in the Basin of Mexico. *Ancient Mesoamerica* 7: 217-230. Cambridge University Press

PAZSTORY, Esther, 1988 – Feathered Serpents and Flowering Trees with Glyphs. In *Feathered Serpents and Flowering Trees: The Murals of Teotihuacan*, edited by K. Berrin, pp. 136-181. University of Washington Press, Seattle.

PAZSTORY, Esther, 1992 – Abstraction and the Rise of a Utopian State at Teotihuacan, in *Art, Ideology, and the City of Teotihuacan*: 281 – 321. Dumbarton Oaks Research Library and Collection, Washington, D.C.

PAZSTORY, Esther, 1997 – *Teotihuacan: An Experiment in Living*. University of Oklahoma Press, Norman.

POHL, John M.D., and Bruce BYLAND, 1994 – The Mixteca-Puebla Style and Early Postclassic Socio-Political Interaction. In *Mixteca-Puebla: Discoveries in Mesoamerican Art and Archaeology*, edited by H.B. Nicholson and E. Quiñones S. Keber, pp. 189-200. Labyrinthos, Culver City, CA.

PIÑA CHAN, Roman, and Patricia CASTILLO PEÑA, 1999 – *Tajín: La Ciudad Del Dios Huracán*. Fondo De Cultura Económica, México.

PONCE, Alonso, 1875 – *Relación Breve y Verdadera de Algunas Cosas de las Muchas que Sucedieron al Padre Fray Alonso Ponce en las Provincias de la Nueva España*. Imprenta de la Viuda de Calera. Madrid.

PORTER WEAVER, Muriel, 1972 – *The Aztecs, Mayas, and Their Predecessors*. New York, Seminar Press.

PORTER WEAVER, Muriel, 1993 – *The Aztecs, Mayas, and Their Predecessors*. 3d ed. Academic Press, San Diego. (also 1985)

RATTRAY, Evelyn Childs, 1987 – Los barrios fóraneos de Teotihuacan. In *Teotihuacan: Nuevos Datos, Nuevas Síntesis, Nuevos Problemas*, edited by E. McClure de Tapia and E. Childs Rattray, pp. 243-273. IIA, Universidad Nacional Autónoma de Mexico, México.

RATTRAY, Evelyn Childs, 1988 – Nuevas interpretaciones en torno al barrio de los comerciantes. *Anales de Antropología* 25: 165-180. México.

RATTRAY, Evelyn Childs, 1989 – El barrio de los comerciantes y el conjunto Tlamimilolpa: un estudio comparativo. *Arqueología* 5: 105-129. INAH, México.

RATTRAY, Evelyn Childs, 1990 – The Identification of Ethnic Affiliation of the Merchant's Barrio in Teotihuacan. In *Etnoarqueología, Primer Coloquio Bosch-Gimpera*, edited by Y. Sugiura and M.C. Sierra Puche, pp. 113-138. Instituto de Estudios Antropológicos, Universidad Nacional Autónoma de Mexico. México.

RATTRAY, Evelyn Childs, 1992 – *The Teotihuacan Burials and Offerings: A Commentary and Inventory*. Vanderbilt University Publications in Anthropology 42. Nashville.

RATTRAY, Evelyn Childs, 1993 – *The Oaxaca Barrio at Teotihuacan*. Monografías Mesoamericanas I. Universidad de las Américas, Puebla.

RATTRAY, Evelyn Childs, 2001 – *Teotihuacan: Ceramics, Chronology, and Cultural Trends*. Serie Arqueología de Mexico: Pittsburgh: Instituto Nacional de Antropología e Historia and University of Pittsburgh.

RINGLE, William M., Tomás GALLARETA NEGRÓN, and George J. BEY III, 1998 – The Return of Quetzalcoatl: Evidence for the Spread of a World Religion during the Epiclassic Period. *Ancient Mesoamerica* 9: 183-232.

ROBERTSON, Donald, 1966 – The Mixtec Religious Manuscripts. In *Ancient Oaxaca*, edited by John Paddock, pp. 298-312. Stanford University Press, Stanford, CA.

ROBERTSON, Donald, 1985 – The Cacaxtla Murals. In *Fourth Palenque Round Table, 1980*, edited by M. Greene Robertson and E.P. Benson, pp. 291-302. San Francisco.

ROBERTSON, Donald, 1994 – *Mexican Manuscript Painting of the Sixteenth Century: The Metropolitan Schools*. Foreword by E. Hill Boone. University of Oklahoma Press, Norman.

SANDERS, William T., Jeffrey R. PARSONS and Robert S. SANTLEY, 1979 – *The Basin of Mexico: Ecological Processes in the evolution of a Civilization.* Academic Press. New York.

SARRO, Patricia Joan, 2001 – The Form of Power: The Architectural Meaning of Building A of El Tajin. In *Landscape and Power in Ancient Mesoamerica*, edited by R. Koontz, K. Reese-Taylor, and A. Hendrick. Westview Press, Boulder.

SCHELE, Linda and David FREIDEL, 1990 – *A Forest of Kings: The Untold Story of the Ancient Maya.* William Morrow, New York.

SCHELE, Linda, and Peter MATHEWS, 1998 – *The Code of Kings: The Language of Seven Maya Temples and Tombs*. Scribners, New York.

SCHUMANN, Otto, 1975 – Consideraciones sobre el idioma Chontal. In *Estudios preliminares sobre los Mayas de las Tierras Noroccidentales*, compiled by L. Ochoa, pp. 93-105. Universidad Nacional Autónoma de México, México.

SCHUMANN, Otto, 1985 – Consideraciones históricas acerca de lenguas indígenas de Tabasco. In *Olmecas y Mayas en Tabasco. Cinco Acercamientos*, compiled by L. Ochoa, pp. 113-127. Government of the State of Tabasco, Villahermosa.

SCHOLES, France V., and Ralph L. ROYS, 1968 – *The Maya Chontal Indians of Acalan-Tixchel: A Contribution to the History and Ethnography of the Yucatan Peninsula*. 2d ed. University of Oklahoma Press, Norman.

SCHOLES, France V., and Dave WARREN, 1965 – The Olmec Region at Spanish Contact. *Handbook of Middle American Indians*, Vol. 3, *Archaeology of Southern Mesoamerica*: 776-785. Eds. Robert Wauchope and Gordon Willey. Austin and London: University of Texas Press.

SCOTT, Sue, 1998 – A Continuing Connection between Teotihuacan and Monte Albán. In *Rutas de Intercambio en Mesoamérica*, edited by E. Childs Rattray, pp. 185-200. Universidad Nacional Autónoma de México, México.

SERRANO, S., Carlos, 1973 – La población prehispánica de Cholula: Tipo físico y aspectos paleodemográficos. In *Comunicaciones* 8: 53-56. Fundación Alemana para la Investigación Científica, México.

SERRANO, S., Carlos, Zaid LAGUNAS S., and Sergio LÓPEZ A., 1973 – Acerca de las investigaciones somatological realizadas en la población del Valle de Cholula, Puebla. In *Comunicaciones* 8: 39-42. Fundación Alemana para la Investigación Científica, México.

SHARP, Rosemary, 1978 – Architecture as Intersite Communication in Pre-conquest Oaxaca, Veracruz, and Yucatan. In *Middle Classic Mesoamerica, A.D. 400-700*, edited by Esther Pasztory, pp. 158-171. Columbia University Press, New York.

SMITH, Mary Elizabeth, 1966 – *The Glosses of Codex Colombino*. Bound with Caso 1966. Sociedad Mexicana de Antropología, México.

SMITH, Mary Elizabeth, 1973 – *Picture Writing from Ancient Southern Mexico: Mixtec Place Signs and Maps*. University of Oklahoma Press, Norman.

SMITH, Mary Elizabeth, 1983 – The Earliest Mixtec Dynastic Records. In *The Cloud People: Divergent Evolutions of the Zapotec and Mixtec Civilizations*, edited by K.V. Flannery and J. Marcus, p. 213. Academic Press, New York.

SMITH, Mary Elizabeth, and Ross PARMENTER, 1991 – *The codex Tulane*. Middle American Research Institute. Tulane University. New Orleans.

SMITH, Michael E., 2007 – Tula and Chichén Itzá: Are We Asking the Right Questions? In *Twin Tollans: Chichén Itzá, Tula, and the Epiclassic to Early Postclassic Mesoamerican World*. K. Kowalski and C. Kristan-Graham (eds.). Dumbarton Oaks Research Library and Collection. Washington, D.C.

SPENCE, Michael C., 1989 – Excavaciones recientes en Tlailotlacan: El barrio oaxaqueño de Teotihuacan. *Arqueología* 5: 81-104. INAH, México.

SPENCE, Michael C., 1992 – Tlailotlacan, a Zapotec enclave in Teotihuacan. In *Art, Ideology and the City of Teotihuacan*, edited by J. C. Berlo, pp. 59-88. Dumbarton Oaks Research Library and Collection, Washington, D.C.

SPORES, Ronald, 1983 – The Mixteca Alta at the end of Las Flores. In *The Cloud People: Divergent Evolutions of the Zapotec and Mixtec Civilizations*, edited by K.V. Flannery and J. Marcus, p. 207. Academic Press, New York.

SPRANZ, Bodo, 1973 – Late Classic Figurines from Tlaxcala, Mexico, and Their Possible Relation to the Codex Borgia Group. In *Mesoamerican Writing Systems*, edited by E.P. Benson, pp. 217-226. Dumbarton Oaks, Washington, D.C.

STRESSER-PÉAN, Guy, 1971 – Ancient Sources on the Huasteca. In *Handbook of Middle American Indians, Archaeology of Northern Mesoamerica*: 582-603. Austin and London: University of Texas Press.

STUART, David, 2000 – "The Arrival of Strangers": Teotihuacan and Tollan in Classic Maya History. In *Mesoamerica's Classic Heritage: From Teotihuacan to the Aztecs*, edited by D. Carrasco, L. Jones, and S. Sessions, pp. 465-513. University Press of Colorado, Boulder.

STUART, David, 2005 – The Texts of Temple 26. The Presentation of History at a Classic Maya Dynastic Shrine. In *Copan: the History of an Ancient Maya Kingdom*, edited by W. Fash. School of American Research, Santa Fe.

SWADESH, Morris, 1960 – The Otomanguean Hypothesis and Macro Mixtecan. *International Journal of American Linguistics* 24: 79-111.

SWADESH, Morris, 1967 – Lexicostatistic Classification. In *Linguistics*, edited by Norman A. MacQuown, *Handbook of Middle American Indians*, Vol. 7, Robert Wauchope general editor. University of Texas Press, Austin.

TAUBE, Karl A., 2000 – *The Writing System of Ancient Teotihuacan*. Ancient American Art and Writing No. 1. Center for Maya Research, Washington, D.C.

TAUBE, Karl A., 2003 – Tetitla and the Maya Presence at Teotihuacan. In *The Maya and Teotihuacan: Reinterpreting Early Classic Maya Interaction*, edited by Geoffrey Braswell, pp. 273-314. University of Texas Press, Austin.

THOMPSON, J. Eric S., 1970 – *Maya History and Religion*. University of Oklahoma Press, Norman.

TORQUEMADA, Fray Juan de, 1969 – *Monarquía Indiana*. 3 vols. Porrúa, Mexico.

TROIKE, Nancy P., 1974 – *The Codex Colombino-Becker*. Unpublished Ph.D. dissertation, University of London.

TROIKE, Nancy P., 1978 – Fundamental Changes in the Interpretation of the Mixtec Codices. *American Antiquity* 44: 229-300.

VARGAS PACHECO, Ernesto, 1998 – El dominio de las rutas fluviales en la region Chontal. Acalan: El lugar de las canoas. In *Rutas de Intercambio en Mesoamerica*, edited by E. Childs Rattray, pp. 259-276. Universidad Nacional Autónoma de México, México.

VEYTIA, Mariano, 1944 – *Historia Antigua de México*. 2 tomos, Editorial Leyenda, México.

von WINNING, Hasso, 1987 – *La iconografía de Teotihuacan: Los dioses y los signos*. 2 vols. Universidad Nacional Autónoma de México, México.

WEITLANER, Roberto J., 1941 – Los pueblos no nahuas de la *Historia Tolteca-Chichimeca* y el grupo lingüistico Macro-Otomangue. *Revista Mexicana de Estudios Antropológicos V* (2-3): 249-269.

WICHMANN, Søren, 1994 – Mixe-Zoquean Linguistics: A Status Report. In *Panorama de los Estudios de las Lenguas Indigénas de Mexico*, I, edited by D. Bartholomew, Y. Lastra, and L. Manrique, pp. 193-267. Quito, Ecuador.

WICHMANN, Søren, 1995 – *The Relationship among the Mixe-Zoquean Languages of Mexico*. University of Utah Press, Salt Lake City.

WICHMANN, Søren, 1998 – A Conservative Look at Diffusion Involving Mixe-Zoquean Languages. In *Archaeology and Language II: Correlating Archaeological and Linguistic Hypotheses*, edited by R. Blench and M. Spriggs, pp. 297-323. Routledge, London.

WINTER, Marcus C., 1989 – From Classic to Postclassic in Pre-Hispanic Oaxaca. In *Mesoamerica after the Decline of Teotihuacan, A.D. 700-900*, edited by R. A. Diehl and J.C. Berlo, pp. 123-130. Dumbarton Oaks Research Library and Collection. Washington, D.C.

WINTER, Marcus C., 1991-92 – Ñuiñe: Estilo y Etnicidad. *Notas Mesoamericanas* 13: 147-161. Universidad de las Américas, Cholula.

WINTER, Marcus C., 1994 – The Mixteca Prior to the Late Postclassic. In *Mixteca-Puebla: Discoveries in Mesoamerican Art and Archaeology*, edited by H.B. Nicholson and E. Quiñones Keber, pp. 201-222. Labyrinthos, Culver City, CA.

WINTER, Marcus C., 1998 – Monte Albán and Teotihuacan. In *Rutas de Intercambio en Mesoamerica*, edited by E. Childs Rattray, pp. 153-184. Universidad Nacional Autónoma de México, México.

WINTER, Marcus C., Margarita GAXIOLA G., and Gilberto HERNÁNDEZ G., 1984 – *Archaeology of the Otomanguean Culture History*, edited by K.J. Josserand, M.C. Winter, and N.A. Hopkins. Vanderbilt University Publications in Anthropology 31, Nashville.

WOLF, Eric, 1959 – *Sons of the Shaking Earth*. University of Chicago Press, Chicago.

WOLFRAM, Stephen, 2002 – *A New Kind of Science*. Stephen Wolfram LLC.

www.ingramcontent.com/pod-product-compliance
Lightning Source LLC
Chambersburg PA
CBHW041708290426
44108CB00027B/2897